Rolf Todesco

Geld

Inhaltsverzeichnis

1 Geld beobachten

➤ Dialog[1]

Ich bin an Geld interessiert, hier aber nicht daran, welches zu bekommen, sondern daran, was ich - durch welche Deutung - überhaupt als Geld wahrnehme. Mich interessiert hier nicht, wer wie viel Geld woher hat und auch nicht, wie Geld gerechterweise verteilt sein sollte, ich verfolge hier weder soziale noch wirtschaftliche Fragen. Mich interessiert, worüber ich spreche, wenn ich Geld sage.

Ich will mir dia logos, also durch eine Reflexion meines Sprechens bewusst machen, was ich wie als Geld begreife. Im Dialog beobachte ich, was wie gesagt wird und was ich davon unter welchen Voraussetzungen auch sagen kann. Die Worte, die ich verwende, sind nicht von mir. Ich finde sie in meiner Sprachgemeinschaft, also im Sprechen mit andern. Ich wähle Worte, die mir passen und ich erkenne durch meine Worte, wie ich mir Geld vorstelle oder wie ich meine Vorstellungen zur Sprache bringe, wodurch sie erst zu Vorstellungen werden.[2] Im Dialog über Geld können alle Beteiligten auch untersuchen, wie sie selbst über Geld sprechen, also untersuchen, inwiefern welche Redeweisen für sie selbst passen. Im Dialog achte ich auf die Worte. Keine Wirklichkeit zwingt mich, bestimmte Worte zu wählen. Mit der Wahl meiner Worte zeige ich - vor allem mir selbst - welche Form(ulierung) ich für adäquat halte.

---

[1] Mit ➤ bezeichne ich Abschnitte, in welchen ich quasi metasprachliche Erläuterungen zur Beobachtungsweise mache.

[2] Im Text „Über die allmähliche Verfertigung der Gedanken beim Reden" beschreibt H. von Kleist eindrücklich das hier gemeinte Wesen des Dialoges.

Vor jeder Reflexion sage ich beispielsweise, dass die Münzen und Noten, die ich im Portemonnaie habe, Geld sind. Damit sage ich zwar mehr über die Münzen und Noten als darüber, was Geld ist, aber gleichwohl kommt in dieser Aussage Geld vor. Solche Aussagen kann ich in dem Sinne beobachten, als ich nach Perspektiven und Handlungszusammenhängen fragen kann, unter welchen solche Aussagen mir sinnvoll scheinen. Als Beobachten bezeichne ich in diesem Kontext das zur-Sprache-Bringen von Unterscheidungen, die ich in meinem Sprechen benenne oder impliziere. Das, was ich zur Sprache bringen kann, bezeichne ich als latentes Wissen. Wissen in diesem Sinne ist dann, was bereits „zur Sprache gebracht" ist, und zwar unabhängig davon, in welcher Weise es richtig ist. Zur Sprache bringe ich hier, wie ich über Geld spreche, und damit auch, was ich als Geld beobachte.

Es geht mir darum, eine Geldtheorie zu entwickeln, wobei ich den Ausdruck „Theorie" dabei quasi-etymologisch als Erläuterung einer Anschauung verstehe. Durch meine Theorie lege ich nicht fest, was Geld „ist", sondern mittels welcher begrifflichen Kategorien, also durch welche Sichtweise mir Geld als Geld erscheint. In so verstandener Theorie sehe ich den Sinn eines Dialoges über Geld, in welchem Sichtweisen bewusst gemacht werden. Dialoge unterscheide ich von Diskussionen dadurch, dass es im Dialog um eine Vielfalt von Sichtweisen geht, während in einer Diskussion möglichst eine einzige Sichtweise herbeiargumentiert wird.[3] Ich entfalte hier eine Sichtweise auf Geld, aber keineswegs die Vorstellung, dass jemand Geld auch so sehen müsste. Ich suche im Dialog Nachahmung in Bezug auf das Entfalten von Sichtweisen, nicht in Bezug auf eine bestimmte Sichtweise.

Geld habe ich in meinem noch nicht reflektierten Vorverständnis nicht nur im Portemonnaie, sondern etwas weniger anschaulich auch auf „meiner" Bank und sozusagen in

---

[3] Ausführlicher in meinem Buch „Der Dialog im Dialog".

„elektronischer" Form in oder auf meiner Debit-Geld-Karte.[4] Mich interessiert jede Form von Geld und inwiefern diese Geldformen - insbesondere auch das sogenannte Giralgeld der Banken - für mich Formen von Geld sind.

Als Entwicklung des Geldes könnte man einen Prozess sehen, in welchem sich Geld wie etwa ein Lebewesen in seiner Ontogenese entwickelt. Mir geht es dagegen darum, eine bestimmte Sichtweise auf Geld zu entwickeln, in welcher ich Geld als Gegenstand einer Theorie entwickle. Es geht mir dabei um die Entwicklung von Geldvorstellungen, die - dia logos - zur Sprache gebracht sind. Ich kann mir Geld ganz einfach vorstellen, beispielsweise als Goldmünzen, die im Tausch ihren eigenen Wert repräsentieren. Und natürlich kann ich mir auch gesellschaftliche Verhältnisse vorstellen, in welchen auf dem Marktplatz tatsächlich mit Goldmünzen Waren gekauft werden. Ich habe dann eine einfache, noch nicht entwickelte Vorstellung von Geld, die zu einfachen, noch nicht entwickelten Geldverhältnissen passt. Solche Münzen in solchen Verhältnissen habe ich noch nie gesehen, sie kommen aber als unentwickelte Projektionen in meiner Entwicklungsgeschichte des Geldes vor. Auch die Münzen, die ich im Portemonnaie habe, erscheinen mir als unentwickelte Form des Geldes, deren Andeutungen auf höher entwickeltes Geld ich nur verstehen kann, weil ich entwickelteres Geld schon kenne. Einer Münze kann ich weder ansehen, dass sie Geld ist, noch wie sich Geld entwickelt oder entwickelt hat. Ich muss vielmehr eine bestimmte Entwicklung des Geldes voraussetzen, also bereits kennen, um Münzen überhaupt als Geld zu erkennen, zumal mir auf einer entwickelteren Stufe Geld gar nicht mehr in Form von Münzen und Noten erscheint. Würde ich nur Geldmünzen kennen, also in der Steinzeit des Geldes leben,

---

[4] Elektronik ist ein Spezialgebiet der Elektrotechnik. Die Reduktion im Ausdruck Elekro(tech)nik verweist darauf, dass ein konventioneller Teil der Technik weggelassen wird, nämlich mechanische Schalter mit beweglichen Teilen.

könnte ich mir Hypothekarmarktkrisen, die die Weltwirtschaft erschüttern, nicht vorstellen, schon weil ich mir die dazu nötige Menge von Münzen gar nicht vorstellen kann. Erst das Buchgeld der heutigen Banken lässt mich rückblickend auch adäquat verstehen, was Goldmünzen re-präsentieren und welche Potenziale sie als Geld enthalten.

Ich bezeichne das kategoriale Zurückblicken, in welchem ich immer schon weiss, was geworden ist, ohne dies je aus früheren Stadien vorhersagen oder begründen zu können, als Evolutionstheorie, also als Entwicklungsgeschichten, in welchen rückblickend Sichtweisen entfaltet werden.

Meine „Geldtheorie" bezieht sich zwar auf Geld, sie repräsentiert aber vor allem ein Muster meines Beobachtens. Indem ich mich bewusst mit Geld befasse, befasse ich mich auch mit meiner Weltanschauung generell. Was ich als Geld bezeichne, ist nicht von „existierendem" oder „wirklichem" Geld abhängig, sondern von meinem Beobachten, das ich in meiner Theorie reflektiere.

1.1 Das Geld-System

In der ursprünglichen Form einer Münze erscheint mir Geld als materielles Ding. Das Geldsein der Münze zeigt sich mir aber nicht in diesem Ding, sondern in der Verwendung der Münze, also in Operationen, in welchen Münzen eine Rolle spielen, und die ich als Geldhandlungen begreifen kann. Wo Münzen beispielsweise etwa zugunsten des Metalls eingeschmolzen werden oder wo Banknoten zum Anzünden von Zigarren benutzt werden, sehe ich eine Aufhebung von Geld, weil ich das Geldsein an bestimmte Verwendungen von Geld knüpfe, die andere Verhaltensweisen als Zweckentfremdungen erscheinen lassen. In diesem Sinn bezeichne ich mit Geld auch einen Handlungs- oder Deutungszusammenhang, in welchem ich Geld wahrnehme. Münzen sind nicht immer Geld, manchmal sind sie nur geformtes Metall und Banknoten sind unter eigenartigen Verhältnissen eben eher Streichhölzer als Geld.

Als Geld verwende ich Münzen typischerweise, indem ich sie gegen beliebige Waren tausche. Als Geld hat die Münze - so sehr sie mir beim Kaufen dient - keinen Gebrauchswert.[5] Ich muss sie also über kurz oder lang gegen etwas Brauchbares tauschen, also weitergeben, egal, wie lange ich sie zuvor sparend in meinem Portemonnaie oder im Bankschliessfach aufbewahren mag. Geld erscheint mir in dieser Perspektive als Material, das von einem Speicherort zum nächsten fliesst, indem Münzen ihren Besitzer wechseln. Jeder weitere Besitzer des Geldes wird dieses über kurz oder lang auch wieder ausgeben. Diesen Geldfluss kann ich dynamisch als Prozess modellieren. Und insoweit ich die materiellen Grundlagen des Geldflusses als System bezeichne, bezeichne ich meine Theorie als Systemtheorie.

➤ Systemtheorie

Meine Systemtheorie liefert mir eine Art architektonische Anweisung zum Modellbau, durch den ich Geldflüsse darstellen kann. Im noch unentwickelten Modell fliessen Münzen und Noten von einem Portemonnaie zum andern, mit der Entwicklung des Modelles kommen weitere Geldflüsse hinzu. Diese Geldflussperspektive wird auch als Stocks (Lager) and Flows (Flüsse) bezeichnet. Wenn ich so über Geld spreche, sage ich nicht, was Geld ist, aber dass es durch ein System fliesst und zweitweise in Lagern aufgehalten wird.

Am Anfang meines Modellierens liegen für mich Geldbe- und -verhältnisse nahe, die ich selbst quasi unmittelbar erlebe,

---

[5] Mich interessiert nicht, wie etwa die Numismatiker, das kunstvolle Gepräge des geprägten Goldes. Numismatiker interessieren sich dafür nicht für das Geld, das ihre Münzen einmal repräsentierten, bevor sie in die Sammlung kamen.

etwa mein Portemonnaie und mein Bankkonto und was dort passiert. Ich beginne meine Geldgeschichte im Prinzip mit Münzen, die ich durch meine Taschen fliessen lasse, aber ich denke dabei immer schon an die Funktion des Geldes, die ich in den Berichten zu Finanzweltkrisen erkenne. Ich beginne also mit einfachen Modellen und mit einfachen Annahmen und trete dabei in dem Sinne hinter meinen aktuellen Erfahrungsbereich zurück, indem ich ein ganz einfaches Geldsystem beschreibe, während ich in einer bereits sehr hoch entwickelten Geldwelt lebe. Ich beschreibe damit nicht die Entwicklung des Geldes, sondern ich entwickle meinen Sprachgebrauch, indem ich mit einfachen Aussagen beginne. Ich schreibe am Anfang über Münzen, nicht weil Münzen am Anfang des Geldes stehen, sondern weil ich anhand von Münzen mein Beschreiben gut anfangen kann.

Das System, durch welches das Geld fliesst, könnte ich als Geldwelt bezeichnen. Das System braucht hier aber keinen Namen, es besteht aus den Operationen, die ich als Geldfluss auffasse. Den Fluss des Geldes stelle ich dar, indem ich die Veränderungen in den Geldbehältnissen beobachte, also beschreibe unter welchen Bedingungen Geld von einem Stock zum andern fliesst. Ich entwickle das Geldsystem, indem ich weitere Geldflüsse einführe, die mir in meinem Alltag so begegnen, dass ich über sie sprechen kann. Dass ich beispielsweise mit einer Plastikkarte oder via Internet Waren, Dienstleistungen oder Hypothekarzinsen bezahlen kann, ist für mich so erstaunlich, wie dass irgendjemand ein Stück Papier als Banknote einfach so als Geld akzeptiert.

Meine ganze Darstellung beruht durch die gewählte systemtheoretische Sichtweise auf einer sehr materiellen Vorstellung von Geld, die auch darin ihren Ausdruck findet, dass ich Münzen und Noten als Geld bezeichne. Der Materialismus, in welchem hier Geld erscheint, ist aber kein Resultat, das im Geld zu finden wäre, sondern eine Voraussetzung, die ich dadurch mache, dass ich Geld in dieser Perspektive - gegen jede herrschende Ökonomie - als artefaktisch gebunden begreife. Als Artefakt kann Geld beliebige Formen wie Noten und Münzen annehmen, aber nicht jenseits von geformtem Material existieren. In dieser Hinsicht geht es mir nicht um die Idee von Geld, sondern um Geld.

Was in Beziehung zu Geld getan oder gedacht wird, wird von Menschen getan oder gedacht. In meinem Geldsystem geht es aber nicht um Menschen, sondern um Prozesse. Deshalb erscheinen keine Menschen, sondern Rollenträger oder Charaktermasken, die mit Geld wie Roboter - völlig unmotiviert, sozusagen programmiert - tun, was sie tun. Anstelle von motivierten Handlungen treten in dieser Theorie Verhaltensweisen, die als Operationen des Systems mehr oder weniger wahrscheinlich realisiert werden, so wie es im Wettersystem ohne Intentionen von Wettermachern regnen könnte, aber nicht regnen muss. Geld fliesst - wie Wasser von einem See zum andern - von einem Stock zum andern.

In diesem Geldsystem kommen also keine Menschen vor, aber die von mir verwendeten Formulierungen sind weitgehend ich-Formulierungen. Ich beobachte, wie Geld im System fliesst, so wie ich beobachte, ob es regnet. Ich sage: „Es" regnet und über das Geld, „es" fliesst. Die Aussagen sind also von einem Beobachter, sie dokumentieren seine, respektive meine Beobachtung und sagen mithin mehr über die vom Beobachter verwendeten Unterscheidungen aus als über vermeintlich wirkliches Geld.

Jeder Lesende kann also - wie ich es tue - einen kontingenten Vorschlag lesen, wie sie oder er selbst über Geld sprechen könnte. Der geneigte Leser wird das "ich" als ich lesen, und damit Kontingenzen in seinem eigenen Beobachten erfinden, statt eine oder gar die Wirklichkeit von Geld entdecken zu wollen.

1.2 Die Entstehung von Geld

Man könnte meinen, dass Geld einfach auf die Welt gekommen sei, weil es mittlerweile so praktisch ist, Geld zu haben. Aber solange sich Geld noch nicht etabliert hat, wird kaum jemand freiwillig Geld annehmen. In Geschichten, vorab in solchen, die als Geschichte gelten wollen, wird erzählt, dass Geld vielerorts mit Gewalt durchgesetzt wurde, indem etwa erzwungene Steuern von deren Eintreibern nur in Geldform akzeptiert wurden. Man musste also mindestens einen Teil seiner Waren gegen Geld tauschen, damit man die Steuern, die man zahlen musste, bezahlen konnte.

➢ Autopoiese

Ich begreife die Entstehung von Geld als autopoietischen Prozess.[6] So gesehen wurde Geld weder geplant noch hergestellt und schon gar nicht von jemandem strategisch durchgesetzt.[7] Im Handlungszusammenhang „Geld" sind andere Menschen bereit, mit mir Waren gegen relativ wertlose Münzen oder Geldscheine zu tauschen. In diesen Verhältnissen verwende ich Geldmünzen, die als Artefakte natürlich geplant und hergestellt sind, um die Tauschhandlungen nicht jedes Mal mit Gold oder Schuldscheinen in der Balance halten zu müssen. Diese Münzen fungieren als Werte zwischen Gold und Schuldschein, die innerhalb der jeweiligen Tauschgemeinschaft akzeptiert werden.

---

[6] Autopoiese ist ein Kunstwort, das für „sich selbst" (auto) „erzeugt oder organisiert" (poiesis) steht. Als „autopoietische Einheiten" bezeichne ich Wesen, die nicht hergestellt werden, sondern sich selbst „machen" oder aus sich selbst heraus entstehen. Das ist typischerweise bei Lebewesen der Fall, die sich aus einer Eizelle entwickeln, trifft aber in bestimmter Hinsicht auch für Handlungszusammenhänge oder Organisationen zu.

[7] Ich komme im 8. Kapitel ausführlicher auf den Anfang des Geldes zurück.

Man kann sich beispielsweise ein kleines Dorf vorstellen, in welchem auf dem Marktplatz Münzen anstelle von Schuldscheinen akzeptiert werden, weil alle einander kennen. Für Fremde haben diese Münzen keinen oder eben nur den Metallwert. Das kann ich heute nachvollziehen, wenn ich mit Münzen aus einem Ferienland heimkomme, die ich hier nicht verwenden kann. Solchen Tauschgemeinschaften weiten sich genau dadurch aus, dass das Anerkennen ihrer Prägungen um sich greift. Dieses Umsichgreifen verstehe ich als autopoietischen Prozess, der aus sich heraus stattfindet, indem die kritische Operation, nämlich das Akzeptieren von Münzen als Zahlung, hinreichend oft von verschiedenen Verkäufern aufeinander folgt, wodurch ein sich ausweitender Umlauf von Münzen entsteht - der im Prinzip weder geplant, noch gesteuert oder kontrolliert werden muss. In der Übergangszeit kann also ein Fremder, der nicht zur Tauschgemeinschaft gehört, das Risiko eingehen, Münzen, die innerhalb einer Tauschgemeinschaft verwendet werden, zu akzeptieren. Wenn ich in der Schweiz mit Euro bezahlen kann, akzeptiert der Verkäufer Münzen, die hier nichts gelten, weil er weiss, dass er diese Münzen später eintauschen kann. Die Geld-Gemeinschaft vergesellschaftet sich, indem sie ihre eigenen Münzen auch von Fremden entgegen nimmt, die dadurch ihr Fremdsein in der Gesellschaft aufgehoben sehen.

Mit „Geld-Gemeinschaft" bezeichne ich eine Differenz zwischen Gemeinschaft und Gesellschaft. Die Gemeinschaft hat kein Geld, weil in der Gemeinschaft gerade nicht getauscht wird. Nachdem aber die Gesellschaft Geld einführt, durchdringt dieses Geld auch die Gemeinschaft und löst sie auf. Der Ehevertrag und das Erbrecht reflektieren die Differenz, in welcher die Subjekte als Familie eine gemeinschaftliche Einheit bilden, die durch Vertrag und Gesetz finanziell vergesellschaftet wird. In diesem Sinne ist Geld Ausdruck einer Vergesellschaftung, in welcher Gemeinschaften aufgelöst und durch Tauschverhältnisse zwischen Individuen ersetzt werden. Geld erscheint als entwickeltste Wertform solcher Verhältnisse.

Ich bringe Geld zur Sprache, indem ich Verhältnisse modelliere, in welchen Geld Wert in einer bestimmten Form darstellt.

1.2.1 Wertform

In der einfachsten Wertform tausche ich zunächst jede Ware gegen jede andere Ware in entsprechenden Proportionen. Auf dem noch unentwickelten Markt hat jeder beliebige Waren, die er gegen beliebige andere Waren tauscht. Jeder tauscht, was er hat und nicht brauchen kann, gegen etwas, was er nicht hat, aber brauchen kann. Auf der nächsten Entwicklungsstufe, also in der entfalteten Wertform tauscht jeder eine einzelne Ware gegen alle andern Waren, wobei die Waren eigens zum Tauschen produziert werden. Jeder hat dann viel von nur einer Ware, er tauscht mit verschiedenen andern, die je viel von einer anderen Ware haben. Der Tischler tauscht Tische gegen Brot, Leinen oder Katzenfutter, die von anderen Warenproduzenten für den Markt hergestellt werden. Auf der nächsten Stufe tauscht jeder in der allgemeinen Wertform alle Waren gegen eine bestimmte einzelne Ware, etwa gegen Gold. Alle tauschen ihre Ware gegen Gold, wodurch Gold gegen alle Waren getauscht werden kann. Gold ist eine beiebige „Geld-Ware", die als generalisierte Tausch-Ware taugt, weil Gold einerseits relativ gut haltbar, teilbar und transportierbar und andrerseits relativ wertstabil ist.[8] Als allgemeine Wertform gibt es aber in verschiedenen Geschichten auch Pfeffer, Muscheln und Silber anstelle von Gold.

Schliesslich wird auf der letzten Modellierungsstufe in der Geld(wert)form die bestimmte einzelne Ware der allgemeinen Wertform, im Beispiel also Gold, durch Geld vertreten. Eigentliches Geld übernimmt als Stellvertreter die Funktionen, die

---

[8] Nachdem die reichen Südeuropäer um 1500 Gold massenhaft aus Südamerika heimbrachten, wurde klar, dass die relativ leichte Transportierbarkeit den relativen Wert des Goldes, der damals noch auf der beschränkten Verfügbarkeit des Goldes beruhte, beeinträchtigte.

Gold als Geld hat, wobei die Beliebigkeit, in welcher zunächst Gold gewählt wurde, aufgehoben wird, indem Geld aus jedem beliebigen Material hergestellt werden kann - nur nicht ohne Material. Geld macht Gold, das zunächst als Äquivalenzwertform diente, wieder zur gewöhnlichen Ware, indem ich Gold wie jede andere Ware mit Geld kaufen kann.[9]

Geld fungiert in dieser Sicht als Stellvertreter, der die Funktion des Äquivalents der allgemeinen Wertform übernimmt. Während Gold noch den Warenwert der eingetauschten Güter hat, weil man für die Bereitstellung von Gold entsprechend viel arbeiten muss, hat Geld keinen entsprechenden Warenwert mehr, weil die Herstellung einer Banknote nicht sehr viel Arbeit erfordert.

Wenn Gold etwa in Form einer Goldmünze als Geld verwendet wird, bezieht es seinen Geldwert nicht mehr aus seinem Goldsein. Eine Banknote, also ein relativ wertloses Stück Papier, hat als Geld den gleichen Geldwert wie irgendein entsprechend geprägtes Stück Gold. Eine Banknote ist in diesem operativ-begrifflichen Sinn kein Schuldschein, kein Beleg und kein Symbol für Geld, sondern Geld. Ich kann die Banknote gegen einen Schuldschein tauschen, oder ich kann mir mittels eines Beleges bestätigen lassen, dass ich eine Banknote auf die Bank gebracht habe. Die Banknote verweist nicht auf einen bestimmten Wert, sie repräsentiert diesen Wert.[10] Das wird auch in Zeiten extremer Inflation nicht anders. Der Wert

---

[9] Die USA – man kann sich überlegen, wer oder was mit USA hier gemeint sein könnte – hat es seinen Bügern über sehr lange Zeit verboten, mit Geld Gold zu kaufen. Ich komme später auf diese ökonomisch eigenartige Gesetzgebung, die den Ausdruck „politische Ökonomie" verstehbar macht, zurück.

[10] In der politischen Ökonomie ist eine ganz andere Vorstellung verbreitet, die Geld als Dokument auffasst, das einen Rechtsanspruch verbürgt. Ich werde später darauf zurückkommen, wenn ich Giralgeld einführe, das diese Vorstellung nahelegt.

jeder Ware verändert sich im Laufe der Zeit, weil der ökonomische Wert aktuell und nicht historisch ist. Sichtbar wurde das beispielsweise als die Textilien, die von Handwebern hergestellt wurden, durch den Einsatz von Webstühlen quasi über Nacht viel weniger Wert hatten als zuvor, obwohl sich weder die Qualität der Textilien änderte, noch der Aufwand, der für deren Herstellung nötig war. Die Handweber reagierten mit Maschinenstürmereien. Sie zerstörten Maschinen, weil sie nicht erkannten, dass Wert ein soziales Verhältnis darstellt. Wenn sie Eigentümer der gleichen Maschinen gewesen wären, hätte sie der Wertezerfall nicht betroffen. Sie litten also nicht unter den Webstühlen, sondern darunter, dass sie keine besassen.

Ob eine Geldnote für einen Wert steht oder einen Wert hat, kann als Ansichtssache, als Ökonomie gesehen werden, so wie sich Theologen darüber wichtigmachen, ob jenes Brot sein Fleisch *ist* oder nur *bedeutet*. Hier geht es mir aber nicht um diese Ansicht, also nicht um die Sicht auf eine Geldnote, sondern um eine Praxis, in welcher ich Noten gegen Schuldscheine tauschen kann. Die begriffliche Bestimmung, wonach die Note Wert hat und nicht nur wie ein Schuldschein auf Wert verweist, ist eine praktische Bestimmung, die in einem dialektischen Sinn jederzeit hinfällig werden kann, wenn sich die Praxis verändert. Ich bin in meiner Geldpraxis gerade dabei, auf Bargeld in Form von Münzen und Noten zunehmend mehr zu verzichten. So kann ich bei mir beobachten, dass ich Geld nicht von Noten und Münzen abhängig mache. Ich verwende andere Unterscheidungen, obwohl ich Noten und Münzen wieterhin als Geld verwende und dann als solches bezeichne.

Münzen sind auf dem Markt unabhängig von Geld schon sinnvoll, weil sie als Metallmenge einen Warenwert repräsentieren. Den ursprünglichen Zweck des Prägens von Münzen erkenne ich darin, dass die verwendete Goldmenge in einer Münze so formatiert ist, dass man einerseits sofort und ohne wägen sieht, um welche Menge Gold es geht, und andrerseits auch, ob jemand nicht einen Teil des Goldes abgetrennt und abgezweigt hat, was ich bei Münzen sofort sehen könnte. Goldmünzen tragen zunächst als Inschrift ihr Gewicht, nicht ihren Wert. Ich kann auch heute noch jederzeit sogenannte Anlagenmünzen kaufen, bei welchen ich eine bestimmte Menge des Metalls bekomme und dem entsprechend werden kleine Goldbarren wie Münzen geprägt.

Die Autopoiese des gesellschaftlichen Geldes nimmt vorhandene Münzen als Kristallisationskeime, so wie die Autopoiese des Lebewesens auf den Elementen der millerschen Ursuppe aufbaut. Münzen - und noch mehr würde das für Noten, also für Papiergeld gelten - sind in dieser Modellierung nur einführbar, wo sie als Waren personalisierte und kurzfristige Schuldscheine ersetzen. Erst wo sich Münzen lokal bewähren, können sie eine Art Eigenleben entfalten und ihre Funktionalität ausweiten und sich damit als Geld ausdifferenzieren.

Die geplante Herstellung und der Gebrauch von Münzen ist in dieser Sichtweise ein Prozess, der in einem überschaubaren Handelszusammenhang beginnt. Münzen wurden in diesem Sinne nicht für die Massen einer Nation erfunden, sondern vergleichbar mit Siegeln, deren Form sie teilen, für Münz-Gemeinschaften, in welchen Münzen den Wert repräsentierten, den sie auf ungeklärte Weise, also fiktiv hatten. Logisch - nicht historisch - viel später wurden die Münzen Geld, weil sie Werte repräsentierten, die konstitutiv begründet waren. Als der US-Präsident R. Nixon 1973 den Goldstandard, also die Verpflichtung der USA ihr Geld mit Gold zu decken, formell aufgehoben hat, waren der Dollar und mithin die Banknoten schon längstens nicht mehr mit Gold gedeckt. Also lange bevor die USA den Schwindel einer Golddeckung aufdeckte, war das Geld durch die Währung der Nation gesichert und keineswegs durch irgendwelches Gold.

In meiner Modellierung begreife ich Geld in seiner letzten Entwicklungsstufe als Differenz zwischen Geld und Kredit, und Geld insgesamt wird dabei so unwahrscheinlich wie es Kurantgeld, das seinen eigenen Wert repräsentiert, immer gewesen ist. Auf dieser Stufe erscheint Geld als Ideologie, also als unvermeidliche Illusionen eines notwendig falschen Bewusstseins, dessen Notwendigkeit sich durch die Rationalisierung einer Praxis ergibt. Wenn ich Kredit in jeder Hinsicht wie Geld verwenden kann, muss ich paradoxerweise akzeptieren, dass Kredite Geld sind. Dann aber verwende ich den Ausdruck Geld nicht mehr für Geld, sondern für einen Deutungszusammenhang, in welchem Geld aufgehoben ist. Meine Darstellung lässt sich in diesem Sinne auch als eine Geschichte über die evolutionäre Aufhebung des Geldes lesen, in welcher die Entwicklung des Geldes dazu führt, dass Geld als Giralgeld seine Bedeutung zugunsten des Kredites völlig verliert, aber gerade deshalb möglich macht, dass nun Kredite in Form von Giralgeld als Geld bezeichnet werden. Zu Evolutionsgeschichten gehört, dass rezente Formen des Evolutionären in der Aufhebung nicht verschwinden müssen. In der biologischen Evolution beispielsweise gibt es neben der jüngsten Entwicklung in Form von Menschen allerlei rezente Arten wie Mammuts und Elefanten, die nur zum Teil ausgestorben sind. Als Evolution bezeichne ich ganz besonders die Vorstellung, dass ich Mensch und Tier einander gegenüberstelle, gerade weil sie unter evolutionären Gesichtspunkten dasselbe in verschiedenen Formen sind. Obwohl der Mensch in dieser Differenz kein Tier ist, sage ich beispielsweise, dass er ein werkzeugherstellendes Tier sei.

In der Evolution des Geldes gibt es in der vorliegenden Geschichte im Giralgeld aufgehobene rezente Arten wie kurante Goldmünzen und Banknoten, mit welchen ich meine Darstellung des sich in neuen Qualitäten verflüchtigenden Geldes beginne.

2 Kurant-Geld

Ich beginne meine Darstellung mit Kurantgeld, also mit Geld, das seinen Wert als Ware repräsentiert, indem etwa auf einer Goldmünze durch Prägung steht, wieviel Gold sie wert ist. Eine kurante 20-Franken-Goldmünze würde also - wenn es sie gäbe - Gold im Wert von 20 Franken enthalten. Kurantgeld ist die naivste und einfachste Vorstellung zu Geld, das dann eben deshalb wertvoll ist, weil es aus Gold oder Silber besteht.[11] Ich beginne meine Modellierung mit kuranten Münzen, weil es mir zunächst nicht um den spezifischen Wert des Geldes, sondern um den materiellen Geld-Fluss geht.

Kurantgeld erscheint mir als doppelt sinnvolle Fiktion. Zum einen hilft die Fiktion, Geld praktisch einzuführen, weil niemand viel riskiert, wenn er kurantes Geld in Zahlung nimmt. Und zum andern dient die Fiktion hier beim Modellieren, weil sie den Geldwert neutralisiert, so dass ich den Geldfluss ohne Wertüberlegungen beobachten kann. Zunächst fliessen also nur kurante Goldmünzen.

➢ Stocks and Flows

Mit „Stocks and Flows" bezeichne ich ein Konzept, das zu einer bestimmten Auffassung einer Systemdynamik gehört. Als Eigenname steht „System Dynamics" für eine Methodologie, die beschreibt, wie das Verhalten von kybernetischen Regel-

---

[11] Dazu muss ich natürlich eine quasi naturwüchsige Ahnung vom Tauschwert des Goldes haben. Jenseits von Marxens Analyse erkenne ich den Wert des Goldes einfach, wenn ich welches kaufen will. Vor K. Marx wusste niemand in einem entwickelten Sinn, worauf der Tauschwert des Goldes beruht, aber wohl alle Menschen, die vor K. Marx schon Gold besassen, wussten wie wertvoll ihr Gold ist, also was sie dafür bekommen könnten.

kreisen auf Computern quantitativ simuliert werden kann.[12] Diese Dynamik sehe ich in Flüssen (Flows), deren Wasser in Stauseen zwischengespeichert werden, oder technischer gesprochen in Speichern (Stocks) kondensieren, bevor sie wieter fliessen. Ein technisches Beispiel für einen solchen Stausee ist der WC-Spülkasten, der nach jeder Leerung automatisch wieder gefüllt, aber nicht überfüllt wird. Das Füllen braucht Wasser und Zeit und das Nichtüberfüllen braucht einen Steuerungsmechanismus, der den Zufluss bei Bedarf in Gang setzt und rechtzeitig wieder unterbricht. Hier beobachte ich Geldbehälter wie etwa mein Portemonnaie, die mit Geld gefüllt, geleert und wieder gefüllt, aber nie überfüllt werden. Mit „Stock" und „Flow" bezeichne ich entsprechende Variablen, die dafür stehen, wie viel Geld von wo wohin fliesst und wie viel Geld jeweils wo vorhanden ist.[13]

In Geldbehältnissen wird Geld aufbewahrt. Wo im Commonsense zwischen Geld und Wert nicht unterschieden wird, wird dem Geld oft eine Wertaufbewahrungsfunktion zugesprochen.[14] Geld repräsentiert aber immer Wert, also unabhängig

---

[12] Bekannt wurden diese Methoden von J. Forrester durch D. Meadows Bericht „Die Grenzen des Wachstums", der vom Club of Rome publiziert wurde. Die quantitativen Resultate dieses Berichtes, die den globalen Ressourcenhaushalt prognostizierten, erwiesen sich rasch als unbrauchbare, politisch motivierte Spekulationen, die sich aber immerhin dafür eigneten, das prinzipiell dynamische Denken in Systemen populär zu machen.

[13] „Stocks" und „Flows" werden als Variablen in Systemmodulationen verwendet, die hauptsächlich die Trägheit von In-Out-Put-Systemen behandeln. In vielen Situationen ist kritisch, dass ein Speicher schnell geleert, aber nicht ebenso schnell wieder gefüllt werden kann.

[14] Wo Geld naiv über seine Funktionen definiert wird, wird die Wertaufbewahrung sehr oft genannt. In der Wikipedia etwa steht: „In der Volkswirtschaftslehre wird Geld funktional definiert. Geld hat Zahlungsmittelfunktion, [... es[vereinfacht den Tausch von Gütern und die Aufnahme und Tilgung von Schulden. Geld ist ein Wertbewahrungsmittel. Geld ist ein Wertmaßstab." Ich würde schreiben, dass Geld in der volksdümmlichen Wikipedia so definiert wird, während die Volkswirt-

davon, ob es in einem Behältnis aufbewahrt oder gerade wie-
tergegeben wird. Die Wertaufbewahrung ist nicht an Geld gebunden. Ich bewahre immer Wert, wenn ich nicht wertvernich-
tend konsumiere. Wenn ich beispielsweise ein Kilo Gold oder
eine Liegenschaft kaufe, bewahre ich den Wert in Form von
Gold oder eben der Liegenschaft genauso gut, wenn nicht sogar besser, wie wenn ich Geld aufbewahre. Wert spielt hier
aber noch keine Rolle, hier geht es vorderhand nur um kurantes Geld, das zeitweise in den Stocks gestaut wird.

2.1 Mein Portemonnaie

Mein Portemonnaie sehe ich in diesem Sinne als Stock, das
heisst es fliesst Geld rein und raus, aber nie mehr raus, als
zuvor rein. Das Portemonnaie repräsentiert hier also einen
„Stausee" in einem Fluss, in welchem Geld in Form einer
variierenden Menge von Münzen zwischengespeichert wird.
Der Geldfluss verläuft so, dass der Inhalt des Portemonnaies
innerhalb eines bestimmten Wertebereiches schwankt. Wenn
zu wenig Geld im Portemonnaie ist, wird nachgefüllt, wenn zu
viel Geld drin ist, wird rausgenommen. Der Wert der Stock-Va-
riable ist also zu jedem Zeitpunkt eine Anzahl Münzen, die in
der Nähe der gewünschten Menge liegt. Ganz ähnlich wie ein
Thermostat die Heizung ein- und ausschaltet, wenn es zu kalt
oder zu warm ist, fülle oder leere ich mein Portemonnaie,
wenn es zu leer oder zu voll ist.

➢ Fliessgleichgewicht

Schematisch stelle ich einen geregelten Sachverhalt wie die
Geldmenge in meinem Portemonnaie durch einen Regelkreis
dar. Im schematisierten Regelkreis steht „x" für den jeweils ak-

---

schaftslehre in sehr viele Volkswirtschaftslehren zerfällt, wovon viele so
begriffslos dümmlich argumentieren wie die Wikipedia.

tuellen Istzustand und „u" für die Sollmenge. In Bezug auf
mein Portemonnaie besagt „x" wie viel Geld in einem gegebenen Moment drin ist und „u" wie viel Geld ich gerne im Portemonnaie hätte. „D" repräsentiert einen Mechanismus, in welchem „u" und „x" ver-
glichen werden. Wenn
„x" grösser oder kleiner
ist als „u" wird in einem
weiteren Mechanismus
„R" eine Massnahme

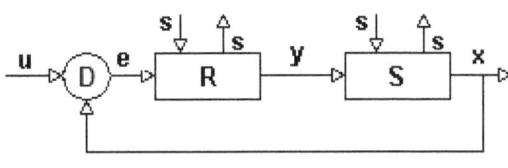

ausgelöst, durch die sich „x" in Richtung „u" verändert. Wenn
sich „x" verändert hat, beginnt der Prozess von neuem. Ich will
beispielsweise immer etwa hundert Franken in meinem Portemonnaie haben. Von Zeit zu Zeit schaue ich nach, wie viel
Geld ich habe, das heisst, ich fungiere als Mechanismus „D"
und vergleiche „u" und „x", indem ich die Abweichungen von
hundert Franken prüfe. Je nachdem reagiere ich, wobei ich als
Mechanismus „R" die Geldmenge anpasse. Manchmal will ich
etwas mehr Geld im Portemonnaie haben, weil ich Einkäufe
plane und manchmal etwas weniger, weil ich ins Schwimmbad
gehe, wo ich nicht immer auf das Portemonnaie achten kann.
Ich verändere also auch den Sollwert „u", nicht nur den Istwert
„x" – was in diesem einfachen Schema aber nicht dargestellt
ist.

Die Regelung eines Systems impliziert „Störungen", ohne Störungen müsste nichts geregelt werden. Der Ausdruck „Störung" bezieht sich dabei aber auf die Regelung, nicht auf die
Funktion des Systems. Das Geld in meinem Portemonnaie
trage ich mit mir, um verschiedenste Waren zu kaufen. Darin
sehe ich die Funktion des Portemonnaies, das heisst ich will
bei Bedarf Geld rausnehmen. Wenn ich Geld ausgebe, „störe"
ich den Sollbestand des Portemonnaies und löse damit eine
später folgende Regelungsmassnahme aus. Der Sollbestand
meines Portemonnaies würde auch gestört, wenn mir jemand
zehntausend Franken ins Portemonnaie legen würde, was

mich natürlich gar nicht stören würde, aber eben den Sollbestand des Portemonnaies.[15]

Die Pfeile „s" im Schema stellen einerseits solche Störungen dar, die hier als Mechanismus „S" etwa mein Kaufen oder Verkaufen von Waren repräsentieren. Intentische Pfeile „s" repräsentieren aber auch die Regelungsmassnahmen in „R". Wenn ich Geld ausgebe und so den Sollbestand störe, muss ich wieder Geld ins Portemonnaie legen, um den Sollbestand wieder zu erreichen. Im Modell geht es zunächst nur darum, dass eine bestimmte Menge Geld im Portemonnaie sein sollte und Abweichungen davon durch Massnahmen korrigiert werden. Die Massnahmen sind durch den jewiligen Stock spezifiziert, sie bestehen im Falle des Portemonnaies ausschliesslich im Geldzufluss und -abfluss (Flows). Vorerst ist noch offen, woher das Geld kommt und wohin es fliesst. Und ebenso lasse ich vorerst ausser Acht, dass neben dem Geldfluss oft auch Waren fliessen.

Von einem Fliessgleichgewicht spreche ich, weil der Geldfluss so aufrecht erhalten wird, dass im Mittel gleich viel Geld zu- und abfliesst, wobei der Kontostand aber innerhalb eines Bereiches schwankt, also seinerseits „im Fluss" ist. Feedbacksysteme hinken in dem Sinne immer nach, weil sie auf zuvor eintretende Abweichungen reagieren. Wenn ich Geld ausgebe, habe ich weniger Geld im Portemonnaie bis ich es wieder auffülle. Feedbacksysteme sind praktisch nie im Gleichgewicht, das heisst, „u" und „x" sind nie gleich gross, sie fliessen immer zum Gleichgewicht. Wenn ich beispielsweise 18.75 Franken ausgegeben habe, lege ich bei nächster Gelegenheit 20.00 Franken ins Portemonnaie. Meine Korrektur schiesst dann ein wenig über das Ziel hinaus und verlangt im Prinzip

---

[15] In der Kybernetik stellt die Regelung einen eigenständigen Funktionskreis dar, der nichts zu tun hat mit der geregelten Funktion. Die Funktion meines Portemonnaies ist durch die Regelung der Geldmenge nicht betroffen.

eine weitere Korrektur oder eben etwas Toleranz bis zur nächsten Störung.[16]

2.2 Mein Bankkonto

Mein Bankkonto ist in dieser Modellierung zunächst wie mein
Portemonnaie, nur etwas (oder beachtlich) komplizierter:
Einerseits geht auch Geld rein und raus, soweit ist es das
Gleiche. Dann aber kann ich - erstaunlicherweise oder scheinbar - mehr Geld rausnehmen als ich zuvor reingegeben habe,
ich kann das Konto überziehen, was bei einem Lager oder
Speicher im Prinzip nicht geht. Deshalb ergänze ich das Bank-
konto-Modell mit einer weiteren Zuleitung. Dann kann ich wieder sagen, ich kann nur so viel rausnehmen, wie zuvor reinge-
legt wurde.

Jetzt stellt sich die Frage, woher mein Konto, wenn nicht von
mir, sein Geld bezieht, oder woher
der zweite Zufluss kommt. Gemeint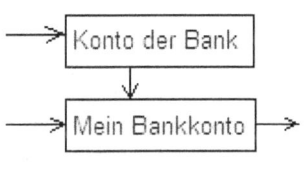
ist nicht, dass mein Arbeitgeber oder
ein Kunde mir Geld auf mein Konto
bezahlt. Das ist ja mein Geld, das er
an meiner Stelle einbezahlt. Gemeint
ist Geld, das nicht mir gehört, also Geld, mit welchem ich das
Konto überziehen kann. Ich bezeichne die zweite Leitung als
Bankgeld und den Herkunftsort des Geldes als Konto der
Bank. Dieses Konto der Bank ist wiederum ein Stock und

---

[16] Ein aufrechtstehender Mensch ist so gesehen immer im Umfallen, was
er laufend durch Gegenbewegungen ausgleicht. Wenn die Regelung fein
genug ist, entzieht sie sich einer nicht entsprechend feinen Wahrnehmung.
Deshalb erscheint ein aufrechtstehender Mensch im Gleichgewicht und
nicht im Fliessgleichgewicht des ständig verhinderten Umfallens. Beim
ganz langsamen Radfahren wird das andauernde Ausgleichen von
Schräglagen als Fliessgleichgewicht deutlicher sichtbar.

muss deshalb natürlich selbst eine Geldzuleitung haben und zweitens „bereit sein", Geld in mein Konto fliessen zu lassen.[17]

Ich gehe im Augenblick beim Modellieren wider besseres Wissen davon aus, dass mein Bankkonto eine Art Behälter ist, in welchem im Prinzip Geld liegt, weil ich es ja jederzeit holen kann. In der Entwicklung des Modelles beschreibe ich so auch Stadien, für die ich keine empirischen Entsprechungen kenne. Ich sehe mein Konto also vorerst wie mein Portemonnaie als Behälter mit Münzen. Weil ich aber in dieses Konto nicht wie in mein Portemonnaie schauen kann, führen die Bank und ich ein Kontoblatt, auf welchem die Geldflüsse aufgezeichnet werden.

Das Kontoblatt repräsentiert ein Anzeigeinstrument und mithin eine Variable, deren Zustand durch Geldbewegungen gesteuert wird. Jedes Mal, wenn die Geldmenge auf meinem Konto verändert wird, löst das eine Massnahme aus, die auch das Kontoblatt verändert.

Weil ich das Konto selbst nicht sehen kann, weiss ich nie, was die Bank mit meinem Geld macht. Ich gehe sogar generell davon aus, dass sie mein Geld gar nicht hat, sondern ihrerseits wieder ausgeliehen hat. Und im umgekehrten Fall, wenn ich mehr Geld vom Konto nehme, als ich je einbezahlt habe, gehe ich davon aus, dass ich Geld bekomme, welches jemand anderer auf sein Konto einbezahlt hat. Die Bank braucht also - auf dieser Stufe der Modellierung - kein eigenes Geld. Sie muss nur darauf achten, dass die Summe aller Bankkonten im Sollbereich liegt.

Was ich als Bankgeld bezeichne, modelliere ich also vereinfachend als Geld, das von einer Menge von Konten von Bankkunden stammt. Wenn die Bank Kontoblätter führt, kann sie darauf verzichten, Konten im Sinne von je eigenen Behältern

---

[17] Auf diese „Bereitschaft" komme in Form von „Motiven" zurück.

zu führen. Sie legt also das Geld aller Bankkunden in einen Topf, den ich hier als Bankgeldkonto bezeichne, und führt pro Geschäftspartner ein Kontoblatt. Meine Einzahlungen gehen in das Bankgeldkonto und meine Bezüge kommen aus dem Bankgeldkonto. Jede Bewegung, die mich betrifft, wird auf meinem Kontoblatt registriert. Mein Konto ist also - was das Geld in Form von Münzen in einem separaten Porte-Monnaie betrifft - eine reine Fiktion. Das ist ja auch der Grund, warum ich - im Unterschied zum Portemonnaie - mehr rausnehmen kann, als ich reingetan habe. Dieses Bank-Porte-Monnaie wird von vielen gefüllt.

2.3 Das Bankgeldkonto

Man kann sich das Bankgeldkonto wie ein Portemonnaie vorstellen. Es ist dann ein Behälter (Stock), in welchen Geld rein und raus geht, wobei nicht mehr rausgehen kann, als zuvor reingegeben wurde. Das, was ich hier als Bankgeld bezeichne, ist zunächst das 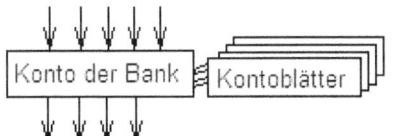 Geld in Kurantmünzen, das in der Bank liegt. Genau wie beim Portemonnaie bewegt sich diese Geldmenge innerhalb eines bestimmten Bereiches, nicht zu viel und nicht zu wenig, also in einem Soll-Bereich. Der Unterschied zum Portemonnaie besteht darin, dass das Geld in der Bank nicht mehr einem einzelnen Eigentümer gehört, sondern vielen, dass es aber gleichwohl eine Menge bildet, weil das Geld der verschiedenen Gläubiger nicht in separaten Behältern, sondern in einem Bankgeldkonto aufbewahrt wird.[18] Die Bank führt für jeden Kunden ein Kontoblatt, das einen negativen oder positi-

---

[18] Schliessfächer sind natürlich nicht gemeint, sie stellen personalisierte Portemonnaies dar und haben mit der hier gemeinten Bank nichts zu tun. Sie sind ein Nebeneffekt davon, dass Banken aufgrund der verwalteten Geldmenge „safer" sind als Haustresore oder Bettmatratzen.

ven Kontostand ausweist, je nachdem, ob er mehr einbezahlt oder rausgenommen hat.

Das Bankgeldkonto wird aufgelöst, wenn alle Gläubiger ihre Einlagen abholen. Das tun sie aber - ausser eben beim Bankrun - nicht. Wer Geld auf die Bank bringt, lässt es eine bestimmte Zeit lang dort liegen. Die Menge des Geldes bewegt sich im Sollbereich des Bankgeldkontos, das heisst, dass ungefähr gleich viel Geld abgehoben werden muss, wie einbezahlt wird. Solange der Sollbereich des Bankgeldkontos nicht verletzt wird, können einzelne Gläubiger mehr holen, als sie zuvor gebracht haben. Und es können vor allem auch Leute Geld holen, die zuvor gar nichts gebracht haben. Wenn einzelne Gläubiger ihr Geld wieder holen, bleibt das Bankgeldkonto im Sollbereich, weil dann immer noch das Geld der anderen im Bankgeldkonto liegt.

Das Bankgeldkonto ist eine Resultante von Ein- und Auszahlungen, wobei gleichgültig ist, wer einzahlt oder abhebt, respektive welche Kontoblätter im Prozess wie verändert werden. Es ist ohne weiteres denkbar, dass ein und dieselbe Person zwei Konten hat, wobei das eine Konto eine „Schuld" und das andere Konto ein „Guthaben" darstellen. Es spielt keine Rolle, wem die Konten gehören. Eine Rolle spielt nur, dass - im Prinzip - alle Konten wieder ausgeglichen werden können. Wer Geld auf ein Bankkonto gibt oder davon nimmt, macht das unter einem Vertrag, der die Rückzahlung vorsieht.

2.3.1 Das Kontoblatt als Protokoll

Ich will das Kontoblatt als Abbildung beobachten. Das Kontoblatt durchläuft in dieser Modellierung eine zum Geld komplementäre Entwicklung, die ich beobachten muss, wenn ich Geld begreifen will. Am Anfang erscheint das Kontoblatt als Protokoll noch unkompliziert und in dem Sinne auch als nicht sehr interessant. Aber es entfaltet sich zusammen mit dem Geld.

Wenn ich an der Hotelbar ein paar Pils trinke, macht der Kellner für jedes Bier, das er mir bringt, einen Strich auf meinen Bierdeckel. Im Bierdeckel sehe ich einfach eine Art Protokoll des Kellners, welches ich als Kunde einsehen kann. Der Kellner merkt sich so, was er mir schon gegeben hat. Würde ich erst anlässlich eines meiner nächsten Besuche bezahlen, würde der Kellner die Striche auf einem Brett an der Wand statt auf dem Bierdeckel machen, was die Sache nicht wesentlich ändern würde – aber doch schon eher als zeitversetztes Tauschen beobachtet werden könnte.

Wenn ich bezahle, wird der Bierdeckel geknickt oder weggeworfen. In dieser Form wird das Kontoblatt nur für offene Posten geführt. Wenn der Tausch ausgeglichen ist, interessiert er nicht mehr. Ich kann aber ein quasi historisches Interesse an meinen Ausgaben haben und deshalb ein Kassenbuch führen, in welchem ich alle Ausgaben und Einnahmen aufschreibe. Im Kassenbuch wird quasi eine Geschichte zum Kassensturz geschrieben, das Kassenbuch zeigt mir, *weshalb* ich nachschaubar wie viel Geld in meinem Portemonnaie habe.

Das eigentliche Kontoblatt unterscheide ich von einem Kassenbuch dadurch, dass auf dem Kontoblatt eine Geschichte zum Stand der „Kasse" geschrieben wird, *weil* der eigentümerbezogene Kassensturz - beispielsweise im Bankgeldkonto - nicht möglich ist. Differenztheoretisch ist das „Kassenbuch" ein Kontoblatt, das mir zeigt, *weshalb* ich wie viel Geld habe, während der Sinn des Kontoblattes darin besteht, mir zu zeigen, *wie viel* Geld ich weshalb habe.

Als Kontoblatt bezeichne ich eine Tabelle, in welcher Veränderungen im bezeichneten Konto protokolliert werden. Der Bierdeckel in der Bar ist ein ziemlich formloses Kontoblatt, die Tabelle ist auf ein einziges Feld reduziert, das seinen Wert ohne Vermerke auf Waren, Preise und Zeitpunkte verändert, indem es halbe Tauschhandlungen protokolliert. Die Striche des Kellners auf meinem Bierdeckel zeigen mir, wie das Geld in meinem Portemonnaie - im Prinzip -abnimmt, was ich im Portemonnaie aufgrund des zeitversetzten Tauschens ja noch nicht sehen kann.

Wenn ich ein Kontoblatt nachführe, mache ich eine Art Abbildung des Geldflusses. Das Kontoblatt ist nicht nur kein Geld, es ist auch kein „Porte-Monnaie". Das Geld liegt nicht auf einem Kontoblatt, sondern in einem Portemonnaie oder in einem Tresor. Auf dem Kontoblatt steht lediglich, wo das Geld liegt und wem was davon gehört. Wenn ich Geld aus dem Portemonnaie oder vom Bankkonto nehme und ein Kontoblatt nachführe, verändert sich dabei also nicht nur der Zustand des Portemonnaies oder des Kontos, sondern auch der Zustand der entsprechenden Kontoblätter.

Während ich für mein Portemonnaie jenseits von historischen Interessen also kein Kontoblatt brauche, ist dieses für das Bankgeldkonto notwendig, weil man dort nicht mehr erkennen kann, wem wie viel des Geldes gehört. In der Modellierung erscheint deshalb das Kontoblatt als Variable. Immer wenn Geld in das Konto gelegt oder aus dem Konto genommen wird, löst das eine Massnahme aus, die ein Kontoblatt verändert. Es spielt hier keine Rolle, wie diese Massnahme realisiert ist. Man kann an einen Mechanismus denken, der bei Veränderungen im Konto automatisch auch das zugehörige Kontoblatt verändert. 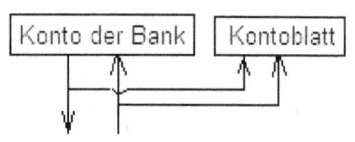 Es gehört mit zu dieser kybernetischen Theorie, dass alle Massnahmen mechanisch gedacht sind. Dieser Mechanismus kann ohne weiteres durch einen Buchhalter, der die Kontoblätter von Hand beschreibt, realisiert sein. Es geht hier weder um Menschen noch um Maschinen, sondern um Operationen. Da ich aber Münzen und Kontoblätter als Artefakte denke, kann ich mir diese Operationen, durch die das Kontoblatt verändert wird, materiell nicht ohne Menschen oder Maschinen vorstellen.

Ein Mechanismus kann natürlich auch einmal kaputt sein oder nicht richtig funktionieren. Deshalb ist nicht sicher, dass jede

Geldbewegung auf dem Kontoblatt erscheint. Wenn ich meine Buchhaltung mache, passieren mir manchmal Fehler, ich vergesse beispielsweise etwas oder ich trage einen falschen Betrag ein. Ich gehe aber im Modell der Einfachheit halber von funktionierenden Mechanismen aus, so dass das Kontoblatt jederzeit den Kontostand darstellt.

In der Bar sehen der Kellner und ich dasselbe „Kontoblatt". Ich beschreibe keinen zweiten Bierdeckel als eigene Buchhaltung. Die Buchführung, die der Barkeeper mit Strichen auf meinem Bierdeckel betreibt, beruht darauf, dass ich aufpasse, dass er pro Bier nur einen Strich macht. Das heisst, die Tauschenden sehen gleichzeitig dasselbe „Kontoblatt" und sie wissen, was jeder Strich bedeutet. Aber wenn ich ein Kontoblatt führe, das mein Geschäftspartner nicht einsehen kann, kann ich mein Kontoblatt nicht ohne weiteres für verbindlich halten. Wenn im Buch meines Geschäftspartners etwas anderes steht, steht Buch gegen Buch. Das Kontoblatt ist kein Beleg für Schuld oder Guthaben, sondern eine Darstellung davon. Natürlich können sich die Parteien ihre Kontoblätter gegenseitig vorlegen und so verbindlich abgleichen. Das beruht aber auf Rechtsverhältnissen, die hier nicht interessieren. Hier geht es vorderhand nur um das Protokollieren jenseits von Ansprüchen und wie diese geregelt werden. Umgekehrt nehme ich aber natürlich mein Kontoblatt als Abbildung ernst. Seit ich das sogenannte e-Banking verwende, habe ich neben dem Kontoblatt eigentlich auch gar keine Belege mehr. Ich verhalte mich also auch praktisch so, wie wenn der Mechanismus der Protokollierung funktionieren würde, weil er das hinreichend oft ja auch tut. Das Kontoblatt wird in seiner entwickelten Form Teil der Buchhaltung. Auf der hier interessierenden Ebene unterscheide ich aber nicht zwischen Buchhaltung und Kontoblatt, sondern begreife die Buchhaltung als entwickelte Form des Kontoblattes.[19]

---

[19] Die Rekonstruktion eines vermeintlich falschen Kontoblattes beruht im Falle der Bank im Wesentlichen darin, dass die Bank eine Soll/Haben-Gleichheit in ihrer doppelten Buchhaltung hat. Es ist also relativ unwahr-

➢ Motive versus Funktionsweise

Natürlich könnte ich mich fragen, warum jemand immer etwas Geld im Portemonnaie haben will oder warum jemand Geld auf ein Bankkonto legt und es für eine Weile dort lässt. Ich will diese Fragen hier aber bewusst nicht stellen. Hier interessiert mich, wie sich das System dynamisch verhält, wie es funktioniert, nicht warum es das tut. Meinem Portemonnaie passiert es sozusagen, dass die Geldmenge darin fliessend konstant gehalten wird. Dazu braucht mein Portemonnaie kein Motiv und ich kann das beobachten, ohne Motive zu suchen. Meiner thermostatengeregelten Heizung beispielsweise spreche ich auch kein Motiv zu. Ich kann sagen, dass sie das Ziel verfolgt, die Temperatur in meinem Haus konstant zu halten, aber damit ist kein Telos gemeint, denn die Heizung hat nichts davon, dass es in meinem Haus etwa zwanzig Grad oder immer gleich warm ist. Wenn ich also sage, dass mein Portemonnaie ein Ziel verfolgt, meine ich damit die Tatsache, dass sich in meinem Portemonnaie immer etwa gleichviel Geld befindet. Ich meine dies in dem Sinne als Tat-Sache, als dass diese Sache so getan wird. Auch die Motive, die für den Sollwert verantwortlich sind, spielen hier keine Rolle. Das Verhalten meines Portemonnaies ist in einer bestimmten Hinsicht zielorientiert, aber dem Ziel entspricht kein Motiv, sondern eine Regelung, also eine Art Mechanismus, in welchem ich als motivierter Besitzer des Portemonnaies nur als unmotiviertes Zahnrädchen fungiere, das einfach regelmässig macht, was es macht, um das Gleichgewicht im Portemonnaie aufrecht zu erhalten.[20]

---

scheinlich, dass ein einzelnes Konto nicht stimmt. Wenn auf meinem Konto(blatt) etwas fehlt, muss es auf einem anderen Kontoblatt auch fehlen - oder die ank hat ein Computerproblem.

[20] N. Wiener hat zu dieser Unterscheidung zwischen zwei Zielauffassungen einen für das kybernetische Denken wichtigen Aufsatz geschrieben (J. Bigelow, A. Rosenblueth, N. Wiener: Behavior, Purpose and Teleology. Philosophy of Science 10 (1943) 1, 18-24 (Nachdruck in W. Buckley, 1968, 221-225). Die Begriffe Ziel und Störung bekommen durch die kyberneti-

2.4 (M)eine Bank

Man kann - und viele tun es wohl auch - sich Banken als Unternehmen mit einem Eigenkapital vorstellen, das dem Bankunternehmer (also beispielsweise den Aktionären) gehört. Die so gedachte Bank hat Motive und ist (eventuell) reich. Hier sind aber nicht das Unternehmen und dessen allenfalls gierigen Eigentümer gemeint. Hier geht es um den Stock, der im Geldfluss steht. Deshalb ist auch der Ausdruck Porte-Monnaie treffend; porte heisst tragen im Sinne von beladen sein und im Sinne von übertragen. Die Bank überträgt das Geld zwischen ihren Kunden und ist jeweils in der Zwischenzeit Träger des Geldes, also ein Porte-Monnaie.

(M)eine Bank steht hier für eine Bank, die ich mir wie mein Bankkonto vorstelle, nur etwas (oder beachtlich) komplizierter: Es geht auch Geld rein und raus, und (erstaunlicherweise oder scheinbar) kann auch mehr raus als rein. Es geht dabei nicht wie beim Bankgeldkonto darum, dass ein einzelner Kunde mehr holen kann, als er gebracht hat, sondern darum, dass die gesamte Kundschaft mehr holen kann als sie gebracht hat. Sie kann die Bank überziehen, was bei einem Stock natürlich nicht geht. Deshalb ergänze ich das „Portemonnaiemodell" auch hier mit einer weiteren Zuleitung. Jetzt kann ich wieder sagen, es kann nur so viel raus, wie zuvor reingeht. Es ist also eine Bank, die ihren Kunden mehr Geld ausleihen kann, als sie von diesen ausgeliehen bekommt, weil sie eine weitere Zuleitung besitzt.

Für Banken werde ich später nochmals darauf zurückkommen, inwiefern sie auch mehr „Geld" ausleihen können als sie

sche Regelung einen doppelten Sinn, was auch viel Missverständnisse produziert. J. Forrester, der Erfinder der System Dynamics schrieb, dass die System Dynamics als Methode nicht den verdienten Erfolg habe, weil sie kontraintuitive Resultate produziere. Ich glaube eher, weil die Methode selbst etwas kontraintuitiv ist, wo sie die Begriffe Ziel und und Störung neu besetzt.

aufgrund von weiteren Zuleitungen haben. Hier ist aber noch ausschliesslich die Kurantgeldbank gemeint.

Natürlich stellt sich auch hier die Frage, woher die Bank Geld bezieht, das nicht von ihren Kunden kommt, also aus welchem Geldstock die zweite Zuleitung kommt. In die Bank fliesst in meinem Modell Geld aus einem Be-hälter, den ich als Zentralbank be-zeichne. Da die Zentralbank auch ein Geldbehälter ist, muss auch sie erstens eine Geldzuleitung haben und zweitens bereit sein, Geld in

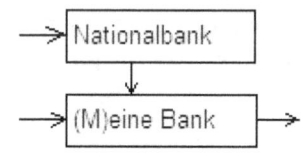

(m)eine Bank fliessen zu lassen, wenn (m)eine Bank durch ih-ren Kontostand nach einer entsprechenden Massnahme ruft.

Die Formulierung, wonach (m)eine Bank durch ihren Konto-stand nach einer entsprechenden Massnahme ruft, erläutere ich anhand der schon eingeführten thermostatengeregelten Heizung, bei welcher ich analog sagen würde, dass der Öl-brenner nach Öl ruft, wenn die Temperatur unter einen be-stimmten Wert gefallen ist. Damit Öl zum Brenner fliessen kann, muss der Öltank seinerseits eine Zuleitung haben und er muss auf der anderen Seite Öl liefern, wenn der Ölbrenner danach ruft. Der Ölbrenner „ruft" natürlich nur in einem meta-phorischen Sinn. Er ruft nicht nur nicht, sondern er ist auch nicht Subjekt seines Verhaltens. Vielmehr öffnet sich ein Ven-til, weil es durch das Signal vom Thermostaten entsprechend gesteuert wird. In diesem Sinne „ruft" auch (m)eine Bank nicht nach Geld. Systemtheoretisch gesehen hat sie einen Sollwert und wenn der unterschritten wird, wird eine Massnahme aus-gelöst. Diese Massnahme kann durchaus darin bestehen, dass der Bankdirektor einen Manager der Zentralbank anruft, aber das ist hier ganz unerheblich. Hier interessiert nur das Vorhandensein des Mechanismus, aber nicht wie der Mecha-nismus beschaffen ist. Es könnte also auch ein entsprechend programmierter Computer nach Geld „rufen".

Den Mechanismus, der das „Rufen" verkörpert, denke ich materiell. Er reagiert auf materielle Ströme, nicht auf eine feinstoffliche oder sonst wie ideell gemeinte „Information". Wie der Mechanismus konstruiert ist und aus welchem Material er besteht, also ob es sich um einen Manager mit Telefon oder um einen vernetzten Computer handelt, ist hier ohne Bedeutung.[21] Auf dieser Stufe der Modellierung fliessen Goldmünzen, weil der Geldbehälter „Zentralbank" aufgrund eines materiellen Signalflusses geöffnet wird.

➢ Fraktale

Im hier beobachteten Geldfluss fungieren das Bankkonto und die einzelne Bank als Portemonnaie. Das eigentliche Portemonnaie reguliert seine Geldmenge durch das Bankkonto, das Bankkonto reguliert seine Geldmenge durch das Bankgeldkonto der Bank und die Bank reguliert ihre Geldmenge durch die Zentralbank. Systemtheoretisch spreche ich von Fraktalen, wenn ich eine Operation rekursiv so verwende, dass ich eine Art "Selbstbeinhaltung" beobachte, in welcher der Gegenstand der Beobachtung aus rekursiv verkleinerten Kopien seiner selbst besteht.[22] Die Zentralbank bedient eine Menge von Banken, die eine Menge von eigentlichen Portemonnaies bedienen.

---

[21] Damit beobachte ich explizit durch eine andere Systemtheorie als etwa W. Ashby, der explizit auch feinstoffliche Mechanismen wie Hausgeister zulässt, weil ihn nur die Mathematik aber nicht die Konstruktion des Systems interessiert.

[22] Der mathematische Ausdruck "Fraktal" stammt von B. Mandelbrot und bezeichnet eine spezifische Rekursion, in welcher geometrische Figuren „wiederholt" werden. Das Standardbeispiel ist der Pythagoras-Baum, der dadurch entsteht, dass einem Dreieck die Seitenquadrate eingezeichnet werden und die Quadratseiten als Grundlinien für formgleiche weitere Dreiecke benutzt werden, welchen wiederum die Seitenquadrate eingezeichnet werden, wodurch ein sich stets verzweigender Baum entsteht.

2.5 Die Zentralbank

Fraktal fungiert die Zentralbank in dieser Modellierung als Bank der Banken. Auf dieser Stufe der Modellierung hat die Zentralbank noch keinerlei finanzpolitische Funktion und die „Bankbank" wird erst später als Inter-bank ausdifferenziert werden. Die verschiedenen eigentlichen Banken verhalten sich der Zentralbank ge-genüber wie die Bankkunden sich der Bank gegenüber verhalten: sie

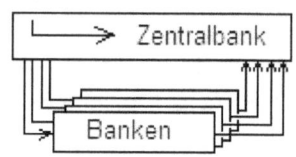

bringen und holen Geld. Deshalb kann eine einzelne Bank oh-ne weiteres mehr holen, als sie zuvor gebracht hat. Die Zen-tralbank führt für jede Bank ein Kontoblatt und hat das Geld al-ler Banken in demselben Behälter, im Zentralbankgeldkonto.

Auch die Zentralbank kann ihren Kunden mehr Geld auslei-hen, als sie von diesen ausgeliehen bekommt. Natürlich stellt sich auch hier die Frage, woher diese Bank das Geld bezieht, das nicht von ihren Kunden kommt. Die Zentralbank ist in die-ser Modellierung aber keine eigentliche Bank, sondern ein Geldhersteller. Sie hat deshalb keine weitere Geldzuleitung nötig, weil sie Geld produziert.[23]

In dieser Modellierung habe ich bisher einzelne Stocks und Geldkreisläufe beobachtet, aber nicht gesagt, woher das Geld überhaupt kommt. Ich habe mit Geld in meinem Portemonnaie angefangen und dabei unterstellt, dass es Geld gibt und dass es durch Stocks wie Portemonnaies fliesst. In mein Portemon-naie kommt Geld aus einem anderen Portemonnaie, wenn ich

---

[23] Viele Zentralbanken haben die eigentliche Produktion ausgelagert, so wie viele Kühlschrank- oder Computerfabriken ihre Maschinen in China bauen lassen und nur ihr Logo draufkleben. Das spielt hier keine Rolle. Wenn ich einen IBM-Computer kaufe, kaufe ich einen Computer beim Her-steller IBM, egal, wo und wer sich die Hände in der wirklichen Produktion schmutzig macht. Die Zentralbank stellt in genau diesem Sinn das (hier ge-meinte Kurant)Geld her.

etwas verkaufe, oder von meinem Bankkonto, wenn ich Geld abhebe. Aber dazu muss das Geld natürlich zuvor in andere Portemonnaies oder ins Bankgeldkonto geflossen sein.

Die Zentralbank stellt auf dieser Modellierungsstufe Münzen her, so wie irgendein Unternehmen Waren wie Kühlschränke oder Kugelschreiber produziert. Die Münzen werden aber nicht wie andere Waren konsumiert, sie bilden das Material des Geldkreislaufes. Sie werden weitergegeben und fliessen so im Prinzip endlos durch beliebige Stocks.[24]

➢ Kreislauf und kybernetischer Kreislauf

In eigentlichen Kreisläufen fliesst Materie. Als Wasserkreislauf etwa bezeichne ich die im Prinzip geschlossene Zirkulation von immer demselben Wasser. Das Wasser der Erde fliesst von den Bergen zum Meer, vom Meer in die Wolken und von den Wolken zurück auf die Berge. Das Wasser in einer Zentralheizung fliesst durch die Heizkörper, von dort wieder zum Heizkessel und wieder zurück zu den Heizkörpern. Das Wasser fliesst in beiden Fällen als Fluss in einem "Kreis". Das globale Wasser bewässert die Erde und ermöglicht so eine Vegetation. Bei der Heizung hat der Wasserkreislauf die konstruktiv beabsichtigte Wirkung, dass die Wohnung erwärmt wird. Beides sind Effekte, die nicht den Wasserkreislauf als solchen betreffen, sozusagen Nebenwirkungen, die ausserhalb der Kreisläufe stattfinden.

---

[24] Da die Münzen Artefakte sind, unterliegen sie einer spezifischen Abnutzung, die in gewisser Hinsicht jener von Investitionsgütern entspricht. Wenn ich ein Brot ertausche und dann konsumiere, verschwindet das Brot. Wenn ich einen Kühlschrank, also ein Investitionsgut ertausche, nützt er sich im Laufe der Zeit auf meine Kosten ab. Geld dagegen wird kollektiv konsumiert, seine Abnützung erscheint nicht in den Kosten dessen, der es abnützt, weil es immer weitergegeben wird. Das abgenutzte Geld wird von der Zentralbank zurückgenommen. Geld bildet in diesem Sinne ein Urbild für die vorgezogene Entsorgungsgebühr.

Der kybernetische „Kreislauf" ist von ganz anderer Art, auch dort, wo ein Wasserkreislauf involviert ist. Bei der geregelten Zentralheizung etwa gibt es das Element Thermometer, mit welchem die Temperatur der Raumluft gemessen wird. Dieser Messwert kann als elektrisches Signal zu einem Thermostat fliessen und dort mit einem Sollwert verglichen werden. Dabei fliesst ein elektrischer Strom, kein Wasser. Durch den Thermostat kann ein Ölventil am Brenner der Heizung geöffnet werden. Dann fliesst Öl zum Brenner. Das Feuer des Brenners erhitzt das Wasser im Heizkessel und das Wasser fliesst zu den Heizkörpern, wo es seine Temperatur dadurch verliert, dass die Wärme, also kein Wasser, in den Wohnraum und zum Thermometer fliesst. Im kybernetischen Kreis fliesst also nicht eine, sondern es fliessen sehr verschiedene "Flüssigkeiten" wie Strom, Öl, Wasser und Wärme.[25]

Wenn ich den Wasserkreislauf beobachte, frage ich mich nicht, wo das Wasser herkommt, sondern nur wo es weshalb durchfliesst. Mir scheint dann, das Wasser auf dem Berg wäre lieber unten am Berg, also lieber im Meer, dann aber lieber in der Wolke und schliesslich doch lieber als Regen wieder oben auf dem Berg. Ich frage, warum das Wasser lieber wo wäre oder wie es immer wieder denselben Kreis durchläuft. Ich kann mir naturwissenschaftliche Antworten geben. Wasser verdunstet durch die Energie der Sonne und kondensiert im kühlen Wind und wird durch die Schwerkraft ins Meer gezogen. All diese Antworten sind keine Folgen des Wasserkreis-

---

[25] Kybernetische Kreise sind Wirkungsgefüge, deren Elemente durch einen Fluss so gesteuert werden, dass sie ihrerseits einen Fluss freigeben, der ein weiteres Element steuert. Der Strom, der vom Thermostat zum Ölbrenner fliesst, „bewirkt", dass heisses Wasser in die Heizkörper fliesst, aber er treibt das Wasser nicht an, er gibt nur den Weg frei. Das heisse Wasser bewirkt via der warmen Raumluft, dass vom Thermometer ein elektrischer Strom zum Themostat fliesst, aber es treibt den Strom nicht an. Von jedem Element zum nächsten fliesst ein separater Fluss mit eigener Energie. Der kybernetische Kreislauf besteht aus einer Abfolge von Flüssen, von welchen jeder den nachfolgenden steuert.

laufes, sondern äussere Motivationen, die das Wasser im Fluss durch den Kreislauf halten. Dasselbe gilt für den Wasserkreislauf in der Heizung.

2.6 Der Geldkreislauf

Im Geldkreislauf fliesst Geld. Ich kümmere mich hier zunächst nicht darum, was den Geldfluss antreibt. Wenn ich - warum auch immer - plötzlich mehr Geld habe als in meinem Portemonnaie Platz hat, wenn also der Sollbestand im Portemonnaie überschritten wird, wird eine Massnahme ausgelöst. Ich habe zwei Optionen: Entweder gebe ich mein Geld weiter in die Portemonnaies anderer Leute - indem ich, was hier unwesentlich ist, von ihnen Waren kaufe. Dabei spielt keine Rolle, wo die Waren herkommen. Sie werden wie das Geld irgendwo gemacht, bevor sie in den Handel kommen. Wenn ich gerade keine anderen Waren brauchen kann, lege ich das Geld in einen Tresor oder ich bringe es auf die Bank. In meinem Modell rechne ich den Tresor zu meinem Portemonnaie, weil das Geld bei mir bleibt. Wenn ich das Geld auf die Bank bringe, geht es dort in das Bankgeldkonto und auf einem Kontoblatt wird nachgeführt, wie viel Geld ich gebracht habe. So entsteht eine Bank, indem verschiedene Leute ihren Portemonnaie-Überlauf auf eben diese Bank bringen.

Die Bank hat ihrerseits einen Überlauf. Wenn sie zu viel Geld hat, löst das auch auf der Bank Massnahmen aus, die deren Geldbestand reduzieren. Die Bank leiht ihren Kunden Geld aus oder sie gibt es der Zentralbank. Die Zentralbank steuert mit dem Geld, das sie von den Banken bekommt, ihre Produktion von neuem Geld. Wenn sie viel Geld bekommt, reduziert sie die Produktion von neuem Geld und wenn sie kein Geld bekommt - oder gar um Geld gefragt wird, erhöht sie die Produktion. So wie jeder Kühlschrankhersteller ein Lager hat, mit welchem er Schwankungen in der Nachfrage kompensieren kann, hat die Zentralbank hat einen Behälter mit einem Sollbestand, der als Puffer für die Produktion dient. Das Warenlager darf nicht zu gross und nicht zu klein sein.[26]

Die Münzen, die ich im Fluss des Geldes bekomme, haben im Unterschied zu anderen Waren, wie etwa einem Brot oder einem Kühlschrank keinen Gebrauchswert. Ich gebe sie weiter und weil sie immer weitergegeben werden, kann ich sie wieder bekommen. Sie sind wie etwa das globale Wasser in einem Kreislauf. Wenn ich den Wasserkreislauf beschreibe, setze ich Wasser voraus und dass es sich bewegt. Wenn ich den Geldkreislauf beschreibe, setze ich Geld voraus und dass es sich bewegt. Nach einer gewissen Zeit fliesst das Geld auch durch die Zentralbank. Die Zentralbank bekommt Geld von den Banken und gibt Geld an die Banken, sie ist also in den Kreis eingebunden. Sie produziert immer nur so viel, wie sie in diesem Fliessgleichgewicht gerade braucht. Unter normalen Umständen vernichtet sie kein Kurantgeld. Wenn sie zu viel Geld bekommt, stoppt sie lediglich die Produktion und füllt ihr Lager. Eine Überproduktion ist auch auf der Stufe von Kurantgeld zwar denkbar, aber nicht sehr wahrscheinlich, in dieser Modellierung aber vor allem noch gar nicht vorgesehen.

Solange die Zentralbank Kurantgeld herstellt, besteht auch keine Gefahr, dass sie Geld für sich selbst herstellt - etwa um reich zu werden, so wie es Geldfälscher tun. Ein Kühlschrankproduzent stellt auch nicht Kühlschränke für sich selbst her. Er stellt so viele Kühlschränke her, wie er verkaufen kann. Die Kurant-Zentralbank muss ja Material und Arbeitskraft kaufen, damit sie Geld herstellen kann. Sie kann also nicht aus nichts Geld herstellen und sich so quasi aus nichts reich machen.

---

[26] Kühlschrankhersteller bekommen natürlich nicht laufend Kühlschränke zurück, die gerade nicht gebraucht werden, aber wenn - was etwa im Automarkt immer wieder passiert - auf die Halde produziert wird, ist es oft so, dass die Wiederverkäufer einen Teil der bestellten Ware quasi zurückgeben.

Sie unterliegt genau denselben Bedingungen wie ein Kühlschrankproduzent.

Wenn die Zentralbank Geld herstellt, ist sie zunächst die Eigentümerin dieses Geldes. In dieser Modellierung habe ich bisher unterstellt - oder wenigstens nichts anderes gesagt -, dass das Geld in meinem Portemonnaie mir gehört. Mein Bankkonto und die Bank habe ich auch als Portemonnaies bezeichnet. Und von dem Geld in diesen Portemonnaies gehört ein Teil mir und ein Teil anderen Benutzern der Bank, aber nichts davon gehört der Bank. Sie ist ausschliesslich Aufbewahrungsort. Wenn ich Geld aus meinem überlaufenden Portemonnaie auf die Bank bringe, gehört das Geld immer noch mir, es liegt dann nur an einem anderen Ort. Und wenn die Bank das Geld ausleiht, kommt es beispielsweise in das Portemonnaie eines anderen Bankkunden. Dann gehört das Geld immer noch mir, aber es ist in einem mir unbekannten Portemonnaie, das ich als eine Art Erweiterung meines Bankkontos identifiziere.

Das Geld im Portemonnaie ist also keineswegs immer Eigentum des Eigentümers des Portemonnaie. Und das gilt natürlich für alle Portemonnaies, also auch für Bankkonti. Vielmehr fliesst das Geld durch beliebige Stocks gerade unabhängig davon, wem es gehört.[27]

In Bezug auf sich bereits im Umlauf befindendes Geld ist die Zentralbank ein Stock wie jede Bank. Wenn ich die Zentralbank als Stock modelliere, fliesst das Geld durch die Zentralbank, weil Banken in Abhängigkeit ihrer Ist-Sollwert-Differen-

---

[27] Diese Aussage mag kontraintuitiv scheinen. Der rechtschaffene Bürger hat nur eigenes Geld im Portemonnaie. Wenn ich aber bei der Bank Schulden habe, also mehr bezogen habe als ich zuvor gebracht habe, müsste ich die einzelnen Münzen identifizieren, um in einigen fremdes und in einigen eigenes Geld zu sehen. Die gesunde Intuition verrechnet eine Hypothekarschuld nicht mit dem Kleingeld im Portemonnaie, ich hier aber schon.

zen Geld holen und bringen. Die Banken sind hier aber ihrerseits nur fraktale Stocks, die durch die Differenzen in eigentlichen Portemonnaies gespiesen werden.

2.7 Geld als Ware

Den Geldkreislauf unterscheide ich vom Wasserkreislauf dadurch, dass ich mich beim Geld zusätzlich frage, woher es kommt und wem es gehört, auch wenn das für den Kreislauf nicht erheblich ist. So gesehen unterscheide ich nicht die Kreisläufe, sondern deren Material im Hinblick auf Natur und Kultur. Ich spreche hier vorderhand ausschliesslich von kuranten Münzen und sehe von allen anderen Konnotationen des Geldseins ab. Damit dieses Kurantgeld überhaupt fliessen kann, muss es hergestellt und in den Kreislauf gegeben werden.

Mit der Unterscheidung Geld als Ware zu sehen, die zu jedem Zeitpunkt einen Eigentümer hat, kann die Zentralbank das Geld in die Banken legen so wie ich es tue, wenn ich zu viel im Portemonnaie habe. Wenn sie zu viel Geld im Stock hat, gibt sie es den Banken.[28] In diesem Fall bleibt das Geld im Eigentum der Zentralbank und liegt in einem Portemonnaie, das Bank heisst. Die Zentralbank kann das Kurantgeld aber auch „verkaufen", indem sie es beispielsweise gegen Gold tauscht. Dann ist sie Eigentümerin des Goldes aber natürlich nicht mehr des Geldes. Die Münzen erscheinen dann als gewöhnli-

---

[28] Dieses Spiel ist invers, weil ja die Banken ihre Überschüsse der Zentralbank geben. Ich will hier noch nicht darauf eingehen sondern nur anmerken, dass die Stocks and Flows Betrachtungsweise beinhaltet, dass ein erheblicher Teil des Geldes im Fluss (oder in der sogenannten Zirkulation) ist, also jeweils weder im einen noch im anderen Stock erscheint. Die Zentralbank kann also im gleichen Zeitpunkt einer Bank Geld geben, weil sie zu viel Geld hat, und von der Bank Geld bekommen, weil die Bank auch zu viel Geld hat. Auf die damit verbundenen Komplikationen werde ich später eingehen.

che Waren wie Kühlschränke oder Kugelschreiber, die auf dem Markt angeboten werden. Auch im primitiven Fall von Kurantgeld könnte man in dieser Perspektive sagen, dass die Zentralbank kein Geld, sondern Münzen herstellt, die erst in ihrer Verwendung, also wenn sie die Zentralbank verlassen, zu Geld werden.[29]

Auf dem Markt bietet jemand Kühlschränke an, weil er eben Kühlschränke produziert. Genau gleich kann jemand Goldmünzen anbieten, weil er Goldmünzen produziert. Ich „kaufe" dann Geld, beispielsweise indem ich Gold oder Pfeffer dafür eintausche, weil mir Geld besser dient als Gold und Pfeffer, wenn ich einen Kühlschrank kaufen will. Ich überlege hier gerade nicht, weshalb Gold und Pfeffer oder Tische und Geld in einem ganz bestimmten Verhältnis getauscht werden. Hier geht es nur darum, wie Geld in die Portemonnaies der Leute kommt. Es kommt auf zwei verschiedenen Wegen in die Portemonnaies, entweder durch ganz gewöhnliches Tauschen oder eben im Sinne einer Überlaufregelung, wenn die Bank es beispielsweise in Form von Darlehen in die Portemonnaies ihrer Kunden legt.

Wenn viele Leute Geld ertauschen, entsteht eine entsprechende Nachfrage nach Münzen und der Münzenhersteller kann oder muss entsprechend viele Münzen herstellen. Das ist genau so wie bei jeder anderen Ware. Auf der Stufe des Kurantgeldes spielt es auch noch keine grosse Rolle, wer das Geld herstellt. Es muss wie Kühlschränke einfach ordentlich gemacht sein. Und wie bei Kühlschränken nehme ich tauschend in Kauf, dass ich dabei ein gutes oder ein schlechtes Geschäft mache, indem ich etwas zu viel oder zu wenig bezahle.

---

[29] Diese Sichtweise finde ich sehr verbreitet, sie ist Common Sense, wo Geld als immaterielles Gut modelliert wird. Ich werde später darauf zurückkommen.

Etwas in den Handel bringen kann ich, wenn ich mit jemandem auf einem Markt Waren tauschen kann. Wenn ich bereits auf einem Warenmarkt Fische gegen Schuhwichse tauschen kann, kann ich unter guten Umständen auch Korn gegen Gold und allenfalls Tische gegen Geld tauschen. Ich gehe also mit meinem leeren Portemonnaie und ein paar Tischen auf den Markt und kriege so Geld in mein Portemonnaie von jemandem, der mir für meine Tische eben Goldmünzen gibt. Diesen speziellen Tausch nenne ich in zwei getrennten Perspektiven Kaufen und Verkaufen, was Geld ausgeben und Geld einnehmen entspricht.

Geld ist in dieser Hinsicht eine etwas spezielle Ware. Eine Münze mit einem bestimmten Geldwert kann ich nämlich weder für diesen Wert noch sinnvoll für einen grösseren oder kleineren Betrag verkaufen. [30] Geld brauche ich zum Kaufen, nicht zum Verkaufen. Innerhalb des Währungsraumes kann ich kein Geld verkaufen, weil ich dafür ja das gleiche Geld wieder bekommen müsste. Die Zentralbank kann ihre Ware also nicht „verkaufen", sondern muss sie invers durch Kaufen von Waren in den Handel bringen. Wenn die Zentralbank beispielsweise Gold kauft, um Geld in den Handel zu bringen, hintergeht sie damit die Geldform durch die allgemeine Wertform, in welcher Gold als allgemeines Äquivalent verwendet wurde. Unter normalen Bedingungen verkauft sie ihre Ware wie jeder Warenhersteller vom Gewinn abgesehen im Rahmen ihrer Aufwände, bekommt also mehr Gold(wert) als ihre Münzen Gold wert sind.[31] Wenn der Prozess angelaufen ist, kann auch die Zentralbank das überschüssige Gold normal gegen Geld verkaufen.

---

[30] Geld wird auch deshalb kaum als Ware gesehen, weil es scheinbar nicht bezahlt werden muss. Die Zentralbanken scheinen gratis zu produzieren.

[31] Natürlich muss die Zentralbank wie jeder Produzent vor dem Gewinn die Herstellungskosten des Geldes einspielen. Goldmünzen sind in diesem Sinne teurer als das unverarbeitete Gold, das zur Herstellung der Münzen gebraucht wird.

Geld ist also, solange von Kurantgeld die Rede ist, einerseits eine ganz gewöhnliche Ware, die wie irgendeine andere Ware hergestellt und auf den Markt gebracht wird. Nur dass Tische oder Kühlschränke auch jenseits eines Marktes verwendet werden können, während Geld jenseits des Marktes keinen Sinn macht. Kurantgeld kommt anders als alle anderen Waren auf den Markt, indem der Hersteller andere Waren damit kauft, während beispielsweise Tische auf den Markt kommen, indem der Hersteller die Tische verkauft. Aber von der Geld-(wert)form abgesehen, könnte der Tischler seine Tische ja auch auf den Markt bringen, indem er damit Geld kauft. Jenseits der Geldform sind Kaufen und Verkaufen dasselbe, nämlich Tauschen. Geld macht das Tauschen in Form von Kaufen und Verkaufen einfacher, so wie Kühlschränke das Lagern von Esswaren einfacher machen. Man kann Geld gut in beliebigen Quanten ausgeben und man muss nicht jeweils gerade die Ware haben, die der andere Warenbesitzer, dessen Waren man will, gerade brauchen kann. Geld können alle brauchen, Kurantgeld ist ganz einfach zu verstehen.

Umgekehrt ist aber am Kurantgeld soweit auch nichts, das irgendwie zu klären wäre, oder was etwas erklären würde. „Kurantgeld" trägt gleichviel zum Verständnis der Wirtschaft bei wie „Kühlschränke". Meistens wird jemand, der sparen will, eher Geld als Kühlschränke sammeln, aber das hat nur ganz praktische Gründe, die oft und leicht verschwinden. Bevor man Geld sparte, sparte man sogenannte Edel-Metalle und Edel-Steine. Man bezeichnet das gemeinhin als Schatzbildung. Ali Baba und der Graf von Monte Christo haben solche Schätze gefunden. Dagobert Duck schwimmt darin.

2.8 Proto-Geld

Wenn ich von einer Autopoiese spreche, bezeichne ich in gewisser Hinsicht einen spezifischen Moment einer dort geteilten Entwicklung. Wenn ich beispielsweise von der Entwicklung des Menschen spreche, unterscheide ich in diesem Sinne eine naturhistorische Entwicklung innerhalb des Tierreiches, die mit dem Auftreten des Menschen abgeschlossen ist, und eine sozialhistorisch Entwicklung des Menschen, die mit dem Auftreten des Menschen beginnt und in welcher sich nicht mehr der Mensch, sondern dessen Lebensverhältnisse als Kultur entwickeln. Menschen kann ich beispielsweise - wenn mir das gefällt - als toolmaking animals sehen. Dann beobachte ich im Tierreich eine Entwicklung hin zur Verwendung von Objekten, welche am Schluss den Menschen als Herstellenden hervorbringt, und eine zweite Entwicklung, in welcher sich die Menschen dadurch entwickeln, dass sie ihre Werkzeuge entwickeln.[32]

Die Autopoiese des Geldes durchläuft evolutionstheoretisch eine Entwicklung verschiedener Wertformen, welche eigentliches Geld hervorbringt, und eine daran anschliessende Entwicklung des Geldes als Entwicklung gesellschaftlicher Praxis, in welcher Geld verschiedene Formen annimmt.[33] Bevor Geld als Geld erscheint, erscheint es in Form von Kurantmünzen quasi als Proto-Geld, wie etwa Australopithecinen oder Neandertaler im Tier-Mensch-Übergangsfeld rückblickend als Proto-Menschen gesehen werden können. Das Präfix „Proto" verwende ich in diesem Sinne für „eigentlich noch nicht". Und in diesem Sinne kann ich sagen, dass Kurantgeld existiert, aber eben nicht als eigentliches Geld.

---

[32] In naturhistorischen Zeiträumen mag sich unter evolutionstheoretischen Gesichtspunkten natürlich auch der Mensch weiterentwickeln, aber im historischen Zeitraum kann ich keinerlei Entwicklung des Menschen als biologisches Wesen erkennen. Ich wüsste nicht, inwiefern ich „entwickelter" sein sollte als beispielsweise die „alten Griechen", deren Philosophen auch zeigen, dass nicht ernsthaft von einer geistigen Wieterentwicklung gesprochen werden kann. Was wir früheren Generationen voraus haben, sind Maschinen wie das Internet.

[33] Ich werde im nächsten Kapitel dieses „eigentliche" Geld als sogenanntes Scheidegeld erläutern und es später als historisches Relikt aufheben.

Kurantgeld wird wie Geld verwendet, begründet sich aber in der allgemeinen Wertform, also im Wert des Goldes, aus dem die Münze gemacht wird. Kurantgeld muss noch keinerlei andere Bedingung erfüllen als jede andere Ware. Die Herstellung von Kurantgeld ist nicht auf eine vertragliche Regelung angewiesen. Als Kurantgeld unterliegt Geld einem gemeinsamen Warenverständnis, das naturwüchsig wie jedes Tauschen ist. Kurantgeld darf weder gestohlen noch gefälscht werden, weil das generell, also nicht nur für Geld, sondern für alle Waren gilt. Kurantgeld ist in dem Sinne Protogeld, als es nicht explizit vereinbart werden muss.

2.9 Die Proto-Währung

Wenn die Zentralbank Kurantgeldmünzen als Ware auf dem Markt bringen würde, müsste sie im Tausch eine entsprechende Menge Münzmetall, beispielsweise Gold bekommen, die für die Herstellung der Münzen nötig ist. Sie könnte dann wie jeder Warenproduzent das Gold gegen Geld tauschen, das dann nicht ihr gehören würde. Die Zentralbank wäre dann ein reiner Produktionsbetrieb. Sie könnte wie jeder andere Warenproduzent auf ihrer Ware sitzen bleiben, aber sie könnte kein Geld dadurch verlieren, dass Geld seinen Wert durch Inflation und dergleichen verlieren würde. Es handelte sich um ein reines Warenproduktionsgeschäft. Natürlich könnte jede Bank und jede Privatperson solches Geld auch selbst herstellen, wenn sie glauben würde, dass sie das billiger oder besser tun könnte als die Zentralbank. Es ist ja auch keiner Bank untersagt, Kühlschränke oder Kugelschreiber zu produzieren. Und umgekehrt könnte die Zentralbank für das von ihr hergestellte Geld keine unsinnigen Preise verlangen, weil sie ja eine ganz normale Ware für den Markt produzieren würde. Solange die Münzen kurant sind, muss auch niemand befürchten, dass sie in irgendeinem Sinne nicht gedeckt sind, weil sie ja ihren Wert enthalten. Kurantgeld braucht keinerlei Deckung oder gesellschaftsvertragliche Absicherungen.

Damit Geld seine Funktion im Warentausch hinreichend gut erfüllen kann, muss es hinreichend verbreitet sein. Dazu sollte möglichst nur eine „Währung" im Umlauf sein. Das kann dadurch erreicht werden, dass man nur einen Geldhersteller zulässt. Solange Kurantgeld verwendet wird, können aber ohne weiteres verschiedene Hersteller Geld derselben „Währung" herstellen. Mit dem Ausdruck „Währung" verweise ich auf ein späteres Entwicklungsstadium des Geldes, in welchem die monopolisierte Geldherstellung innerhalb einer Währung wesentlich wird. Ich spreche hier von einer Proto-Währung, weil es vorerst nur darum geht, dass auf dem Markt alle dasselbe Geld, also unabhängig davon wer sie herstellt, dieselben Münzen verwenden.[34] Sinnigerweise würde die „Währung" auf dieser Stufe noch „Geld" heissen, weil sie sich nicht durch einen Eigennamen wie „Franken" oder „Euro" von anderen Währungen absetzen muss.

Wo Geld noch lokal hergestellt und verwendet wird, gibt es Wechselstuben, die sozusagen Währungen „dolmetschen". Zu Münzen, die sich auf einem Markt bewähren, gibt es bald Umrechnungen für Münzen eines anderen Marktes. Das Wechseln von Geld erscheint unter diesen Umständen als ein Kaufen und Verkaufen von Geld, was innerhalb einer Währung keinen Sinn ergeben würde. Genau so werden Proto-Währungen geschaffen, die sich in bestimmten Gebieten durchsetzen. Daran, dass es verschiedene solche „Währungen" gibt, kann man einerseits die Beliebigkeit des Geldherstellers erkennen. Und andererseits zeigen diese „Währungen", dass Geld lokal monopolisiert wird. Die Schweizerische Nationalbank etwa wurde 1907 „errichtet", womit der Franken als neue „Währung" anstelle mehrerer regionalen „Währungen" von kantonalen Notenbanken gesetzt wurde. Und 1998 wurden die Errichtung

---

[34] Gemeint sind hier die gleichen Münzen, die in der Zirkulation zu denselben Münzen werden, wenn einer mit derselben Münze etwas kauft, mit der bereits ein anderer vor ihm etwas gekauft hat.

der Europäischen Zentralbank und die Schaffung des Euro als neue europäische „Währung" vollzogen.

* * *

Die Zentralbanken der eigentlichen Währungen sehen sich selbst und das Geld (tauto-)logischerweise ganz anders als es hier dargestellt ist. Das Geldherstellen, das hier beschrieben ist, sehen sie gar nicht als ihre Aufgabe, darin sehen sie eher blödes Handwerk wie etwa im Kühlschränke produzieren. Dafür sehen sie eine ganz andere Art von „Geld" und eine entsprechend andere Art der Geldherstellung. Die Nationalbanken sehen naheliegender Weise das, was sie machen, als Schöpfung von Geld, während die „Zentralbank" in meiner Modellierung bisher nur als produzierender Behälter erscheint, der nur reagierend im Geldfluss steht und durch diesen gesteuert wird. Die Differenz zwischen diesen Auffassungen kommt hier später zur Sprache.[35]

Zunächst geht es um eine andere Art Differenz:

---

[35] Man könnte denken, dass die Zentralbanken eine Art Innensicht auf die Währung hätten. Hier geht es aber darum, dass Zentralbanken natürlich nicht mit Kurantgeld handeln und vor allem deshalb Geld ganz anders wahrnehmen.

3 Scheidegeld

Kurantgeldmünzen aus Gold zeigen durch ihre Prägung den Wert des Goldes, aus welchem sie bestehen. Sie unterliegen damit aber einem ganz praktischen Problem. Indem man Münzen macht, die einen Wert repräsentieren, der durch die Prägung sichtbar ist, produziert man praktisch eine Differenz zwischen Wert und Wert, zwischen dem Wert, der drauf steht und dem Wert, der drin ist, weil der eine geprägt ist und der andere sich laufen ändert. Eine in der Schweiz als Geld hergestellte Goldmünze, die im Volksmund Goldvreneli heisst, hat die Prägung „20 Franken", sie hat aber seit langem einen wesentlich höheren Goldwert, was eben mit dem Ausdruck „Vreneli" anstelle von „20 Franken" umschrieben wird. Ich muss mich bei Kurantmünzen bei jedem Tausch entscheiden, ob nun der Goldwert oder der „geprägte" Geldwert gelten soll, wenn ich eine Differenz vermute. Seit Münzen im Umlauf sind, gibt es immer wieder Menschen, die merken, dass es sich zeitweise lohnt, Münzen einzuschmelzen, weil sie geschmolzen mehr Wert haben. In der Schweiz war das beispielsweise 1967 der Fall, als der - eigenartigerweise immer noch verwendete - Anteil von Silber der 2- und 5-Franken-Münzen mehr Wert war als der Geldwert dieser Münzen. Das - natürlich verbotene – Vernichten der Münzen ist aber nur die eine - wohl kleinere – Seite des Problems. Wenn der Metallwert viel grösser oder viel kleiner ist als das, was die Prägung verspricht, muss ich mir überlegen, ob ich die Prägung ernst nehmen, respektive ob ich der Prägung trauen soll. Wohl weil sich in diesem Punkt die Geister scheiden, wird solches Geld als Scheidegeld bezeichnet: Die beiden Werte, die in der Kurantmünze als Einheit auftreten, sind in eigentlichen Geldmünzen geschieden.

Die Scheidung des Geld(wert)es ist insofern fiktiv, als es Kurantgeld gar nicht oder eben nur fiktiv gibt. Jede Münze, die als Geld hergestellt ist, beruht auf gesellschaftlichen Verhältnissen, die so weit entwickelt sind, dass der geprägte Geld-Wert der Münze gerade nicht vom kuranten Wert der Münze

abhängig gemacht wird. Kurantgeld erscheint nur als erzähl-
bare Geschichte der Entwicklung eines eigentlichen Geldes,
das immer schon Scheidegeld ist. Wenn Münzen eingeschmolzen werden, werden sie gerade nicht als Geld, sondern
als Material gesehen.

Wo man sich aber auf den geprägten Wert der Münze einigen
kann, kann man auch billigere Metalle als Gold und schliesslich auch Papier "prägen". Deshalb kann ich unter gegebenen
Verhältnissen mit einer Kupfermünze oder einer Papiergeldno-
te eine "gleichwertige" Goldmünze kaufen, wobei die Gleich-
heit eben als gleiche Prägung und nicht als gleicher Material-
wert existiert. Das erwähnte Goldvreneli wird seit langem nicht
als Geld, sondern als Goldmünze mit stark schwankendem
Preis gehandelt, wobei gegenüber Gold ein kleiner Mehrpreis
verlangt wird, der fiktiv für die Herstellungskosten der Münze
steht.[36]

Solange Gold als Geld diente, bekam man im Tausch gegen
"Geld", also im Verkauf, denselben Warenwert in Gold. Man
musste nur darauf vertrauen, dass man wirklich Gold im ver-
einbarten Gewicht, und nicht etwa vergoldetes Blei bekam.
Und natürlich musste man darauf vertrauen, dass man im
nächsten Tausch das Gold wieder loswerden konnte, dass es
also nicht - etwa durch einen Goldregen - zum Ladenhüter
wurde. Durch die Prägung, respektive durch die Vereinbarung,
den geprägten Wert zu akzeptieren, muss man nur noch auf
letzteres vertrauen und natürlich darauf, dass die Prägung keine Fälschung ist.

---

[36] Wer Gold - etwa in Form von Goldbarren - sammelt, meint im Normalfall
nicht die Barren, sondern das Gold. Aber natürlich muss auch das Herstellen von Barren bezahlt werden. Diese Herstellungskosten sind aber im
Goldpreis aufgehoben. Beim Goldvreneli ist der relativ zu hohe Goldpreis
am besten als Angebot und Nachfragedifferenz unter Sammlern aufzuhe-
ben.

Vertrauen ist in diesem Zusammenhang - wie im Kontext von Finanzkrisen - ein etwas ambivalenter Ausdruck. Es geht dabei nicht darum, jemandem, etwa den Wirtschaftsführern, der Regierung oder den Geldherstellern, oder gar dem Käufer, von welchem man das Geld bekommt, zu vertrauen, sondern darum, die Wahrscheinlichkeit einzuschätzen, wie gut man das Geld, das man eingenommen hat, auch wieder sinnvoll loswerden kann. Wenn ich Geld annehme, gehe ich das Risiko ein, auf dem Geld sitzen zu bleiben. Als Risiko ist das vergleichbar mit dem Risiko, dass jeder Warenhersteller eingeht. Wenn ich als Autohersteller meine Autos nicht mehr loswerde, bin ich gleich weit, wie wenn ich Geldscheine habe, die mir niemand mehr abnimmt. Aber ob ich meine Waren loswerde, hängt von der Marktsituation ab, ob andere dagegen mein Geld als Wert akzeptieren, hängt von einer Gewährleistung ab, die ich selbst nicht leisten kann und die auch nicht unmittelbar mit Marktverhältnissen zu tun hat.[37] Die Wahrung des Geldwertes heisst Währung, was ich quasietymologisch auf (militärisch) bewehrte Wahrhaltung als Bewährung zurückführe.

> **Vertrauen**

Als Vertrauen bezeichne ich eine spezifische Aufhebung eines impliziten Vertrages. Umgangssprachlich vertraue ich einem anderen Menschen, wenn ich unterstelle, dass er sich an unsere impliziten Abmachungen hält, mich also beispielsweise nicht anlügt. In einem übertragenen Sinn vertraue ich darauf, dass technische Geräte funktionieren. Dabei vertraue ich darauf, dass der Hersteller zu Rechenschaft gezogen würde. Und in einem metaphorischen Sinn vertraue ich auf Gott, etwa

---

[37] In Zeiten akuter Inflation überlegt sich jeder, der es sich leisten kann, ob er Geld annimmt oder nicht. Inflation wird oft mit einem Verhältnis zwischen der Geld- und der Warenmenge begründet. Das scheint mir davon abzulenken, dass Inflation eine Sache der Währung ist, die bestimmt, wann wieviel Geld hergestellt wird.

in dem Sinne, dass die Naturgesetze in Kraft bleiben, dass also morgen die Sonne wieder aufgehen wird.

Jeder Vertrag ersetzt Vertrauen. Aber bei jedem Vertrag muss ich darauf vertrauen, dass ich den Vertrag durchsetzen kann . Differenztheoretisch sehe ich damit Vertrauen als eine Differenz zwischen Vertrauen und Vertrag, wobei das Vertrauen auf der Seite des Vertrages als re-entry wieder erscheint, weil ich auch im Vertragsverhältnis vertrauen muss. Jeder Vertrag wird durch eine vertragsschützende Macht gedeckt, welcher ich in Form eines impliziten Vertrages vertraue. Im entfalteten Staat etwa vertraue ich darauf, dass meine Verträge durch die Verfassung geschützt werden, obwohl ich die Verfassung nie unterschrieben habe. Weil die Verfassung kein Vertrag ist, bezeichne ich sie differentiell als Gesellschaftsvertrag und leite daraus einen für mich verbindlichen impliziten Vertrag ab. Ich vertraue darauf, dass die Verfassung wie ein Vertrag durchgesetzt wird.

Mein Vertrauen in die Verfassung hat zwei Gründe. Zum einen rechne ich damit, dass meine individuellen Verletzungen des verfassten Rechts, wo sie angezeigt werden, bestraft werden. Wider besseres Wissen verallgemeinere ich diesen von mir wahrgenommenen Tatbestand auf alle Subjekte der Verfassung, so dass sich die Verfassung quasi selbst durchsetzt. Eigentlich vertraue ich darauf, dass der Souverän die Verfassung schützt. Ich impliziere dabei einen Vertrag zwischen mir und dem Souverän, der oft als Menschenrechte bezeichnet wird. Weil dieser Vertrag nicht existiert, vertraue ich.

Die Standardtheorie zum Geld besagt, dass Geld hat keine materielle Wertbasis habe, banknote1sondern auf einer kollektiven oder sozialen Vertrauenskonstruktion beruhe, weil es sich beim Geld eigentlich um Zahlungsverpflichtungen handle. Wenn mir jemand 20 Franken schuldet, habe ich dieser Theorie zufolge 20 Franken, wie wenn ich eine 20-Franken-Banknote habe, die ja auch keinen materiellen Wert repräsentiere. In solchen Theorien wird die Unterscheidung zwischen Geld und Giralgeld systematisch negiert. Geld erscheint so auch als sein Gegenteil, nämlich als Geld, das nicht nur keine materielle Basis hat, sondern gar nicht existiert, wenn mein Schuldner kein Geld hat.

Geld erscheint dabei als ein Vertrauen in Schuldscheine, die dann als Geld bezeichnet werden, wenn sie von einer Zentralbank in Form von Banknoten herausgegeben worden sind oder eben als Buchgeld in den Kontokorrenten von Geschäftsbanken stehen. Das sind die wesentlichen Fälle, die in der Währungsverfassung vorgesehen sind. Viele Vertreter solcher Geldtheorien suggerieren, dass das Vertrauen in Geld einer sehr verbreiteten Wahnvorstellung entspreche, was eben deshalb funktioniere, weil diese Wahnvorstellung so verbreitet sei. Das halte ich für eine Wahnvorstellung.

Ich vertraue bei Geld wie bei jeder anderen Sache darauf, dass ich mein Recht, also meine legitimen Ansprüche geltend machen kann. Dabei unterscheide ich, ob ich eine Banknote besitze oder ob mir jemand etwas oder eine Banknote schuldig ist. Diese Fälle beruhen auf sehr verschiedenen Verträgen. Nur Idioten würden einer Banknote vertrauen oder gegebenenfalls nicht mehr vertrauen. Mit einer Banknote kann ich keinen Vertrag abschliessen. Eine Banknote repräsentiert kein Vertrauensverhältnis, sondern eine gesellschaftlich institutionalisierte Praxis, in welcher Tauschwert in Währungseinheiten ausgedrückt wird, wozu unter anderem Banknoten dienen. Diese gesellschaftliche Praxis hängt in keiner Weise davon ab, ob irgendjemand dem Geld vertraut – was immer das heissen sollte.

3.1 Die Währung

Eigentliches Geld ist der Wertform nach Scheidegeld. Wenn der Geldwert vom Geldträger geschieden wird, muss der Geldwert durch eine Art Gesellschaftsvertrag vereinbart werden. Geld heisst quasi-etymologisch „Gelt", weil es sein Da-

sein weder der Natur noch dem naturwüchsigen Tauschen
verdankt, sondern durch eine Konstitution als ‹geltend› gesetzt wird, was beinhaltet, dass es durch eine Veränderung
dieser Konstitution jederzeit ausser „Kurs" gesetzt werden
kann.[38]

In gewisser Hinsicht bringt die Autopoiese des Geldes also
einen Gesellschaftsvertrag hervor, durch den sich das Scheidegeld konstituiert. Ich bezeichne diese Verfassung als Währung, ich verwende also den Ausdruck „Währung" strikter, als
es im Alltag getan wird, wo der Ausdruck diffus für Gelder verschiedener Nationen verwendet wird.[39] Die Gelder verschiedener Nationen bezeichne ich in diesem umgangssprachlichen
Sinne als Devisen, die als Gelder verschiedener Währungen
einen Geldnamen wie Franken oder Euro bekommen, was
hier aber noch keine Rolle spielt.

Als Verfassung beschreibt die Währung die Praxis mit eigentlichem, also nicht-kurantem Geld.

Die Währung widerspiegelt Probleme, die durch Geld entstehen: Ich muss sicher sein, dass sich das Geld in dem Sinne
bewährt, dass ich es sinnvoll wieder loswerden kann, zumal

---

[38] Das schrieb schon Aristoteles (322 vor Chr.) in seiner «Nikomachischen
Ethik». Der altgriechische Ausdruck für Münze (nomisma) bedeutet auch
„Gesetz" und eben „in Kraft gesetzt". Im deutschen «Geld» erkenne ich
etymologisch leicht die „Geltung". Wer Geld für eine Sache oder Leistung
entgegennimmt, muss darauf vertrauen, dass es gilt (Historische Texte,
www.Textlog .de/33475.html).

[39] Die Wikipedia schreibt: "Eine Währung (von mittelhochdt.: werunge =
Gewährleistung) ist im weit gefassten Sinne die Verfassung und Ordnung
des gesamten Geldwesens eines Staates, welche insbesondere die Festlegung des Münz- und Notensystems innerhalb des Währungsraums betrifft. Der Währungsraum ist dabei der Geltungsbereich einer Währung. Sie
ermöglicht den Transfer von Waren und Dienstleistungen. Häufig wird der
Begriff Währung synonym für die vom Staat anerkannte Geldart verwendet."

am Scheidegeld selbst nichts dran ist, was mir diese Sicherheit geben könnte, geschweige denn, dass es als solches brauchbar wäre. In der Währung wird beschrieben, wer das Währungsgeld herstellt, wie es verwaltet wird und wer das Währungsgeld wie verwenden darf. Insbesondere wird auch festgestellt, wie die Währungsansprüche durchgesetzt werden.

Als eigentliches Thema der Währung erscheint schliesslich die Geldmenge, während in der bisherigen Modellierung nur die Geldmenge pro Stock beobachtet wird. Im bisherigen Modell reagiert die Zentralbank daher nur auf den eigenen Bestand, der von den Banken quasi gestört wird.

Die Währung sehe ich als eine „gesetzliche" Beschreibung der gesellschaftlichen Verhältnisse, in welchen der Geldverkehr organisiert ist.[40] Ich kann die Währung als Verfassung - wie ein Computerprogramm - präskriptiv oder deskriptiv lesen. Wenn ich sie als Vorschrift lese, bestimmt die Währung, was wir tun dürfen oder tun müssen. Wenn ich sie deskriptiv lese, ist die Verfassung eine Beschreibung davon, wie wir als Gesellschaft mit Geld umgehen. Wenn ich die Währung als Beschreibung lese, leistet sie unter einer anderen Perspektive dasselbe wie mein hier entwickeltes Modell. Mein Geldmodell sehe ich deshalb als kritische Umsetzung einer verallgemeinerten Währung in eine andere, mehr analytische als anwiesende Sprache.[41]

---

[40] Als Deskriptionen sind Gesetze Beschreibungen, die wie Regeln eine Wenn-dann-Formulierung (Kausalität) enthalten. Gesetze im engeren Sinne beschreiben einen empirisch prüfbaren, widerlegungsrelevanten Tatbestand.

[41] F. Lassalle schreibt in seinem Buch „Über Verfassungen", dass jede Verfassung der jeweiligen Praxis nachgeführt würde und dass jede verfasste Praxis durch Machtverhältnisse geprägt werde, die in der Verfassung als legitim dargestellt werden.

Unter autopoietischen Gesichtspunkten wurde Geld nicht erfunden oder durch eine Währung eingeführt, aber eigentliches
Geld ist nur unter Währungsverhältnissen denkbar. Die Währung ist in diesem Sinne eine Nachher-Schrift, die als Vorschrift gelesen wird. Die Explikation der Währung in Form eines geschriebenen Gesetzes beschränkt die individuelle Aus-
legung im Einzelfall.[42]

➢ Die Nation

Das Subjekt (Sich-selbst-Unterwerfendes) der Währung bezeichne ich als „Nation", was damit korrespondiert, dass Zentralbanken auch als Nationalbanken bezeichnet werden – unabhängig davon, dass es sich sehr oft um private Geldherstel-
lungsindustrien handelt.[43] Die Schweiz beispielsweise hat sich
bei ihrer Gründung 1848 dadurch als eine nationale Einheit
der zuvor lose verbundenen Kantone definiert, dass dem
Bund die Hoheit über Geld und Militär gegeben wurde. Alles
andere blieb vorerst in der Föderation bei den Kantonen. Als
Sinn der Nation entpuppt sich die militärische Sicherstellung
der Währung.[44] Die Währung ist in diesem Sinne die Verfas-

---

[42] Die Definition der Abweichungen ist zwangsläufig unvollständig, weil die
Sanktionsmacht die eigenen Abweichungen tautologischerweise nicht beschreiben kann. Das zeigt sich auch darin, dass das Verhalten der Nationalbanken zunehmend mehr von Gerichten beurteilt wird, wobei die Währung sehr oft mit staatlichen Gesetzen im Widerspruch steht.

[43] Als Komplementärwährungen bezeichne ich „Währungen", die keine Nation als Subjekt haben, idealtypisch sind dafür die Währungen, die – wie
etwa Bitcoin – auf einer Blockchain beruhen. Die Blockchain stammt aus
einem Verfahren, dass keine staatliche Legitimation kennt, wobei im Streit-
fall der Staat reguliert, auch wenn er sich dabei nicht auf die Währung be-
rufen kann.

[44] Ein konzeptionelles Problem des Euros als Währung besteht darin, dass
er nicht durch eine Nation abgesichert ist. Der Euro ist in diesem Sinne keine „richtige" Währung, sondern allenfalls eine Supernationalwährung, die
sich - deutlich sichtbar - noch zu bewähren hat.

sung der Nation, während die umfassenderen politisch-juristischen Verfassungen die Nationen als Staaten beschreiben. Die Nation entwickelt sich als Staat, indem die Währung immer mehr um sich greift und immer mehr Regulierungsmacht verfasst. Die Währung durchdringt buchstäblich alles, was unter finanziellen Gesichtspunkten beobachtet werden kann. Die Nation kümmert sich ums Geld, der Staat um alles andere. Wo alles andere auch in Geldform gesehen wird, kümmert sich die Nation durch das Geld um alles und der Staat durch alles andere auch ums Geld. Der Staat erscheint quasi etymologisch rückblickend als stabilisierte Nation und wird unter diesem Gesichtspunkt durch die politische Ökonomie beschrieben.[45]

Als Staat bezeichne ich differenztheoretisch die Differenz zwischen Staat und Nation. Der Ausdruck Nation wird normalerweise nicht mehr auf die Währung bezogen, sondern diffus mit dem Ausdruck Staat identifiziert.[46] Die Differenz zeigt sich

---

[45] A. Smith, einer der Begründer der politischen Ökonomie, behandelte noch die Nation. Sein Werk Wealth of Nations kritisiert den Merkantilismus, den er damit als geld- oder finanzorientierte Staatsauffassung populär gemacht hat. Die Autopoiese des Staates begreife ich als Merkantilismus, in welchem der Haushalt von Monarchen durch einen Staatshaushalt ersetzt wird, wodurch der Staat als Subjekt eines Haushaltes in Erscheinung tritt.

[46] Die „Nation" ist eine ideologische Erfindung des Mittelalters, in welcher Herrschaftsräume durch sogenannt kulturelle Merkmale wie Sprache, Tradition oder Abstammung plausibilisiert wurden. Die Blut-Herkunft als natio reflektiert vielmehr die Herrschaftshäuser des blauen Blutes als die Herrschaftsgebiete, die schliesslich als Nationen bezeichnet wurden, wobei alle kulturellen Merkmale jenseits der Währung beliebig hinfällig wurden. Eine Nation braucht keine gemeinsame Sprache, aber natürlich muss die Währung sprachlich erfasst werden können.
Es gibt allerdings neben der ideologischen Nation auch die Nationen an den mittelalterlichen Universitäten oder bei den Indianern, wo der Ausdruck eher Sprachgemeinschaften bezeichnet hat.

aber deutlich in der rechtlich umkämpften Eigenständigkeit der Nationalbanken gegenüber den jeweiligen Staaten.[47]

Invers zu dieser Differenz verschiebt sich die Bedeutung des Militärs. Die ursprüngliche Räuber- oder Freibeuterbanden, die der Eroberung von Vermögen diente, bekommt in der Nation den Sinn, die je eigene Währung zu sichern, was oft durch räuberisches Erobern in sogenannten Kriegshandlungen fremden Gutes versucht wird.

3.2 Konvertibilität

Die kurante Interpretation der Gewährleistung des Geldwertes bezeichne ich als Konvertibilität. Konvertibilität heisst in diesem Sinne, dass das Geld jederzeit umgetauscht werden kann. Wenn eine Nation die Konvertibilität von Scheidegeld garantiert, muss in der Währung stehen, wie die Konvertibilität gemeint ist.[48] Als die Zentralbanken anfingen Geldnoten zu „prägen", nahmen sie für das sichtbar wertlose Papier des Geldes, das sie herausgaben, Münzen im gleichen Geld-Wert entgegen, so dass die Noten immerhin durch halbwegs kurante Münzen gedeckt waren. Genau damit unterstützten sie die Fiktion des Kurantgeldes, weil sie so glaubhaft machten, dass Münzgeld irgendwie wahres Geld ist, also Geld, das seinen

---

[47] In der Schweiz heisst die Zentralbank Schweizerische Nationalbank (SNB). Die SNB ist eine (private) Aktiengesellschaft, die über komplizierte Rechtsgrundlagen mit dem Staat verstrickt ist. Das Münzgeld etwa wird in diesem juristischen Sinn vom Staat hergestellt, die Noten werden von der Nationalbank hergestellt. Die Nationalbank hat eine eigentümlich vermischte Aufgabe, in welcher sie Bankier des Staates spielt aber auch die Finanzen des Staates kontrolliert oder steuert. Es gibt ausserdem auch Staatsbanken mit einer ganz anderen Funktion, auf die ich hier nicht eingehen will.

[48] Ich unterscheide zwei sehr verschiedene Fälle, die Gold- und die Devisen-Konvertibilität. Die Goldkonvertibilität entspricht kurantem Geld oder primitivem Denken. Auf die Deviesen-Konvertibilität werde ich später eingehen.

Wert wert ist. Damit wurde das Problem der Wertscheidung, das jedes Geld betrifft, bei den Münzen verdrängt und bei den Noten, wo es ohnehin jeder sehen kann, sichtbar gemacht. Da die Münzen anfänglich noch relativ viel Edelmetall enthielten, konnten die Nationen und ihre Banken mit hinreichender Arroganz übersehen, dass Geldmünzen Scheidegeld sind, während Papiergeld sich der Sache nach kaum anders sehen lässt.

Quasi paradoxerweise wurden Noten von Anfang an für hohe Geldbeträge verwendet, während kleinere Beträge durch Metallmünzen dem Scheine nach gedeckt waren. Unter kurantem Gesichtspunkt wäre eher zu erwarten, dass die grossen Geldstücke relativ sicher sein sollten, während die kleinen Beträge eine gewisse Unsicherheit besser vertragen würden. Weil (tauto)logischerweise rasch zu wenig Münzen existierten, um die Noten zu decken, nahmen die Zentralbanken zur Deckung der Noten auch Gold, wodurch die Goldreserven entstanden, die das Scheidegeld decken sollten.[49]

Die erste Konvertibilität sicherte also zu, dass man das Papiergeld in „richtiges" Geld umtauschen konnte. Jede Geldkonvertibilität besteht aus einem gesellschaftlichen Versprechen, das logischerweise nur als Prinzip verstanden werden kann. Zu keinem Zeitpunkt hätten alle Geldnoten gegen Geldmünzen getauscht werden können, so wie keine Bank plötzlich alles Geld ihrer Kunden zurückgeben könnte, obwohl sie jedem Kunde sein Geld im Prinzip jederzeit zurück geben kann. In diesem Sinne verhielten sich die Zentralbanken wie

---

[49] Im James-Bond-Film „Goldfinger" wurden 1964 die Goldvorräte der USA im Fort Knox den Kinomassen noch als Deckung des Dollars gezeigt: Riesige Mengen von militärisch bewachten Goldbarren spielten die Hauptrolle im Film. Aber bereits damals hätte Gold wesentlich mehr Wert haben müssen, um die Dollars zu decken.

Banken, worin ich auch einen Grund erkenne, dass sie als Banken bezeichnet werden, obwohl sie Geld herstellen.

Da die Münzen ja zum Gebrauch und nicht zur Deckung von Noten hergestellt wurden, lag in kuranter Perspektive nahe, Gold anstelle von Münzen zu konvertibilisieren. Jede Golddeckung leidet aber im Prinzip daran, dass Gold seinen Wert wie jede Ware in Geld ausdrückt, ihn also unabhängig vom Geldwert verändern kann. Die Konvertibilität könnte - nachdem Gold statt Geldmüzen die Noten decken - so interpretiert werden, dass das Geld eine festgelegte Menge Gold repräsentiert. In diesem Fall wäre das Geld quasi kurant und die Währung wäre sozusagen ein Naturvertrag, weil Geld den natürlichen Wert des Goldes hätte, dann aber dummerweise seinen Wert mit dem Wert des Goldes verändern würde, was der generellen Geld-Wertform natürlich widerspricht.

Die Konvertibilität zu Gold verlangt überdies, dass mindestens gleich viel Gold wie Geld produziert werden müsste, wenn Gold seinen Geldwert nicht ändern könnte. Gold kann aber nicht wie Geld einfach gedruckt werden. Die heutige Geldmenge würde Goldmengen aufwägen, die die Erde gar nicht hergibt.

Die US-amerikanische Regierung - um ein Beispiel zu nennen, das nicht ohne weiteres als randständig gesehen werden kann - beschloss 1933 in ihrer Währung trotzdem, den Dollar mit Gold zu decken. Dazu hat sie in einer völlig para-doxen Inversion den Goldwert an den Wert von Geld gebunden, um so zu verhindern, dass der Goldwert sich ändern konnte. Damit bestimmte die Währung aber nicht den Wert des Geldes, sondern den Geldpreis des Goldes, was natürlich nur möglich ist, wenn Gold nicht gehandelt werden kann. Deshalb wurde Gold im Privatbesitz verboten. Die Verfassung der Nation - und genau darin zeigt sie sich als Verfassung - verbot das Besitzen von Gold, so wie sie davor das Verkaufen von Alkohol „prohibitiert" hat.[50] Die Festlegung des Goldpreises stellt eine eigentliche Aufhebung des Geldes zugunsten des Goldes dar, das dann die allgemeine Wertform repräsentiert, was einer dem Geld vorgängigen primitiven Entwicklungsstufe des Geldes entspricht.

Ich schreibe hier keinen Beitrag zur politischen Ökonomie und kümmere mich deshalb auch nicht um nationalökonomische Argumente, die diese liberalistische Goldpreispolitik von F. Roosevelt in einer krisengeschüttelte Volkswirtschaft als newdeal plausibilisieren. Von der Entwicklung des Geldes her gesehen führte die US-Nationalbank eine Golddeckung ein, die keine war. Die Konvertibilität wurde im doppelten Sinne aufgehoben, das heisst, man hätte das Geld im Prinzip gegen eine garantierte Menge Gold tauschen können, man konnte das aber nicht, weil man kein Gold besitzen durfte - wenn man Subjekt der nationalen Währung war. Die Fiktion vom goldgedeckten Dollar wurde durch die Illusionen der französischen Regierung unter C. de Gaulle entblösst, die ihre Dollars tatsächlich gegen Gold eintauschen wollte - ironischerweise um das Geld der eigenen Währung zu decken. Ausgerechnet der nationalistische C. de Gaulle verwechselte Nation und Staat, indem er sich einbildete, dass die - nationale - Währung der USA an der Grenze des Staates USA aufhöre. Die Währung gilt natürlich für alle Subjekte, die das Geld einer Währung verwenden. Nur konnte die US-amerikanische Regierung das Handeln mit Gold nicht der ganzen Welt verbieten.[51] Das zeigt

---

[50] Das ist für mich die unglaublichste aller wahren Geschichten. Sie beweist, dass Geld überhaupt nicht verstanden wurde, oder etwas differenzierter, dass angesichts der ökonomisch-politischen Verhältnisse keine auch nur halbwegs plausible Währung geschrieben werden konnte.

[51] Die französische Regierung beanspruchte die Konvertibilität der USA über eine Reihe von Jahren und verlangte 1967 sogar, dass ihr Gold aus den USA nach Frankreich verschifft wurde. Damit löste sie den Zusammenbruch der Goldbindung aus, was sich für die Franzosen in dem Sinne bitter rächte, als sie einen erheblichen Teil ihres Goldes verloren, weil sie damit ihren Franc stützten. Hier interessiert aber solche Geldpolitik nicht,

aber auch, dass die amerikanische Regierung nicht wusste, welche Währung sie als Nation erfüllen konnte.[52]

Die Dollar-Währung von 1933 widerspiegelt mit dem Goldbesitzverbot, dass alle Arten von Golddeckung auf einem noch unentwickelten Verständnis der Wertform Geld beruhen, in welcher das Geld an sich sicher sein soll, statt dass es durch die Macht der Nation „gewährt" wird. Darin widerspiegelt sich die Differenz zwischen Kurantgeldvorstellungen und Scheidegeld.

Wenn in einer Währung die vermeintliche Golddeckung – beispielsweise wie 1973 in den USA per Dekret - aufgehoben wird, muss die Nation für das Währungsgeld kein Warenäquivalent (mehr) halten.[53] Die Nation garantiert dann sinnvollerweise - darin sehe ich den wesentlichen Sinn des Militärs -, dass sich alle Subjekte an die Währungskonstitution halten.[54]

---

hier interessiert das damit verbundene Verständnis von Geld.
Aktuell überlegen sich wieder einige Zentralbanken, ob sie ihr eigenes Gold, das in anderen Zentralbanken gelagert ist, heimholen sollen. Das sind aber absolut keine Geldüberlegungen mehr, da geht es nur um Gold.

[52] Ich bin geneigt, den sogenannten Vietnamkrieg als nicht geglückte Hauptprobe der US-amerikanischen Regierung zur Verteidigung der Nation zu sehen, der die Währung in den paar Jahren bevor sie den Krieg eröffnete, vollständig entglitt, nachdem die französische Regierung 1967 – nicht zuletzt wegen ihres Vietnamkrieges - die Konvertibiltität beanspruchte und natürlich mindestens implizit alle anderen Nationen zur Nachahmung verleitete.

[53] Das scheint notwendig, wenn der Geldmenge gar keine entsprechende Warenmenge, geschweige denn ein entsprechende Goldmenge gegenübersteht. Aber die USA hat diese Notwendigkeit über Jahre hinweg aufgehoben, bevor sie 1973 implizit zugegeben hat, dass die „gedeckte" Währung einen Betrug darstellte.

[54] Ich lese hin und wieder, dass die Armee (vor allem die aktuelle US-Armee) die Ressourcen der Nation sichern müsse. Deshalb würden die Erdölkriege im Iran und im Irak geführt. Das erscheint mir als eine verkürzte Sicht darauf, dass die Währungen durch Erdölinvestitionen gefährdet sind.

Die Währung als Konstitution beschreibt dann, dass die Nation mit Gewalt durchsetzen wird, dass alle Tauschhandlungen, die in Währungsgeld ausgedrückt werden, finanziert werden. Natürlich kann dieser Sachverhalt differenzierter dargestellt werden, indem das Militär sich einerseits als Rechtssystem mit Polizei und Gerichten ausdifferenziert und andrerseits die Währung auch bestimmte Formen der Aufhebung von Ansprüchen wie etwa Konkurse umfasst. Das ändert aber nichts daran, dass eigentliches Geld durch die Autorität der Nation in Form von Macht sichergestellt wird. Darin zeigt sich auch, welches Vertrauen genau gemeint ist, wo gesagt wird, dass Geld auf Vertrauen beruhe. Die Zentralbanken brauchen das Vertrauen in keiner Weise – und Banknoten tautologischerweise noch viel weniger.

Man könnte darüber nachdenken, welche Wirkungen Geld in verschiedenen Gesellschaften hat. Hier verfolge ich aber gerade umgekehrt die Idee, dass Währungen „Gesellschaften" konstituieren, also erst hervorbringen. Das, was ich modelliere, ist in diesem Sinne genau jene „Gesellschaft", welche Währungsgeld verwendet. Ich spreche von Nationen, weil ich in Währungen spezifische Konstitutionen sehe, die eben Nationen begründen,[55] während ich den Ausdruck Gesellschaft allgemeiner - für soziale Verhältnisse verwende, in welchen getauscht wird.[56]

* * *

Wenn die Dollarbindung auf Erdöl bricht, bricht der Dollar und mithin die Währung. Die Nation muss aber genau das verhindern, das ist der Sinn der Nation.

[55] Dass die Währung von den Merkantilisten hauptsächlich zur Finanzierung des Militärs erfunden worden sei, ist eine verbreitete Geschichte. Ich werde später nochmals darauf zurückkommen.

[56] Von eigentlicher oder entwickelter Gesellschaft spreche ich, wo Arbeitskraft getauscht wird.

Ich begreife den Wert des Scheidegeldes als Differenz zwischen dem Wert, den es hat, und dem Wert, den es bedeutet. Diese Differenz begreife ich aber nicht als Fehler im Sinne eines logischen Widerspruches, sondern als dialektischen Widerspruch, der nicht korrigiert werden, sondern bedacht oder beobachtet werden will. Die Differenz im Scheidegeld ist nicht einfach passiert, sie wird in Form von Goldmünzen mit geprägtem Geldwert produziert. Wenn ich eine eine Geldmünze habe, muss ich beide Seiten der Differenz zusammendenken, weil ich sie als Einheit in den Händen habe. Dieses Denken reflektiere ich theoretisch als Differenztheorie.

➢ Differenztheorie

Als „Differenztheorie" bezeichne ich ein Vereinbarungsverfahren in Form von Differenzen. Vereinbart wird dabei die zu verwendende Beobachtung. Ich erläutere diese Vereinbarung anhand eines gängigen Beispiels. Was als System beobachtet wird, kann vereinbart werden als Differenz zwischen einem System und seiner Umwelt.[57] Als Definition erscheint die Formulierung zunächst etwas paradox und selbstbezüglich, weil das System quasi durch ein System definiert wird. Plausibel kann ich das aber so lesen: Wenn ich System sage, bezeichne ich meine Unterscheidung zwischen System und Umwelt. Diese Art der Vereinbarung von Ausdrücken zitiert also eine Unterscheidung, die ich als Beobachtungs-Operation bezeichne. Auf diese Weise spreche ich nicht über das System an sich, also nicht über eine „ontologische Wesenheit", die irgendwelche Eigenschaften hat, sondern ich spreche über eine Beobachtung, die eine Unterscheidung einführt. Ich beobachte dabei die Beobachtung, in welcher das System genannt oder bezeichnet wird. Meine Beobachtung ist dann eine Beobach-

---

[57] Dieser Vereinbarungsvorschlag stammt von N. Luhmann. Hier dient das Beispiel auch als Abgrenzung. Es zeigt einen ganz anderen Systembegriff als ich ihn verwende, und damit eben, dass die jeweilige Beobachtung mitbedacht werden muss.

tung zweiter Ordnung, in welcher ich die Unterscheidung beobachte, die ich in einer Beobachtung verwende.[58]

Diese Differenztheorie kennt keine Begriffe im Sinne von Ausdrücken, die Definitionen vertreten, sondern nur Resultate von Beobachtungen, die quasi durch die Beobachtung entstehen. In einer solchen Differenztheorie frage ich also nicht, was ein System oder hier was Geld *ist*, sondern mittels welcher Differenz ich gerade über ein System oder über Geld spreche.

Diese Sichtweise korrespondiert mit einer durch diese Sichtweise bestimmten Praxis, die im Falle von Geld beispielsweise in einer Differenzierung von Wert besteht. Ich beobachte Geld durch eine komplementäre Dialektik, in welcher ich zwei unverträgliche Wertvorstellungen (zu)gleichsetze. In einer Beobachtung bezeichne ich die Kurantmünze als Warenwert und in der anderen Beobachtung bezeichne ich einen Geldwert, der durch die Prägung gegeben ist, wobei die Einheit beider Beobachtungen in derselben Münze als Geld liegt.

Dass eine Münze Geld ist und dass Geld Wert repräsentiert, beruht auf einer Praxis, in welcher ich Münzen als Tauschmittel akzeptiere und verschiedene Waren gegen verschiedene Münzmengen tausche. Dass Banknoten als Geld akzeptiert werden, beruht darauf, dass sich der Wert des Geldes von dessen materiellen Grundlage geschieden hat, genau dadurch, dass Münzen ihren eigenen Wert durch eine Prägung als Differenz re-präsentieren und mithin Papiergeldnoten möglichen machen. Münzen machen durch ihre Differenz Noten möglich.

---

[58] Beobachter beobachten heisst in der Soziologie auch, dass Soziologen beobachten, wie andere Menschen beobachten. Bei N. Luhmann, wo Menschen eigentlich keine Rolle spielen, zeigen sich Beobachtungen als Kommunikationen und Beobachtungen von Beobachtungen als Kommunikationen über Kommunikationen. Mir geht es dagegen darum, mir reflexiv bewusst zu machen, welche Kategorien ich verwende.

Mit dem Ausdruck Differenztheorie wird im Umfeld von J. Derrida und N. Luhmann oft eine Theorie bezeichnet, die nur Beobachtungen, also gerade keine darüber hinausgehende Beobachterpraxis kennt. In diesen Theorien gibt es auch keine Artefakte wie Münzen und Noten, sondern nur Kommunikationen, die von Münzen und Noten berichten. Geld oder die Währung existieren dann, weil und dadurch, dass über Geld und Währung kommuniziert wird. Ich spreche hier aber in einer komplementären Auffassung von Differenzen. Die Differenzen, die hier gemeint sind, widerspiegeln kategoriale Probleme, die durch Praktiken wie Scheidegeld entstehen.[59] Indem Menschen Kurantgeld herstellen, stellen sie eine Differenz her, die ich als Beobachter nur auflösen kann, indem ich die Beobachtung als vermischte Perspektiven beobachte. Dialektisch formuliert steht der These, das Goldgeld repäsentiere seinen eigenen Wert, die Antithese gegenüber, wonach das nicht möglich ist, weil Gold seinen Wert gegenüber dem Geld verändert.

3.3 Geld-Sorten

Als Geld-Sorten bezeichne ich Bargeld, also Münzen und Noten in fremden Währungen. Ich verweise damit auf die Differenz zwischen Sorten und Devisen, in welcher Sorten als (Scheide)Geld wirkliches Geld und Devisen Buchgeld sind, das hier später zur Sprache kommt. Sorten sind in diesem Sinn eine spezifische Teilmenge aller Devisen.[60]

---

[59] Scheidegeld ist nur ein Beispiel für die gemeinte Praxis. Ein ganz anderes Beispiel habe ich in meinem Buch „Technische Intelligenz" (Todesco, 1992) entfaltet, wo ich Software als Differenz zwischen Werkzeugbeschreibung und Werkzeugherstellung beschrieben habe.

[60] Als Devisen gelten in der politischen Ökonomie alle ausländischen Zahlungsmittel, ausser Sorten. Speziell sind auf fremde Währung lautende, im Ausland zahlbare Forderungen gemeint. Im Devisenhandel der Kreditinstitute sind bei ausländischen Kreditinstituten gehaltene Bankguthaben gemeint.

Als Geld-Sorten im engeren Sinne bezeichne ich Bargeld, das sich ausserhalb seines Währungsraumes befindet. In meinem Portemonnaie habe ich dann Geldsorten, wenn ich mit etwas Restgeld von den Ferien im Ausland nach Hause komme oder wenn ich für kurze Zeit ins Ausland fahre und dabei mein Portemonnaie zuhause nicht leere, also mein Geld vorübergehend ins Ausland mitnehme. Geldsorten sind richtiges Geld, das ich nicht - oder nur zum Wechseln - verwenden kann, weil es nicht innerhalb seines Währungsraumes ist.[61]

Da der Geldwechsler nicht auf, sondern dies- oder jenseits der Grenze lebt, hat er natürlich zwangsläufig von berufs wegen Sorten, die er immer wieder loswerden muss, während er davon lebt, dass er sie kauft. Auf der Entwicklungsstufe dieser Modellierung kann ich keinen vernünftigen Grund für das Besitzen von Sorten erkennen, ausser dass es sich situativ einfach nicht lohnt, sie zu wechseln. Es gibt aber für alle, die keine Geldwechsler sind, verschiedene zum Teil pragmatische und zum Teil mehr oder weniger kriminelle Gründe Sorten zu besitzen, auf die ich hier nicht eingehen will. Wenn ich im Ausland Ferien mache, wechsle ich vielleicht nicht meine ganze Barschaft, weil mir das hin- und zurückwechseln aufgrund von Ein- oder Ausfuhrbeschränkungen zu teuer oder weil der Geldwechsler ein Halsabschneider ist. Es gibt aber offenbar auch Menschen, die einerseits das Geld fremder Währung für wertstabiler halten als das eigene und andrerseits den Banken nicht hinreichend trauen, um ihr Geld in Devisen anzulegen. Viele Bankschliessfächer sind voll von Sorten, die dort als Schatz neben Gold und Edelsteine liegen, wie wenn sie kuranten Wert hätten. Der typische Fall ist dagegen invers. Ein Spanier legt in der Schweiz Franken in ein Schliessfach. Dann

---

[61] „Geldsorten werden meist an der Börse gehandelt und sind Gegenstand des Geldwechselgeschäftes der Banken. Zu den Geldsorten gehören auch die Münzen, von denen die Goldmünzen international gehandelt werden" (Wirtschaftslexikon.gabler.de).

ist das Geld, aber sein Besitzer sozusagen „devis", weil er einreisen (können) muss, um an sein Geld zu kommen.[62]

Geldwechsler gibt es, seit es Geld gibt. Aber das Geldwechseln war zunächst eine extrem komplizierte Geschichte. Erstens gab es immer wieder neue Geldsorten, unter anderem, weil die Nationen ihre Prägerechte beliebig veräusserten. Dann war der kurante Gehalt der Münzen sehr verschieden und nicht leicht prüfbar, obwohl die Münzprägung ihren Sinn gerade darin hat, die kuranten Anteile zu sichern.[63] Schliesslich waren die Münzen mit sinkendem Kurantanteil auch zunehmend weniger nachhaltig, weil sie immer weniger akzeptiert wurden. Geldwechsler brauchten ein gutes Gespür für realisierbare „Kurse".[64]

Der eigentliche Geldwechsler wechselt Geld-Sorten an der Grenze der Nation, die anschaulich an der Staatsgrenze liegt. Er ist heute noch an grösseren Grenzübergängen zwischen der Franken-Schweiz und deren Euro-Nachbarn zu finden, aber gebraucht wird er eigentlich nur noch, wo Geldkarten

---

[62] Seit der sogenannten Eurokrise verschwinden in der Schweiz immer mehr 1000-Frankennoten aus dem Umlauf und gleichzeitig steigt die Anzahl der vermieteten Bankschliessfächer erheblich.

[63] Als große Kipper- und Wipperzeit bezeichnet man eine weite Teile Mitteleuropas erfassende Münzentwertung im 17. Jahrhundert. Der Name leitet sich vom Wippen der Waagbalken beim Auswiegen der Münzen und dem anschließenden aussortieren (kippen) der schwereren Stücke ab, aus denen dann unter Zugabe von Kupfer, Zinn oder Blei geringerwertige neue Münzen hergestellt wurden. Es gibt dazu das „Greshamsche Gesetz, wonach „schlechtes Geld das gute Geld aus dem Umlauf verdrängt", wobei „gut" einfach den Kurantanteil bemisst.

[64] Ich kann hier nicht auf alle Mythen eingehen, die den Geldwechsler umweben. Er gilt beispielsweise weiterum sowohl als gewiefter Betrüger wie auch als Gründer des Bankwesens und spielt auch eine wichtige Rolle in frühen Judenpogromen. Hier dient er nur als anschauliches Exempel der Grenze der Währungsnation.

noch nicht so verbreitet sind, dass ich jederzeit auf Devisen zugreifen kann. Bereits im merkantilistischen Mittelalter war die Bedeutung der eigentlichen Geldwechsler relativ beschränkt, weil die mächtigen Handelshäuser wie die Fugger und die Medicis ihre Währungsprobleme natürlich nicht mit fremden Geldwechslern sondern mit Devisen regelten.

3.4 Der Wert des Geldes

Differenztheoretisch kann ich Wert auch als Differenz zwischen Wert und Preis sehen. Das tue, wenn ich mir überlege, ob ich für eine bestimmte Ware zu viel oder zu wenig bezahlen muss, während ich gleichzeitig denke, dass der Preis den Wert der Ware repräsentiere. Hier geht es mir aber um eine spezifische Differenz zwischen Wert-Sein und Wert-Haben von Geld. Eine Scheide-Münze oder eine Banknote wird in dieser praxis-begrifflichen Perspektive nicht als Schuldschein, nicht als Beleg und nicht als Zeichen für Geld verwendet, sondern als Geld. Ich tue nicht so, als ob Scheidegeld Geld wäre, in meiner Praxis ist Scheidegeld Geld. Die Banknote steht in diesem Sinn nicht als Verweis auf einen bestimmten Wert, sie hat im diffferenziell-dialektischen Sinne diesen Wert.

Die Banknote hat genau dann Wert, wenn ich damit irgendeine Ware, die Wert hat, eintauschen kann - und zwar ohne darüber zu verhandeln, ob ich kreditwürdig sei. Kurantgeld kommt zu seinem Wert wie jede andere Ware, nämlich durch die Kosten seiner Herstellung. Scheidegeld dagegen hat einen vermittelten oder konstitutionellen Wert. Es zeigt seinen Wert durch Prägung, die mich erkennen lässt, wie viel andere Warenwerte ich dafür bekommen kann.

Geld hat zunächst das Tauschen auf dem Markt effizient gemacht. Zu allen Zeiten wurde auch ohne Geld getauscht. Aber das massenhafte Tauschen, das ich Markt nenne, wurde erst durch Geld ermöglicht. Nachdem der Markt aber einmal etabliert ist, braucht er das Geld nicht mehr, es wird zunehmend weniger verwendet. Im gesellschaftlich entwickelten Tausch spielt Geld als Kurantgeld gar keine Rolle und Geld als Scheidegeld nur noch eine ziemlich bescheidene Rolle. Wenn ich Geld von einem Bankkonto auf ein anderes überweise, wird kein Geldschein - der ohnehin nicht auf der Bank liegt – bewegt.

Scheidegeld verlangt nach einer Währung, die Währung aber braucht das Scheidegeld nicht mehr. Wenn ich einer Banknote und damit der dahinterstehenden Währung vertraue, kann ich auch ganz anderen Geldformen vertrauen.

4 Elektronisches Geld (Geldkartengeld)

Als elektronisches Geld bezeichne ich Geld, das nicht in Form von Noten oder Münzen vorliegt, sondern eben „elektronisch", beispielsweise auf einer sogenannten Geldkarte.

Ich unterscheide im Zusammenhang mit Geld zwei verschiedene Arten von elektronischen Karten. Die verbreitete ec-Karte ist ein Schlüssel, der mir erlaubt, auf mein Bankkonto zuzugreifen. Auf der ec-Karte ist kein Geld, sie ermöglicht mir, wie ein Ausweis, nur den Zugriff auf mein Geld in der Bank. Dagegen gibt es die eigentlichen Geldkarten, die in Deutschland auch Geldkarten heissen und in der Schweiz etwa als Cash-Karten bekannt sind. Diese Karten enthalten Geld wie ein Portemonnaie.[65] Man muss die Karten füllen und man kann sie leeren, indem man etwas kauft und mittels dieser Karte bezahlt.

Und ich brauche eine klare Vorstellung davon, was ich als elektronisches Geld bezeichne, um es nicht mit Giralgeld zu verwechseln.

4.1 Die Materialität des Geldes

Das, was ich hier als Geld bezeichne, ist an eine materielle Re-Präsentation wie etwa eine Münze gebunden. Ich habe das Geld nur, wenn ich dessen materielle Re-Präsentation habe. Natürlich muss ich das Geld nicht in meiner Hand haben. Ich kann es im Portemonnaie oder im Tresor oder im Bankschliessfach haben, aber es muss so vorhanden sein, dass ich es durch meine Sinne für- wahr-nehmen kann, unabhängig davon, was „haben" alles auch noch beinhaltet. Das Geld, von

---

[65] Diese Karten werden deshalb auch als „elektronische Geldbörsen" (Electronic Purses) bezeichnet.

welchem hier die Rede ist, existiert - ausschliesslich - in Form von Artefakten, also in Form von materiellen Gegenständen die hergestellt werden.[66]

Mit der Herstellung eines Artefaktes treffe ich immer zwei Entscheidungen: ich wähle eine Form und ein Material, also nicht eine andere Form und nicht ein anderes Material. Ich kann ein Artefakt beliebig formen und dabei beliebiges Material verwenden, aber damit etwas ein Artefakt im hier gemeinten Sinne ist, muss es geformtes Material sein.[67] Eine Goldmünze etwa ist eine geprägte Scheibe und sie ist aus Gold. Sie ist als Artefakt in zwei Hinsichten anders als eine Banknote. Sie hat eine andere Form und besteht aus einem anderen Material. Beim Geld sind die Form und das Material offensichtlich ganz unwichtig, was sich in der Geldexistenz von Münzen und Noten zeigt, aber ich bezeichne nur als Geldrepräsentant, was Form hat und aus Material besteht. Mit Material bezeichne ich aber nicht Materie, wie sie Physiker früher vermeinten, also nicht Materie, die etwa in Form von Atomen oder Quarken vorhanden ist, sondern etwas, was sich durch die herstellende Formgebung konstituiert. Wenn ich ein Artefakt herstelle, muss ich Material formen. Wenn ich ein Schwert oder eine Sichel schmiede, forme ich etwas, und genau das, was ich dabei wähle, bezeichne ich als Material. Mein "Materialismus" bezeichnet also eine operative Sicht, in welcher bestimmte Unterscheidungen gemacht werden. Das hat nichts mit einer wirklichen Beschaffenheit einer gegeben Welt aus Atomen zu

---

[66] Natürlich kann man auch Muscheln oder Ähnliches wie Geld verwenden. Die entsprechende Vereinbarung fungiert dann mengentheoretisch gesprochen als leere Herstellung. Als Geld kann unter materialistischen Gesichtspunkten eine Muschel nur dienen, weil ich mir die Muschel als Ersatz für etwas Hergestelltes vorstellen kann.

[67] Der Ausdruck „Artefakt" wird auch für ganz andere Zusammenhänge verwendet. Ich verwende ihn hier quasi archäologisch und nicht medienwissenschaftlich.

tun, sondern etwas damit, wie ich mir die tätige Aneignung der Welt vorstelle.[68]

Wenn ich Einträge auf der Geldkarte als Geld bezeichne, dann meine ich die hergestellten Gegenstände, die aus magnetisiertem Eisenoxid bestehen und auf der Geldkarte eine ganz bestimmte Form oder Anordnung haben. Ich habe genau dann das Geld, wenn diese materiellen Gegenstände auf meiner Geldkarte sind. „Elektronisches" Geld stelle ich mir also ganz sinnlich vor. So wie bei einer Münze durch die Prägung Metallteile angeordnet werden, werden bei „elektronischem" Geld magnetisierte Eisenteile angeordnet. In der Münze ist das Metall selbsttragend verbunden, während die Eisenschicht bei „elektronischem" Geld sehr dünn ist und deshalb auf ein Stück Kunststoff aufgetragen ist. Die Plastikkarte dient in diesem anschaulichen Sinne sehr wörtlich als Porte-Monnaie (Geldträger). Die „aufgetragenen Artefakte" sind das Geld. Und wenn sie auf meiner Geldkarte aufgetragen werden, sind sie mein Geld, so wie Münzen in meinem Portemonnaie mein Geld sind. Geld bekommen ist also auch in diesem Fall ein „materieller" Prozess.

Den Ausdruck „elektronisch" verstehe ich als Eigenname, der darauf verweist, dass ich die Form, also die Anordnung der magnetisierten Eisenteile nicht von Auge, sondern nur durch eine Art elektrisches Mikroskop (Kartenlesegerät) sehen und nur durch ein elektrisches Gerät verändern oder „prägen" kann. Wie bei Münzen und Noten entsprechen verschiedene Formen des Artefaktes verschiedenen Geldbeträgen.

---

[68] Zu "Materialismus" gibt es beliebig viele Auffassungen. Verbreitet sind Vorstellungen, die an ein naives Naturwissenschaftsverständnis anschliessen, in welchem man sich die Welt als Materie vorstellt, die beispielsweise aus Atomen und dergleichem besteht. Ich meine eher eine Art des historischen Materialismus, aber auch da ist Vielfalt beliebig.

Die "elektronische Zahlung" ist subtil. Wenn ich mit einer Geldkarte etwas bezahle, verändere ich die Form der Magnetschicht auf der Karte so, dass sie einem kleineren Wert entspricht, während ich die Form der Magnetschicht auf der Karte des Zahlungsempfängers so verändere, dass sie einem grösseren Geldwert entspricht. Ich stelle mir das wie Münzprägung vor Ort vor. In diesem Fall wird sichtbar, dass beim Zahlen die Identität des Geld(artefakt)es keine Bedeutung hat. Wenn ich einer anderen Person eine Geldnote gebe, dann hat sie danach genau die - identische - Geldnote, die zuvor ich hatte. Wenn ich jemandem in einer andren Stadt die Geldnote in einem Briefumschlag schicke, bekommt sie ebenfalls das identische Geld. Wenn ich dagegen das Geld in der einen Stadt auf die Postbank bringe und die andere Person ihr Geld von einer anderen Filiale der Postbank bekommt, bekommt sie nicht die Münzen oder Noten, die ich zuvor hatte, sondern beliebig andere Münzen. Gleichwohl bezahle ich mit Geld und die andere Person bekommt das Geld.

Wenn ich mit einer Geldkarte bezahle, wird meiner Karte „entnommen", was der anderen Karte zugefügt wird. Dabei werden - wie wenn ich Postbankzahlungen mache - keine identischen Metallteilchen oder Magnetisierungen usw. übergeben, aber es wird sichergestellt, dass das Geld, das vorher materiell bei mir war, nachher materiell bei der anderen Person ist. Es geht dabei also - auf dieser Seite der Unterscheidung - nicht um irgendwelche Informationen, die übertragen werden, sondern um materielles Geld, das seinen Besitzer wechselt. Das Verfahren, das dabei verwendet wird, kann man als Kommunikation verstehen. Meine Postbankfiliale schickt ja auch nicht mein Geld, sondern eine Information, die bei einer anderen Postbankfiliale eine Geldabhebung ermöglicht. Schliesslich hat das Geld den Besitzer gewechselt, ob dazu Information verwendet wird oder nicht, ist nicht wesentlich, sondern nur eine Frage der Methode.

Wichtig ist, dass auch bei elektronischem Geld keine Identifikation des Geldbesitzers nötig ist. Der Übertrag von einer

Geldkarte auf die andere entspricht der Übergabe einer Geldnote. Man muss nicht wissen, von wem man die Geldnote bekommt, weil die Note kein Schuldschein ist, sondern Geld. Zum Bezahlen führt der Käufer seine Geldkarte in den Verkaufsautomaten des Verkäufers ein. Dann wird der Betrag vom Guthaben der Geldkarte abgebucht. Dass die elektronischen Systeme zusätzliche Informationen wie Kartennummer oder Zahlungssequenznummer verarbeiten, hat etwas mit Fälschungsabsicherungen zu tun, aber nicht mit dem Bezahlen.

Nach einer elektronischen Bezahlung hat der Verkäufer das Geld auf seiner Karte. Er kann damit zur Bank gehen, wo er es gegen anderes Geld tauschen kann, so wie ich auf der Bank Münzen gegen Noten eintauschen kann. Wenn ich mein elektronisches Geld auf die Bank bringe, wird unabhängig davon, ob ich Noten dafür beziehe oder ob ich das Geld auf mein Bankkonto lege, mein Geld auf eine „Karte" der Bank übertragen. In den meisten Fällen muss der Verkäufer mit seiner Karte gar nicht zur Bank gehen, weil er mit der Bank verkabelt ist. Der Übertrag von einer Karte auf die andere ist ein technischer Prozess, der sich auch über beliebige Verkabelungsdistanzen durchführen lässt. Und die Bank verwendet dabei gar keine Geldkarten, sondern speichert das Geld in einem Computer, also auf einer anderen „Kartenart", beispielsweise auf einer Harddisk. Das ändert aber nichts an der materiellen Logik des elektronischen Geldes.

4.2 Exkurs: Die Geldspiel-Metapher

Als eigentliche Geldspiele bezeichne ich Spiele, bei welchen ich Geld gewinnen oder verlieren kann. Idealtypisch sind die Spiele in einem Spielcasino, in welchem Spielgeld aus Plastik als Geldersatz dient, obwohl um richtiges Geld gespielt wird. Hier interessiert mich aber nicht, wie ich Geld gewinnen kann, sondern die Geldspielmetapher, die auf Spielen beruht, in welchen Geld als Spielmaterial vorkommt. Das wohl bekannteste Spiel in diesem Sinne heisst Monopoly, in welchem ich sehr reich werden kann, ohne dabei reich zu werden.

Monopoly ist ein ergebnisorientiertes Brettspiel, das mit Würfeln gespielt wird. Es geht darum, möglichst viele Punkte zu sammeln, wobei die Punkte nicht wie bei Kartenspielen fortlaufend notiert werden, sondern in Form von materiellem Spielgeld Teile des Spieles sind. Mit diesem Spielgeld kann ich als Grundstücke bezeichnete Spielfelder kaufen und darauf Häuser und Hotels platzieren. Meine Mitspieler müssen mir eine Miete in Form von Spielgeld bezahlen, wenn ihre Spielfiguren auf eines meiner Spielfelder zu stehen kommt. Mit dem eingenommenen Geld kann ich weitere Spielfelder kaufen. Ich kann also mit meinen bereits gesammelten Spielpunkten - da sie Spielgeld sind - spielen, was ich beispielsweise beim konventionellen Kartenspiel nicht kann.

Monopoly ist durch das Würfeln stark zufallsbedingt und lässt wenig Raum für Geschick und Strategie. Es bezieht seinen spezifischen Reiz daraus, dass ich im Spiel relativ unvermittelt erleben kann, was ich in meiner Wirklichkeit erleben möchte. Ich kann viele Häuser und viel Geld erwerben und so sehr reich werden.

Von Monopoly gibt es viele didaktische Varianten, die in den Managerausbildungen „gespielt" werden. Diese dann wirklichkeitsnahe gemeinten Spiele bilden auch die Grundlage der sogenannten Spieltheorie, der wohl wichtigsten Theorie der politischen Ökonomie, in welcher anstelle des Würfelns strategisch ausgeklügelte Algorithmen verwendet werden. Hier ist gleichgültig, ob und was Manager beim Spielen von Monopoly-Varianten lernen, mich interessiert, wie das Geld in diesen Spielen seine Rolle spielt, wozu ich das Monopoly beobachte.

Im Monopoly-Spiel spielt „Geld" die zentrale Rolle. In den Spielregeln wird - wie in einer Währung - beschrieben, welche Werteinheiten in Form von Banknoten existieren und wie man rechtens zu Geld kommen kann. Durch das Setting des Spiels, also durch das Spielbrett, die Spielkarten und Banknoten des Spielgeldes, erkenne ich, worauf sich die Spielregeln beziehen, also etwa was ich von wem unter welchen Bedingungen kaufen kann.

Das Spiel ist anschaulich konzipiert, das heisst, ich bezahle Liegenschaften, Häuser und Hotels mit Banknoten. Es gibt in diesem Spiel keine Buchhaltung und keine Schuldscheine, also auch keine Schuldner und keine Gläubiger. Nur die Bank - die als reiner Stack dient und nicht durch einen Mitspieler repräsentiert wird - kann, wenn das durch den Spielverlauf nötig wird, zusätzliche – handgeschriebene - Banknoten anfertigen.

Natürlich kann ich in einer Variante des Spieles auf das Geld verzichten und stattdessen eine Buchhaltung führen. Gute Schachspieler können auf Brett und Spielfiguren verzichten, weil sie quasi im Kopf die Spielbuchhaltung führen. Man könnte daraus ableiten, dass für Schach weder das Brett noch die Figuren wesentlich sind. Die Spielregeln sind hinreichend. Brett und Figuren dienen als Materialisierungen nur den Anfängern. Und genau so kann man auch Monopoly im Kopf spielen - wenn man kann. Und wenn man die Spielregeln kennt.

Und schliesslich könnte man jedes Geldspiel im Kopf spielen, also auf alle Materialisierungen verzichten. Aber natürlich nur in einer sehr idealen Welt, in welcher nur perfekte Spieler sich alle an dieselbe Währung halten.

4.3 Elektronisches Konto-Geld

Die Bank hat in der bisherigen Modellierung für alle Konten der verschiedenen Kunden nur einen Behälter. Welches Geld wem gehört, wird protokolliert. Jetzt kommt im Modell hinzu, dass die Bank auch für die verschiedenen Geldarten nur einen Behälter verwendet, der eben als Konto bezeichnet wird, weil es sich dabei nicht um einen eigentlichen Behälter handelt. Man kann sich vorstellen, dass die Bank die Noten und die Münzen aus praktischen Gründen nicht in demselben Behälter aufbewahrt, so wie in ganz normalen Portemonnaies üblicherweise Münzen und Noten in verschiedenen Fächern aufbewahrt werden, während der ursprünglichere Geldbeutel noch ein eigentlicher Beutel vorwiegend für Münzen war, weil die wenigen Geldnoten, die anfänglich im Umlauf waren, noch in separaten Brieftaschen aufbewahrt wurden. Der abteilungslose Geldbeutel eignet sich schlecht zur Aufbewahrung von Noten und auch die Kassen von Krämerladen wurden rasch so unterteilt, dass sogar für verschiedene Münzen verschiedene Fächer gemacht wurden. Und eine Bank mit mehreren Filialen hat im Land verstreute Geldbehälter, die zusammen den Bankgeldbehälter ausmachen. Das „elektronische" Geld aber erzwingt durch seine Form einen anderen Aufbewahrungsort als Münzen und Noten.

Banken, die noch Münzen und Noten akzeptieren[69] oder sogar Kundenschalter im Dienstleistungsangebot haben, wo man Münzen und Noten bringen oder holen kann, müssen verschiedene Geldarten zwar auch verschieden aufbewahren, aber sie führen trotzdem nur ein Konto, welches von Geldarten gerade abstrahiert.[70] Das Konto sehe ich in diesem Sinne als umfassenden abstrakten Behälter, in welchem neben den Münzkassen auch Geldkarten und Harddisks enthalten sind, also jede Art von Geld.

Das „elektronische" Geld dient hier wie vorher das Kurantgeld der Modellierung und der Bildung von Differenzen. Natürlich kann man diese Prozesse auch ganz anders modellieren und

---

[69] Durch das Internet werden Banken wie Paypal, die nur elektronisches Geld handhaben, allgemein bekannt und verlieren ihren speziellen Status, der an die Vorstellung gebunden ist, dass normale Banken (auch) mit Noten handeln.

[70] Wie viele Noten eine Bank zu einem bestimmten Zeitpunkt besitzt oder verwaltet, ist Gegenstand einer Lagerbuchhaltung oder eines Material-Inventars. In der eigentlichen Buchhaltung erscheinen nur Geldbeträge.

begreifen. [71] Es geht auch nicht darum, dass eine bestimmte Modellierung die richtige ist, sondern darum, zu welchem Verständnis sie führt. Die Differenz, die ich mit der Fiktion des materiellen Geldkartengeldes erzeuge, bezeichne ich als elektronisches Konto-Geld. Das Geldkartengeld erscheint hier als markierte Seite dieser Differenz.[72] Ich kann auf der Bank Geld in Form von Noten und Münzen oder in Form von Geldkartengeld von meinem Konto abheben oder auf mein Konto einzahlen. Die Bank macht da keinen Unterschied, sie wechselt mir auch ohne weiteres elektronisches Geld in Noten oder umgekehrt. Und egal in welcher Form ich das Geld zur Bank bringe, sie legt es auf mein Konto und macht es so zum Konto-Geld überhaupt.

Im Kontogeld ist der Unterschied zwischen den Geldarten aufgehoben, weil die Bank, wenn sie von bestimmten Schalterkundenbedürfnissen absieht, auf Noten und Münzen verzichten kann, aber - auf dieser Stufe der Modellierung - natürlich nicht auf materielles Geld überhaupt.

Die Artefakte, die das „elektronische" Geld bilden, kann ich als Zeichenkörper sehen und mithin als Symbole lesen. Wenn auf meiner Geldkarte die magnetisierten Teilchen auf eine ganz bestimmte Art angeordnet sind, kann ich mit einem passenden Kartenlesegerät beispielsweise „20" lesen und ich lese dabei, wie viel Geld ich auf der Karte habe, weil genau diese Anord-

---

[71] In der politischen Ökonomie herrschen chaotische Vorstellungen zum sogenannten E-Geld, das dort ein Dutzend Synonyme hat, wobei Kraut und Rüben beliebig vermischt werden. M. Hartmann gibt dazu in ihrem Buch „Elektronisches Geld" (Karlsruhe, 2000) eine gute Übersicht mit vielen weiteren Kriterien, die man bedenken könnte. Sie unterscheidet insbesondere „vorausbezahlte" Geldkarten und dass einig - wie etwa Telekomkarten – nur einem Zweck dienen, usw. Das begriffliche Chaos ist gross.

[72] G. Spencer-Brown spricht von einer markierten und einer nicht markierten Seite einer Unterscheidung. Wenn ich oben sage, meine ich oben/unten, „markiere" aber oben.

nung der magnetisierten Teilchen zwanzig Franken *ist*. Eine bestimmte Anordnung von Metallteilchen, die eine 5-Franken-Münze ausmachen, *ist* fünf Franken und ich kann auf der Münze lesen, dass sie fünf Franken repräsentiert. Die Anordnung der magnetisierten Teilchen auf der Geldkarte folgt einem programmiertechnischen Prinzip, das gemeinhin durch die Verwendung von „binary digits" (bit) charakterisiert wird.[73] Hier spielt diese Logik keine Rolle, hier geht es nur darum, dass die Geldkarte - analog der Münze - eine Art Prägung hat, die den Geldwert repräsentiert und ihn gleichzeitig lesbar macht.

Ich spreche dabei von einer sekundären Lesbarkeit, weil es bei elektronischem Geld wie bei der Kurantmünze zunächst nicht um die Lesbarkeit geht, sondern um Geld. Ich kann mir ohne weiteres Münzen mit einem bestimmten Wert vorstellen, die als Prägung ein Wappen oder ein Tier oder ein „Vreneli" haben. Aber eine typische Münze ist Geld, wo drauf gelesen werden kann, wie viel Geld sie ist. Und ebenso kann das Geld auf der Geldkarte gelesen werden, weil es in Zeichenform angeordnet ist. Im selben Sinne könnten wir die Häuser unserer Städte quasi buchstabenför- 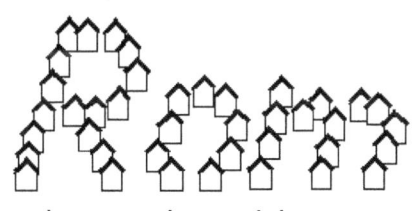 mig anordnen, dass die Namen der Städte aus dem überfliegenden Flugzeug zu lesen wären. Wir würden dabei Städte bauen, nicht Texte schreiben. Wir würden Häuser bauen, in welchen man wohnen kann. Aber wir würden die Städte so bauen, dass wir

---

[73] Der Ausdruck „Binary Digit" wurde von J. Tukey vorschlagen und von C. Shannon populär gemacht. „Binary Digit" ist Kunstwort, das einer Variablen mit den Werten "O" und "1" einen elektronischen programmiertechnischen Kontext zuweist, in welchem die Variablenwerte als Information interpretiert werden.

sie sekundär als Texte sehen könnten.[74] Das Geld auf den Geldkarten ist dem entsprechend angeordnet.

Differenztheoretisch bezeichne ich als elektronisches Kontogeld eine Differenz zwischen einem Text, der auf einer Geldkarte steht, und einer Instanz des Objektes Geld. Als Text gibt mir das, was auf der Geldkarte steht, Auskunft darüber, wie viel Geld ich habe, weil ich diesen Text materiell auf der Karte habe.[75]

Das elektronische Kontogeld ist eine an einem definierten Ort geschriebene Ziffernfolge. Das heisst, nicht die Zahl, also nicht die materielle Struktur des Zeichenkörpers ist das Geld, sondern die Zahl an diesem Ort ist das Geld. Also stellt sich die Frage, wer unter welchen Bedingungen an diesem Ort – etwa auf eine Geldkarte - schreiben kann oder darf. Diese Frage ist analog zur Frage, unter welchen Bedingungen Noten oder Münzen hergestellt werden können oder dürfen. Natürlich kann ich als Fälscher Noten oder Münzen selbst herstellen. Und ebenso kann ich als Fälscher Kontogeld herstellen, indem ich auf eine unzulässige Art Zahlen auf meine Geldkarte schreibe. Aber nicht alle Noten sind gefälscht, es gibt auch - durch die Währung definiert - einen ordentlichen Weg, Noten herzustellen und dasselbe gilt für jedes Kontogeld.

Ich kann elektronisches Kontogeld auf mein Konto legen, so wie ich Münzen und Noten in mein Portemonnaie legen kann. Und so wie ich Münzen und Noten aus meinem Portemonnaie nehmen kann, kann ich Kontogeld von meinem Konto weg-

---

[74] Über diese "hirn-ergonomische" Anordnung habe ich im Zusammenhang mit der Erfindung von Programmiersprachen ausführlich geschrieben (Todesco, 1992, 120ff).

[75] Diese differenztheoretische Aufhebung von Text erkenne ich auch in Computerprogrammen, die auch als Texte gelesen werden können und so Auskunft darüber geben, wie der Computer mittels des Programms gesteuert wird.

nehmen. Das Kaufen und Verkaufen mit Kontogeld funktioniert aber in einer spezifischen Hinsicht anders mit als Münzen und Noten. Wenn ich eine Münze bekomme, dann hat der Geber der Münze die Münze nicht mehr. So ist klar, wer das Geld hat und wer es nicht mehr hat. Beim Kontogeld muss jedes Mal, wenn mein Konto verändert wird, auch ein anderes Konto verändert werden. Die Bank, die mein Konto führt, muss also wenn sie mir einen Betrag gutschreibt, einem anderen Konto einen Betrag abschreiben.

Die Übergabe von Kontogeld besteht darin, dass das Kontogeld am Ursprungsort vernichtet wird und am Zielort neu hergestellt wird. Man kann sich diesen Prozess als Beamen, also als Teleportation vorstellen, bei welcher ein Gegenstand von einem Ort zu einem anderen transportiert wird, ohne dass das Objekt dabei physisch den dazwischenliegenden Raum durchquert. Das Herstellen von Kontogeld ist daran gebunden, dass an einem anderen Ort entsprechend viel vernichtet wird.

In gewisser Hinsicht erinnert mich das an die ursprüngliche Herstellung von Scheidegeld, wo nur Noten gedruckt wurden, wenn Münzgeld oder später Gold aus dem Zahlungsverkehr entzogen wurde. Das elektronische Kontogeld hat nicht den Anspruch gedeckt zu sein, aber es ist materiell Geld, dessen Menge im Tauschhandel natürlich nicht vermehrt werden kann.[76]

Das elektronische Kontogeld hat eine weitere spezifische Eigenschaft. Auf der Geldkarte wird die Summe, die ich bezahle oder bekomme als Differenz im Stock ausgedrückt. Wenn ich beispielsweise fünf Franken bezahle, erscheint nicht die Fünf, sondern ein Saldo, der um fünf Franken tiefer ist als zuvor. Es wird sozusagen nicht das Geld, das „wietergege-

---

[76] Auch Banknoten vermehren sich ja durch keinerlei Tauschgeschäfte, sondern ausschliesslich dadurch, dass man Banknoten herstellt. Ich werde später unter der Vorstellung von „fiat money" darauf zurückkommen.

ben" wird, sondern dasjenige das zurückbleibt „geprägt". Und analog wird beim Empfänger der neue Saldo geprägt.

Ich habe bisher noch nicht gesagt, wer das elektronische Geld quasi in seiner Urform herstellt. Das elektronische Geld wird bei jedem Transfer vernichtet und wieder neu gemacht. Aber damit es vernichtet werden kann, muss es natürlich zuerst einmal hergestellt werden, ohne dass es innerhalb dieses Reproduktionsprozesses vernichtet wird. Ich werde später darauf zurückkommen, aber es ist klar, dass das nur durch die Zentralbank geschehen kann, weil es sich um eigentliche Geldherstellung handelt.

4.4 Inversion: Das elektronische Kontoblatt

In der bisherigen Modellierung habe ich durch „Kontoblatt" und „Geld im Konto" eine Abbildung und ihr Referenzobjekt unterschieden. Das Kontoblatt erscheint so als Beschreibung darüber, was im Konto der Fall ist. Das Geld liegt nicht auf einem Kontoblatt, sondern in einem Portemonnaie oder in einem Tresor. Auf dem Kontoblatt steht lediglich, wo das Geld oder der jeweilige Wert in Geldform liegt oder wem was gehört.

Was auf dem Kontoblatt steht, kann ich aber nicht überprüfen, indem ich im Konto nachschaue. Ich halte das Kontoblatt für wahr, solange meine sich darauf abstützenden Handlungen funktionieren, also solange ich beispielsweise Rechnungen durch die Bank bezahlen kann und die Saldokonsequenzen plausibel bleiben. Unter konstruktivistischer Perspektive ist die Beschreibung keine Beschreibung einer von ihr unabhängigen Wirklichkeit, also keine Abbildung von etwas Wirklichem, sondern Ausdruck davon, was ich für „wirklich" halte.[77] Oder an-

---

[77] Als „Radikalen Konstruktivismus" bezeichne ich eine Theorie, die Ernst von Glasersfeld aus Theorieansätzen von Jean Piaget entwickelt hat. Der Ausdruck "Konstruktivismus" stammt in diesem Kontext von J. Piaget, der untersuchte, wie sich ein Kleinkind die Wirklichkeit gedanklich aufbaut. Der Ausdruck "Radikal" bezeichnet die Radikalität des Ansatzes von E. von

ders ausgedrückt, was auf dem Kontoblatt steht, beruht auf einer komplexen Interpretation einer damit referenzierten Praxis, in welcher Kontos als Portemonnaies zunehmend Ausnahmen bilden.

Das Kontoblatt ist also im Unterschied zur elektronischen Geldkarte kein „Porte-Monnaie". Es ist aber wie eine Geldkarte ein materielles Artefakt. Die Zahlen auf dem Kontoblatt sind Artefakte, also geformte Gegenstände aus einem bestimmten Material, die ich - wie das elektronische Geld auf der Geldkarte - als materielle Zeichenkörper sehen kann. Der Buchhalter formt beim Buchführen beispielsweise aus Graphit oder Tinte Gegenstände, die ich als Zahlen auf dem Kontoblatt lesen kann. Auf 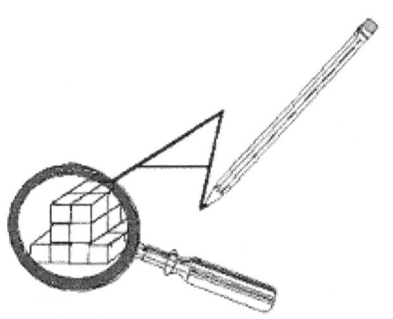 dem Kontoblatt sind diese „Zahlen" aber - zunächst, also solange ich das Kontoblatt und die Geldkarte unterscheide - kein Geld, es sind Symbole, durch die ich auf Geld verwiese.

Natürlich kann man darüber streiten, ob Banknoten Geld sind oder ob sie als Scheidegeld Geld nur „repräsentieren". Geldnoten sind aber unabhängig davon Artefakte, die ich in die Hände nehmen kann. Wer das Artefakt hat, hat das entsprechende Geld. Ich kann über meine Geldbestände Buch führen, indem ich aufschreibe, wie viele Noten oder Münzen ich habe, so dass ich sie nicht jedes Mal zählen muss[78]. In der hier gemeinten Buchführung werden aber nicht Noten und

---

Glasersfeld, zu welcher J. Piaget sich nicht entschliessen konnte: nämlich dass jedes Wissen eine Konstruktion ist, weil das wissende Subjekt keine Möglichkeit hat, sein Wissen jenseits seiner Erfahrungswelt zu verifizieren. Hier im Text ist natürlich viel weniger gemeint.

[78] Gerade indem ich die Münzen und Noten im Inventar als solche zähle, mache ich sie mir als Artefakte jenseits ihres Geldwertes bewusst.

Münzen aufgeführt, sondern Geldwerte. Wenn ich eine 1000-Franken-Note in der Kasse habe, steht auf meinem Kontoblatt „Kasse" 1000.00. Dieses „1000.00" zeigt nicht an, ob es sich um Noten oder Münzen handelt. Man kann daraus folgern, dass es keine Rolle spielt, ob es Noten oder Münzen sind, aber für mich und meine Buchhaltung spielt natürlich eine entscheidende Rolle, dass das Geld in irgendeiner Geldform in meiner Kasse ist. Was auf meinem Kontoblatt steht, hilft mir nichts, wenn die Kasse leer ist.

Wenn ich mein Geld auf der Bank habe, kann ich ein Kontoblatt führen, wie wenn ich es in der Kasse habe. Entscheidend ist dann aber nicht, dass das Geld tatsächlich in irgendeiner *Geldform* auf der Bank liegt, sondern dass die Bank mein Geld in irgendeiner *Form* besitzt, beispielsweise dadurch, dass sie es ausgeliehen hat.[79] Ich sehe hier aber vorerst davon ab, dass die Bank das Geld ausgeliehen hat. Ich stelle mir vorerst vor, dass das Geld im Bankgeldkonto liegt. Dort könnte es in Form von Noten oder Münzen liegen, oder eben auch in elektrischer Form.

Das Kontoblatt zu meiner Kasse sehe ich als Protokoll, dessen Richtigkeit durch den Inhalt der Kasse gegeben ist. Auf dem Kontoblatt stehen Zahlen, in der Kasse liegt das Geld. Mein Kontoblatt zu meinem Bankkonto dagegen sehe ich als eine Kopie einer Art „Kontoblatt", welches den Stand meines Bankkontos repräsentiert. Die Bank und ich führen je eine eigene Buchhaltung, in welcher wir ausgedruckte Kontoblätter so sehen, wie ich mein Kassenkontoblatt sehe, während das Konto selbst auch als Kontoblatt erscheint.

---

[79] Die Unterscheidung zwischen Besitz und Eigentum hat sich in der Soziologie als Differenz eingebürgert, um die Verhältnisse von grossen Geldansammlungen, wie sie typischerweise in Banken anzutreffen sind, zu beschreiben. Die Bank ist Eigentum der Aktionäre, aber sie ist im Besitz der Geschäftsführung, die sich ihr Einkommen selbst gibt, obwohl sie es als Lohn deklariert. Hier ist aber von dem Kontogeld die Rede, das die Bank besitzt, obwohl es mein Eigentum ist.

Das elektronische Geld, das die Bank anstelle meiner Banknoten ins Konto legt, bewirkt, dass das Geld zu einem „sekundär lesbaren" Text wird, der in der Form eines Kontoblattes
geschrieben wird. Wenn ich mittels eines Computers elektronisches Geld herstelle, indem ich den Zahlen-Text dort hin-
schreibe, wo er Geld-Sein bedeutet, mache ich operativ dasselbe, wie wenn ich mittels eines Computers auf ein Kontoblatt schreibe. In beiden Fällen schreibe ich Zahlen, die ich so
speichere, dass ich sie später in ihrem spezifischen Kontext
lesen kann. Also wäre es redundant, wenn ich ein Konto mit
Geld *und* ein Kontoblatt schreiben würde. Ich kann das eine
für das andere verwenden.

Differenztheoretisch kann ich das Bankkonto als Differenz zwischen einem Konto und einem Kontoblatt sehen. Im ursprünglichen Kontext wird ein Kontoblatt als Beschreibung eines
Kontos hergestellt. Ich schreibe etwa in ein Kassenbuch, was
in der Kasse ist. Beim Bankkonto, das elektronisches Geld
enthält, sehe ich dagegen das Artefakt, das ich durch Ein-
oder Auszahlungen verändere, als Konto und als Kontoblatt
zugleich.

➤ Inversion

Als Inversion bezeichne ich eine spezifische Umstülpung einer
Perspektive, was ich mir anhand eines umgestülpten Hand-
schuhs veranschauliche. Der Handschuh hat eine Aussen-
und eine Innenseite. Wenn ich ihn umstülpe, ist seine Innenseite aussen, aber natürlich immer noch die Innenseite, wenn
ich auch an meiner ursprünglichen Perspektive festhalte.

Die Inversion, die ich hier meine, besteht darin, dass die Bank
nicht mehr auf dem Kontoblatt beschreibt, was im Konto passiert, sondern durch das Schreiben das Konto, respektive dessen Zustand direkt bestimmt. Wenn die Bank in meinem Auftrag eine Rechnung begleicht, verändert sie schreibend mein
Konto (und natürlich ein weiteres Konto), während ich mir in

hergebrachter Perspektive vorstelle, dass sie Geld aus meinem Konto genommen und ein Kontoblatt beschrieben habe.

Durch beispielsweise im Internet vernetzte Computer kann dasselbe „Konto-Kontoblatt" eines Bankkontos von der Bank und vom Kunden gesehen werden, so wie ein „Bierdeckel-Kontoblatt" vom Kellner und vom Barbesucher eingesehen werden kann. Die Bank und der Kunde können dann „Abschriften" dieses „Kontoblatt-Kontos" anlegen, wenn sie das wollen. Im noch typischen Fall machen beide Printkopien auf Papier, die quasi als Belege gelten, aber natürlich im Gegensatz zum relativen Original kein Geld repräsentieren, also keine oder nur differentielle Kopien, also nicht Kopien des Kontos, sondern Kopien des Kontoblattes sind.

Die Bank kann das Verändern des Kontos als Übertrag von elektronischem Geld auffassen, also analog zur Geldkarte, die ich am Kiosk verwende. Dabei löst sich das Geld auf, um auf einem anderen Konto wieder zu entstehen. Wenn ich die Einträge auf dem „elektronischen" Konto als Geld betrachte, entspricht das Beschreiben dieses Kontos - was ja in Bezug auf mein Bankkonto nur die Bank macht - dem Drucken von Banknoten oder dem Prägen von Münzen. Das Kontoblatt-Konto wird dadurch zu einer Art flexibler Geldnote, die ihren Wert ändert, wenn entsprechende Handlungen erfolgen. Differenztheoretisch kann das „elektronische" Konto dann als Differenz zwischen einem Kontoblatt und Geld gesehen werden, sozusagen als Kontoblatt, das als Geldträger, also als Portemonnaie fungiert. Die aufsummierte Zahl auf dem Kontoblatt, der Saldo, beschreibt dann, was das „Konto" wert ist, so wie eine Banknote durch ihren Aufdruck beschreibt, was sie wert ist.

Auf dieser Modellierungsstufe gehe ich immer noch davon aus, dass immer zwei Konten parallel bearbeitet werden, dass die Bank also dem einen Konto nur gutschreiben kann, was sie dem anderen abzieht. Hier geht es nur darum, dass das Konto und das Kontoblatt zusammenfallen. Es steht ja auch beim konventionellen Kontoblatt nicht im Belieben der Bank, was sie aufschreiben kann, weil sie nur schreiben kann, was dem Geldfluss entspricht.

5 Sichtgeld

Ich bezeichne das Geld auf meinem Bankkonto als Sichteinlage oder als Sichtgeld, weil ich es jeder Zeit in Form von Noten und Münzen sehen und sogar abheben *könnte*. Mein Konto ist eine Fiktion, die gerade dadurch lebt, dass die Bank Geld eigens zum Zeigen der Kontoinhalte bereithält. Meinem Nachbarn würde auf dessen Wunsch hin, sein Geld zu sehen, dasselbe Geld gezeigt, wie mir, wenn ich mein Geld sehen will. In der Bank gibt es keine Kasse, die mein Geld enthält, sondern nur das Bankgeldkonto, das das Sichtgeld für alle enthält. Würden alle Bankkunden ihr Sichtgeld gleichzeitig sehen wollen, würden alle sehen, dass sie ihr Sichtgeld jederzeit sehen, aber nicht gleichzeitig abheben können, weil alle dasselbe Sichtgeld sehen würden. In der bisherigen Modellierung ist ein nicht nach Kunden differenziertes Bankgeldkonto gerade der Sinn der Bank, weil dieses Konto möglich macht, dass die Portemonnaies aller Kunden im Sollbereich liegen, gerade weil nicht alle Kunden ihr Geld gleichzeitig abheben.

Die Bank widerspiegelt die Entwicklung des Geldes. Am Anfang braucht Geld keine Bank, es ist als Kurantgeld im Portemonnaie der Marktfahrer und Marktgänger. Die autopoietische Entfaltung des Geldes passiert aber durch die Bank, die Geld zunächst verfügbarer und später durch die Institution der Buchhaltung im Prinzip sogar überflüssig macht. Sichtgeld fungiert in diesem Prozess als Erinnerungsanker, indem es immer noch in althergebrachter Form von Noten und Münzen bezogen werden kann. Gerade weil immer mehr des Geldes im Bankportemonnaie - das hier Bankgeldkonto heisst - bleibt und mithin der Sichtbarkeit entzogen ist, ist die Option des „Sehenkönnens" wichtig.

Indem die Bank als „gesellschaftlich-gemeinsames" Portemonnaie dient, wird sie zum Medium der Schuld, die im – zeitversetzten - Tauschen angelegt ist. Die Bank vermittelt die

Schuld, die zuvor durch Barzahlung aufgehoben wurde.[80] Sichtgeld erinnert mich auch daran, dass ich früher mit Geld bezahlt habe.[81]

5.1 „Bankgeldkonto"-geld

Sichtgeld heisst der im spezifischen Sinn sichtbare Teil des Bankgeldkontogeldes in der Perspektive der Bankkunden. In der Bankenperspektive bezeichnet Sichtgeld einen Sollwert, der als Geld im Bankgeldkonto vorhanden sein muss, damit ich und andere Kunden jederzeit Geld holen können. Die Sichtreserve ist ein Stock. Die Bank antizipiert, wie viel Geld durch die Differenz zwischen Einzahlungen und Abhebungen quasi „gesichtet" wird. Das Feingefühl für die Festlegung dieses Sollwertes ist für die Bank relevant, weil sie die Differenz zwischen dem Sichtgeld und dem Geld, das sie wirklich zur Verfügung hat, ihren Kunden in Form von Krediten wietergeben kann.[82]

Für die Bank ist das Sichtgeld Geld, das sie haben muss, während für die Kunden der Bank das je eigene Sichtgeld eine Fiktion darstellt, weil die Bank es nicht für jeden Kunden hat.

---

[80] Schuld ist ein zentraler Begriff der Konfessionen. Schuld bezeichnet ein Ungleichgewicht, das kompensiert werden soll. Die meisten Konfessionen ermöglichen die Sühne durch Opfer. Dabei ist das konkrete Schuldverhältnis aufgehoben. Im Weinberggleichnis etwa wird die Vorstellung aufgehoben, dass Menschen, die weniger arbeiten, weil sie später kommen, weniger Lohn bekommen sollen.

[81] Ein immer noch beachtlicher Teil des privaten Zahlungsverkehr beruht darauf, dass Menschen Geld bei ihrer Bank abheben und dieses Geld am Postschalter wieder einzahlen. Sie halten sich so sichtbar, dass sie mit Geld bezahlen.

[82] Die meisten Nationen trauen den Banken dieses Feingefühl nicht zu und machen deshalb Vorschriften über Mindestbestände.

Die Sichtgeldfiktion kann als Inversion der Fiktion gesehen werden, dass jeder Kunde unabhängig davon, wie viel Geld er einbezahlt hat, so viel Geld abheben kann, wie er oder sein Sollzustand gerade braucht. Wenn durch einen dummen Zufall gleichzeitig sehr viele Kunden ihr Sichtgeld haben wollten, würde die Bank am Kontostand ihres Bankgeldkontos anstehen, falls dann nicht die Nationalbank einspringen würde.[83]

Da es in dieser Modellierung nicht um Eigenmittel der Bank geht, gibt es keinen Bankcrash, wenn alle Kunden ihr Geld gleichzeitig holen, aber eine Art Crash in Bezug auf die Funktion der hier modellierten Bank, die darin besteht, die Sollbestände der Kundenportemonnaies im Gleichgewicht zu halten. Wenn das Bankgeldkonto leer ist, ist der Sinn der Bank, jedermanns Portemonnaie im Gleichgewicht zu halten, also unabhängig von seinen Einzahlungen Geld zu leihen, aufgehoben. Für mich als Kunde ist klar, dass ich einerseits mein Sichtgeld abheben kann und dass ich andrerseits wie alle Bankkunden Geld als Darlehen beziehen kann. Wenn jeder nur sein Sichtgeld abheben könnte, hätte die Bank keinen Sinn. Die Bank muss sicherstellen, dass ich mein eigenes Geld abheben kann, obwohl jedes Geld, das abgehoben wird, also auch jedes Darlehen aus demselben Konto stammt. Das Bankgeldkonto muss also eine Mindestanforderung erfüllen, die ich quasi invers als bankseitiges Sichtgeld bezeichne, während die Bank anstreben muss, beliebig viele Darlehen gewähren zu können. Regelungstechnisch sind solche Grenzwerte sehr anspruchsvoll, weil sie divergierende Ziele optimieren.[84]

Das Sichtgeld, das die Bank im Bankgeldkonto hat, ist zwar

---

[83] Die Nationalbanken springen natürlich nicht nur in diesem Fall ein, sondern auch wenn sich die Banken hinreichend stark verspekulieren.

[84] Diese Regelung ist das eigentliche Banken-Knowhow, das die Banken auch beim Spekulieren verwenden. Die Banken sichern sich gegenseitig – natürlich unter Kostenfolgen - ab.

als wirkliches Geld vorhanden, da ich es ja abheben kann, aber es zeigt sich mir im Normalfall gerade nicht in Noten oder Münzen, sondern nur als Verweis auf meinem Kontoblatt. Wenn ich beispielsweise eine Warenlieferung von einem Kühlschrankhersteller bekomme und diese via Bank bezahle, schicke ich meiner Bank eine Anweisung, von meinem Konto Geld auf das Konto des Kühlschrankherstellers zu überweisen. Dabei schicke ich der Bank kein Geld, sondern löse beispielswiese mit einem Brief oder mit einer Mail eine Massnahme aus, durch welche Geld „überwiesen" wird. Wenn der Kühlschrankhersteller sein Geld auf derselben Bank hat wie ich, schickt die Bank natürlich auch kein Geld auf sein Konto, sie müsste es ja an sich selbst schicken. Sie schreibt einfach in meinem Konto den Betrag ab und im Konto des Empfängers denselben Betrag gut, indem sie die entsprechenden Kontoblätter verändert. Es fliesst also kein Geld, verändert werden nur die Beträge auf den Kontoblättern. Mein Sichtgeld wird kleiner, ohne dass ich wirkliches Geld abgehoben habe.

Das Bankkonto erscheint so als Differenz zwischen *dem* Bankkonto und *meinem* Bankkonto, respektive den Konten der einzelnen Bankkunden. Das Geld, das ich dem Kühlschrankhersteller überweise, bleibt unberührt am selben Ort, aber es wechselt in ein anderes Kundenkonto, was im Protokoll, also auf den Kontoblättern zu erkennen ist. Es handelt sich sozusagen um eine bewegungslose Bewegung. Als Bankkunde interessiert mich deshalb nicht, wo das Geld ist - und später auch nicht mehr, ob es überhaupt vorhanden ist - mich interessiert nur, was auf den Kontoblätter steht, also was ich sichten kann. Mein Konto erscheint als Fiktion meines Kontoblattes.

Auch wenn ich bei einer Bank einen Kredit aufnehme, um ein Haus zu kaufen, und der Hausverkäufer meine Zahlung wieder auf die Bank bringt, muss ich das Geld natürlich gar nicht erst von der Bank holen. Ich beauftrage die Bank, dass Geld von meinem Konto auf das Konto des Hausverkäufers zu überweisen. In diesem Fall habe ich vielleicht überhaupt kein

Geld auf der Bank, so dass sie mein Konto mit einem negativen Eintrag eröffnet, den ich als Hypothek empfinde.[85] Die Bank kann auch Leuten Geld geben, die zuvor kein Geld einbezahlt haben.

Insbesondere kann die Bank dieses Geschäft auch abwickeln, wenn sie gar nicht genug Geld im Bankgeldkonto hat, um eine entsprechende Auszahlung machen zu können. Die Sichtreserve muss also bei weitem nicht so gross sein wie die Menge der Zahlungen. Der Hausverkäufer muss dazu natürlich die Bank, also die „Überweisung" innerhalb des Bankgeldkontos an Stelle von Geld akzeptieren. Hier geht es aber darum, dass die Bewegungen auf dem Kontoblatt von Geldbewegungen, die sie protokollieren, abgekoppelt sind. Das Kontoblatt verändert sich, ohne dass Geld bewegt wird. Das Geld bleibt im Bankgeldkonto und muss dort gar nicht vorhanden sein.

Mein Sichtgeld ist für mich - trotzdem - so gut wie Geld. Ich habe es, weil es mir gehört, obwohl ich es nicht habe, weil ich es nicht besitze. Die Bank besitzt es, sie macht mit dem Geld, was sie will, auch Sachen, die ich niemals tun würde. Für die Bank ist Sichtgeld Geld, das sie nicht hat, weil es den Eigentümern gehört, das sie aber besitzt, weil sie es grösstenteils ausgeliehen hat. Mit dem Ausdruck „Sicht-Geld" weise ich auf einer semantischen Ebene darauf hin, dass das Geld in einem spezifischen Sinn nicht vorhanden ist, obwohl es auf meinem Kontoblatt als mein Geld ausgewiesen ist.[86]

---

[85] Rechtlich ist die Hypothek ein beschränktes Recht an einer Immobilie. Jenseits der juristischen Fachsprache wird häufig nicht das Grundpfandrecht, sondern das damit verbundene Darlehen als Hypothek bezeichnet. Im allgemeinen Sinn verwende ich das Wort Hypothek für eine besondere Belastung, die sich etwa dadurch ergibt, dass mein Haus nicht mir, sondern der Bank gehört.

[86] Ich werde dieses Nichtvorhandensein später in einem entwickelteren Zusammenhang als Giralgeld behandeln. Hier ist nur gemeint, dass das Geld als Geld zwar vorhanden, aber eben nicht im Konto ist.

Bei vielen Banken kann ich ein Schliessfach mieten. In diesem Fall bringe ich neben anderen Gegenständen auch Geld auf die Bank. Die Bank weiss aber nichts davon, weil sie nur als Aufbewahrungsort, sozusagen als mein Porte-Monnaie dient. Die Bank kann das Geld im Schliessfach nicht verwenden, es ist für mich kein Sichtgeld, sondern mein Geld. Wenn ich mein Geld dagegen in das Bankgeldkonto lege, wo ich es im Prinzip auch wieder holen kann, lege ich das Geld in die Hände der Bank. Ich gebe der Bank damit ein Darlehen.

Das Sichtgeld kann als Differenz zwischen einer Sichteinlage und einem Darlehen gesehen werden. Es gehört zum Selbstkonzept der Bank, dass dieses Verhältnis nicht als Darlehen oder Kredit bezeichnet wird. Die Bank suggeriert mir, dass mein Bankkonto mir gehöre und dass das Geld darin in meinem Besitze sei. Ich verbuche das Geld in meiner Buchhaltung – pervers, nicht invers – zusammen mit dem Geld in meinem eigentlichen Portemonnaie als liquide Mittel, wie wenn das Geld in einem Schliessfach wäre. Mein Bankkonto sehe ich jenseits davon, dass ich es als Fiktion wahrnehme, als Differenz zwischen Geld, das ich besitze und solchem, das ich meiner Bank ausgeliehen habe.

Auf der einen - von der Bank nicht markierten - Seite der Differenz schuldet mir die Bank das Geld, was mich zum Gläubiger macht. Der Ausdruck Gläubiger lässt offen, was ich glaube, wenn ich mein Geld auf die Bank bringe. Im Falle eines Schliessfaches glaube ich vermutlich, dass der Banktresor sicherer sei als mein Haustresor. Im Falle von Sichtgeld glaube ich, dass ich das Geld nicht nur sehen, sondern auch holen könnte. Beides beruht auf einer Differenz zwischen Glauben und Wissen, die auch von der Nation realisiert wird, die im Wissen um den Glauben gewisse Garantien auf das Sichtgeld gibt.[87]

---

[87] Das Für-wahr-halten hat - auch für I. Kant - folgende drei Stufen: Meinen, Glauben, Wissen. „Ich unterscheide subjektive und objektive Gründe

In der von der Bank markierten Vorstellung bringe ich Geld auf die Bank. Also ist *mein* Geld auf der Bank. Dann leiht die Bank das Geld aus. Also ist *mein* Geld bei einem Schuldner der Bank. Auf meinem Kontoblatt wird auf Geld verwiesen, das existiert, ich weiss nur nicht, wo es gerade ist, weil der Bankschuldner, den ich nicht kenne, das Geld ja seinerseits wieder ausgeliehen haben kann. Mein Anspruch bezieht sich also auf existierendes Geld, das ich durch die hier eingeführte Differenz als Darlehen an die Bank bezeichne, während in den Banken anders darüber gesprochen wird.

➢ Eigenkapital

Ich will noch etwas zur Sprache sagen, die in Währungszusammenhängen verwendet wird, weil ich durch die Wahl der Sprache immer auch sachliche Verständnisse erzeuge.

Das, was ich als Bankkontogeld bezeichne, ist das Geld, das die Bank zur Verfügung hat, weil es zunächst von Gläubigern, deren Portemonnaies überlaufen oder von der Zentralbank, als Geld in das Konto der Bank gelegt wird. In meiner bisherigen Modellierung hat die Bank ausschliesslich solches Geld, sie hat also weder Eigenkapital noch andere Verpflichtungen oder Vermögen. Wo die Währung von Banken eine sogenannte Eigenkapitalquote verlangt, wird die Bank als juristische Person, die Geld besitzen kann, aufgefasst.[88] Das, was ich

---

für das Wahrhalten. Wenn beide fehlen, spreche auch ich von Meinen, wenn nur der objektive Grund fehlt von Glauben und wenn beide gegeben sind von Wissen" (Kritik der reinen Vernunft. Stuttgart, 1966, Reclam 6416, S. 830). Die Nation ist der objektivste Grund einer Bank zu glauben - nicht erst seit der Finanzkrise von 2008, wo die Nationen ihren Währungs-Verfassungen mit Milliarden nachgekommen sind.

[88] Den Währungsjuristen hilft die Erfindung der fiktiven Person, wie den Mathematikern die Erfindung der Zahl "0". In der Schweiz gibt es auch juristische Personen, die nicht vermögensfähig sind, also gar kein Eigenkapital haben. Der sogenannte Zweckverband zwischen Kommunen ist ein verbreitetes Beispiel dafür, wie man sich die Bank auf dieser Ebene der Mo-

hier als Bank bezeichne, ist aber ein Geldbehälter, der nichts besitzen kann, sondern Eigentum von Gläubigern enthält. Der Ausdruck Eigenkapital verschleiert, dass alles Geld der Bank jemandem gehört, der es der Bank geliehen hat. Eigenkapital ist ein Finanzausdruck. Das „Eigenkapital" finanziert die Schulden, die die Bank bei ihren Eigentümern hat. Die Unterscheidung zwischen Kunden und Eigentümern der Bank spielt aber natürlich nur eine Rolle, wenn die Bank wirtschaftet, also Geschäfte betreibt, bei welchen die einen verdienen und die andern bezahlen. In den bisherigen Überlegungen geht es aber nicht um die Bank als Geschäft, sondern um Geld, dessen Fluss durch Banken vermittelt ist.[89] Die Bank hat also in diesem Modell kein Eigenkapital und kein Geld, sie ist ein Aufbewahrungsort für Geld, also ein etwas ausdifferenzierteres Portemonnaie.

5.2 Barbezahlung

Wenn ich - um beim Beispiel der Hotelbar zu bleiben - ein paar Pils trinke und der Kellner für jedes Bier, das er mir bringt, einen Strich auf meinen Bierdeckel macht, bedeutet das, dass ich nicht sofort bezahle. Der Bierdeckel wird dadurch nicht zu einem Schuldschein, da ich ihn ja nicht unterschreibe, und schon gar nicht zu Geld, das später gegen andere Ware getauscht werden könnte. Unabhängig von diesem Protokoll gibt es zwischen dem Kellner und mir eine jeweils aktuell nicht ausgesprochene Vereinbarung, wonach wir Ware gegen Geld in einem festgelegten Verhältnis tauschen. Impliziert wird, dass ich meinen Teil beitrage, bevor ich die Bar ver-

---

dellierung vorstellen kann.

[89] In der Schweiz gibt es verschiedene Formen von Genossenschaften, die keinen Gewinn erwirtschaften, so dass die Unterscheidung zwischen Kunden und Besitzern, die dann Genossenschafter heissen, keinen Sinn macht. Aber auch dort ist von Eigenkapital die Rede, weil in der Gesetzgebung auch die Genossenschaft als juristische Person begriffen wird, was auch ein Licht auf die Interpretation von Genossenschaften wirft.

lasse.

Ganz unabhängig von Geld kann jedes Tauschen zeitversetzt stattfinden, wobei die zeitliche Versetzung sogar in Form von Schulden Thema werden kann. Ich gebe Dir etwas, und Du gibst mir in zwei Tagen oder in zwei Jahren einen entsprechenden Tauschwert zurück. Beispielsweise kann jemand Saatgut gegen Erntegut eintauschen, welches erst durch das Saatgut produziert werden soll. Oder - was ich selbst erlebt habe - viele unserer Nachbarn haben früher im Konsumladen ein Büchlein führen lassen, in welchem alle Einkäufe aufgeschrieben wurden. Sie haben dann jeweils alle vierzehn Tage, wenn sie in der Fabrik ihren Lohn bekommen haben, den Ausstand im Konsum beglichen. Natürlich kann man darin einen Kredit oder sogar eine Schuld sehen, aber nur indem man die Zeit in den Tausch einführt. Wenn ich eine Ware bar bezahle, kriege ich die Ware in fast allen Fällen, bevor ich das Geld dafür gebe.[90] Wenn man wollte, könnte man also auch angesichts jeder Barbezahlung von einem kurzfristigen Kredit sprechen. Und wenn man umgekehrt das Zeitfenster etwas grösser wählt, kann man auch ein paar Tage später immer noch bar bezahlen.[91]

Durch die Systemtheorie (im Sinne der der Forresterschen System Dynamics) beobachte ich Veränderungen als Zustände zu verschiedenen Zeitpunkten. Die Beobachtungsintervalle kann ich beliebig wählen. Durch die Wahl des Intervalls bestimme ich den Takt des Prozesses. Innerhalb eines Taktes

---

[90] Im Kleinen: Wenn ich am Kiosk Marlboro kaufe, gibt mir die Verkäuferin die Zigatetten und kriegt dann mein Geld. Wenn ich dagegen auf dem Jahrmarkt eine Fahrt im Karussell machen will, lege ich zuerst das Geld auf die Thecke und kriegen dann meinen Chip.

[91] Man könnte das Protokollieren als Kriterium für unbar verwenden, dann würde ich beim Kellner, der seinem Gedächtnis nicht traut, nicht bar sondern gemäss Bierdeckel bezahlen, während ich bei seinem Kollegen, der keine Notizen macht, mit gleicher Zeitversetzung noch bar zahlen würde.

werden keine Veränderungen wahrgenommen. Eine thermostatengeregelte Heizung etwa kann ihre Regelungsmassnahme beispielsweise jede Minute oder jede Stunde auslösen.
Ein kurzer Takt bewirkt mehr Aktionen. Wenn die Temperatur
nach einer Stunde wieder gleich ist, aber zwischendurch ein
paar Grade gefallen ist, wird die eine Heizung nicht reagieren,
während die andere mehrere Massnahmen auslösen wird.
Wenn ich Tauschgeschäfte beobachte, kann ich das Zeitintervall so ansetzen, dass ich eine relative Barbezahlung als Operation innerhalb eines Taktes sehe, oder so, dass der Tausch
in zwei Handlungen zu zwei verschiedenen Zeitpunkten zerfällt. Von einem Kredit oder von einer Schuld spreche ich nur,
wenn ich den Tausch auseinander nehme. Der Inhaber des
erwähnten Konsumladens sprach beispielsweise nur von
Schulden, wenn die Zahlung mehr als eine Lohnperiode aus-
geblieben ist. Wurde das Geld dagegen am Ende der aktuellen Lohnperiode gebracht, betrachtete er das als Barbezahlung, obwohl er Buch führen musste. Im Restaurant bezahle
ich manchmal nach zwei oder drei Stunden. Ich nehme dabei
an, dass auch der Kellner das nicht als Kreditgeschäft, sondern als Barbezahlung betrachtet, selbst wenn er Striche auf
meinem Bierdeckel macht.

5.3 Darlehen

Von einem Darlehen spreche ich, wenn hinreichend viel Geld-
(wert) hinreichend lange ausgeliehen wird.[92] Als Darlehen be-

---

[92] Bei vielen Darlehen wie etwa Hypotheken geht es gar nicht darum, dass
sie je beglichen werden. Darlehen werden in unserer Gesellschaft normalerweise als Geschäft abgewickelt. Der Geldgeber verlangt Zins und sagt
dann, der Tausch bestehe darin, dass er eine zeitlang auf sein Geld ver-
zichte und dafür Zins als Gegenwert bekomme. Diese Argumentation gehört aber zum Zins, nicht zum Darlehen. Islamische Banken etwa nehmen
keinen Zins. Sie lassen sich aber ihre Arbeit für die Geldbeschaffung bezahlen, das heisst, sie bieten eine Dienstleistung an, die in der Geldbeschaffung besteht und nehmen dafür Geld, während das Darlehen als solches, also das „Verzichten" gratis ist.

zeichne ich mithin eine sekundäre Verwendung von Geld, in welcher Geld nicht zum Kaufen, sondern zum Ausleihen benutzt wird. Als sekundär bezeichne ich diese Verwendung von Geld, weil der Bezüger der Leihe das Geld normalerweise wieder im primären Sinn, also zum Kaufen verwendet.

Wenn ich ein Darlehen zurückzahle oder zurückbezahlt bekomme, haben beide Parteien ihren Beitrag geleistet. Ich spreche dabei nicht von einem Tausch, weil beide Parteien anstelle von verschiedenen Waren Geld einbringen. Im anschaulich entwickelten Fall gibt mir die Bank Geld und ich gebe der Bank später Geld zurück. Dieses Geschäft macht nur zeitversetzt Sinn. Wenn ich beispielsweise Saatgut gegen Erntegut tausche, kann das mit und ohne Zeitversetzung sinnvoll sein, weil verschiedene Waren im Spiel sind. Ich kann aber nicht ohne Zeitversetzung Saatgut gegen das gleiche Saatgut tauschen, so wie ich ein Hundert-Franken-Note nicht gegen eine Hundert-Franken-Note tauschen kann. Das Darlehen sehe ich als Differenz zum Tausch, die durch Warengleichheit in Form von Geld bestimmt ist.

Als Ursprung des Darlehens erkenne ich ein zeitversetztes Tauschen, bei welchem die Idee des Tauschens bewusst ausgesetzt wird. Die eine Tauschpartei kann zur Tauschzeit keinen Gegenwert einbringen und leiht sich deshalb den Gegenwert als Darlehen aus, wodurch der eigentliche Tausch wieder möglich wird. Wenn ich ein Darlehen aufnehme und mit dem Geld eine Ware kaufe, habe ich sozusagen zwei Handelspartner, wobei ich mit dem einen wirklich tausche und dem andern später das Darlehen zurückbezahlen muss.

Im einfachsten oder unentwickelten Fall des Darlehens, also wenn ich nicht bar bezahle, sind die beiden Handelspartner, also der Warenlieferant und der Darlehnspartner, dieselbe Person. Das Darlehen ist implizit, weil mir der Tauschpartner bei einem zeitversetzten Tausch natürlich kein Geld leiht, mit welchem ich seine Ware bezahle. Erst wenn das Geld von einer dritten Seite ins Spiel gebracht wird, bekomme ich es in einem Tauschgeschäft mit zwei Partnern zu tun. Als Darlehen bezeichne ich in diesem Sinn eine Aufteilung des Tauschens. Dabei entsteht eine eigenständige Verwendung des Geldes, indem es einerseits als Tauschmittel zum Kaufen benutzt und andrerseits auch ausgeliehen wird.

Ausleihen unterscheide ich von Schenken und von Tauschen. Schenken ist quasi ein Ausleihen, bei welchem ich nichts zurückbekomme. Tauschen ist quasi ein Ausleihen, bei welchem der geliehene Betrag sofort in anderer Form zurückkommt. Tauschen macht nur mit verschiedenen Waren Sinn. Beide Tauschende haben etwas, was sie nicht brauchen und brauchen etwas, was sie nicht haben. Wenn ich in der Bar ein Bier trinke, bezahle ich in diesem Sinne sofort, obwohl ich nicht sofort bezahle, was eben den Unterschied zwischen Tauschen und Ausleihen reflektiert.

Ein Darlehen kann ich jederzeit dazu verwenden, Darlehen zu gewähren. Ich betrachte hier aber das Darlehen noch im Kontext des zweitversetzten Tauschens. Eine sehr spezifische Form des Darlehens bezeichne ich als Kredit.

5.4 Kredit

Wenn ich die Waren, die ich kaufe, nicht bar bezahle, geschieht das normalerweise unter der Voraussetzung eines zeitversetzten Bezahlens. Der Verkäufer ist mein Kreditor, der - dem Wortsinn „Gläubiger" gemäss - glaubt, dass ich später bezahlen werde. In diesem Sinn ist der Kredit eine Nichtbar-Bezahlung, was ich invers als Darlehen meines Kreditors auffassen kann.

Eine spezielle Variante des Kredits in der entwickelten Geldgesellschaft involviert eine Bank. Sie bezahlt dem Verkäufer an meiner Stelle, wodurch sie mein Kreditor wird. Ich kann in diesem Sinne Waren auf Kredit kaufen oder in einer inversen

Redeweise Kredit im Sinne eines Darlehens aufnehmen, um Waren zu kaufen, die ich ohne Kredit nicht bar bezahlen kann.

In meiner Buchhaltungssprache unterscheide ich die beiden Fälle, indem ich im ersten Fall von einem Kreditor spreche und die Warenlieferung in Form einer offenen Rechnung in die Buchhaltung eintrage, womit ich auf einen zeitversetzten Tausch verweise. Die Bank dagegen, von welcher ich einen „Kredit" erhalte, bezeichne ich in der Buchhaltung nicht als Kreditor und umgekehrt sieht mich die Bank auch nicht als Kreditor, wenn ich mein Geld auf ein Sparkonto lege, weil wir dabei nicht ans Tauschen denken.

Wenn ich ein Auto kaufen will, könnte die Bank mir ein Darlehen in Form von Geld geben. Ich würde dann das Auto dem Händler bar bezahlen und wo möglich einen Barbezahlungsrabatt bekommen. Als Bankkreditgeschäft verläuft die Sache anderst. Der Autohändler bekommt sein Geld - natürlich abzüglich eines Rabattes, von welchem ich nichts habe - von der Bank. Vordergründig spielen Geschäftsinteressen eine Rolle und die Bank sichert sich so auch ab, dass ich das Geld wirklich für ein Auto und nicht für etwas anderes verwende. Aber hier geht es nicht um solche Motive, sondern darum in welcher Sprache Kredite zu Geld werden.

Eigentlich bezeichne ich mit Kredit ein „Noch-bezahlen-müssen", also gerade kein Geld und auch kein Darlehen, sondern eine offene Rechnung im Kontext des Warentausches. Wenn aber die Bank im zeitversetzten Warentausch interveniert, bekommt mein eigentlicher Kreditor sein Geld und ich bekomme einen neuen Kreditor, den ich aber - konventionellerweise - nicht als Kreditor bezeichne, weil ich mit der Bank ja keinen Warentausch vollziehe. Die Bank aber bezeichnet solche Darlehen, die sie ja nicht mir, sondern meinem Kreditor gibt, als Kredite, was den Sinn des Ausdruckes „Kredit" total invertiert.

In meiner Buchhaltungssprache erscheint jeder Kredit in Form eines Geldbetrages, da ich ja auch mit Geld bezahlen muss.

Ich fingiere also jeden Kredit als Kredit in Form von Geld. Wenn ich einen Kredit in Form von Saatgut aufnehme, den ich zeitversetzt mit Geld ausgleichen will, bezeichne ich das Saatgut buchhalterisch bereits bei der Übergabe in Form von Geld, indem ich einen Geldbetrag in die Buchhaltung schreibe. Ich mache damit quasi unerheblich, ob ich Saatgut oder Geld bekommen habe, generalisiere also jeden zeitversetzen Tausch in einen (zurück) zu zahlenden Kredit.

Auf dieser Stufe der Modellierung spreche ich ausschliesslich von Geld, das so materiell vorliegt wie jedes denkbare Saatgut. Es geht hier nicht um Buchhaltung, sondern um Geldflüsse, die ich in der Buchhaltung dokumentiere. Nur im restringierten Code der Buchhaltung fasse ich jeden Warenfluss als Geldfluss auf. Allerdings weiss ich natürlich jenseits meiner Buchhaltung, ob ich Saatgut von einem Händler oder Geld von einer Bank bekommen habe. Das sind zwei Dinge, die ich kaum verwechseln kann - auch wenn ich sie in der Buchhaltung gleich bezeichne.

Die Buchhaltung beruht auf einer ganz eigenen Sprache, in welcher fast alle Verhältnisse pervers invertiert werden.[93]

5.5 Finanzen

Quasietymologisch beziehe ich den Ausdruck „Finanzen" auf das lateinische „finare", was auch „beenden einer Geldschuld" heissen kann. Im moderneren Sinn, den die Merkantilisten eingeführt haben, bezeichnet „Finanzen" aber nicht ein Beenden einer Schuld im Sinne einer Rückzahlung oder eines Erfüllens eines Tausches. Als Finanzen bezeichne ich ein Ausgleichen in der Vermögensdarstellung einer sogenannten Fi-

---

[93] Die Geschichte der Finanzbuchhaltung ist sagenumwoben, weil sie mit den Spekulationen der venezianischen Geldaristokratie zusammenfällt, deren Praxis die Grundlage der merkantilistischen Staatstheorien bilden.

nanz-Buchhaltung. Der Ausdruck bezieht sich auf die Darstellung und mithin nur vermittelt auf die dargestellte Sache.

Wenn ich einen Kredit in Form von Saatgut oder einen Bankkredit, mit welchem ich Saatgut kaufe, offen habe, dann besitze ich in der Buchhaltungsperspektive, in welcher jede Ware „Geld" ist, kein Saatgut, sondern den Gegenwert des Saatgutes als Geldwert. In meiner Buchhaltung habe ich dann eine Schuld bei meinem Kreditor und den Geldwert des Saatgutes, wodurch meine Schuld ausgeglichen oder beendet oder eben finanziert ist. Wenn ich mit dem Bankkredit Waren kaufe, habe ich das Geld gemäss meiner Buchhaltung noch nicht ausgegeben, ich habe das Geld in Finanzen verwandelt. Ich trage auf meinem Kontoblatt beispielsweise ein, dass ich der Bank Geld schulde und dann beende oder finanziere ich diese Geldschuld, indem ich auf dem Kontoblatt das Haus, das Auto oder das Saatgut eintrage, das ich mit dem Kredit „gekauft" habe. Ich habe dann Schulden bei der Bank, aber ich habe dann auch keine Schulden, weil ich meine Finanzen beobachte, die im Gleichgewicht sind.

Differenztheoretisch steht Finanzen für die Differenz zwischen Kredit und Guthaben, wobei das Guthaben in Form von Geldwert einer von mir gekauften Ware bezeichnet ist, das zur Deckung des Kredites nötig ist. Genau in diesem Sinne spreche ich von einer Finanz-Buchhaltung, die alle Kredite ausweist und entsprechenden Aktiven gegenüberstellt. Das Kontoblatt der merkantilistischen Finanzbuchhaltung, das nicht nur Geld, sondern alle Finanzen auflistet, stellt alle Finanzwaren als Geld dar und macht sie so zu einer Art negativen Kredite, die die Kredite ausgleichen.[94]

---

[94] Der gesunde Menschenverstand - der beispielsweise von den Steuerbehörden bei Selbständigerwerbenden immer noch akzeptiert wird - führt eine einfache Buchhaltung, in welcher Ausgaben im Kassenbuch als Ausgaben stehen und Bankkredite als Schulden erscheinen, während das Vermögen in einem Inventar festgehalten wird.

Eine praktische Seite der „Finanzierung" besteht darin, dass ich von der Bank zwar jederzeit Geld bekommen kann, dass ich aber grosse Geldsummen nur bekomme, wenn ich sie auch finanzieren kann.[95] Wenn ich mein Haus auf dem Kontoblatt eintrage, um eine Hypothek auszugleichen, trage ich natürlich eine Menge Geld ein, die ich als Geld nicht habe, gerade weil ich ja das Haus habe. Ich könnte den Kredit der Bank nicht zurückzahlen, obwohl ich den Wert des Kredites besitze. Ich habe dann auf meinem Bankkonto beispielsweise ein Million Franken negativ und auf einem Immobilienkonto eine Million Franken positiv, in der Bilanz also null Franken. Finanzen sind in diesem Sinne auch Geld, das ich nicht habe - und das auch niemand anderer hat. Das Sichtgeld macht genau vor dem Hintergrund Sinn, dass die Bank die Darlehen, die sie von den Geldanlegern hat, nicht zurückzahlen kann, auch wenn sie den Wert der Darlehen besitzen würde, was sie in den meisten Fällen ja nicht tut.

5.6 Schulden

Differenztheoretisch kann ich jeden Kredit nach aussen als Schuld sehen, während er nach innen finanziert ist. Die Bank meint dann beispielsweise ich hätte Schulden bei ihr, weil sie mir einen Bankkredit gegeben hat, während ich keine Schulden habe, weil mein Buchsaldo ausgeglichen ist. Erst wenn ich die Ware, die einen Kredit finanziert, verbrauche, wird der Kredit zu einer eigentlichen Schuld. In der Buchhaltung erscheint das Verbrauchen der Ware als Abschreibung, also als Ausgeben von Geld. Wenn mein Auto seinen Finanzwert im Laufe der Zeit verliert, gebe ich ja kein Geld aus, weil ich nichts kaufe, aber in der Buchhaltung schreibe ich, dass ich Geld ausgebe.

---

[95] Die sogenannte Hypothekarkrise wirft ein spezifisches Licht auf die Finanzierbarkeit.

Die Abschreibung sehe ich als eigentliche Erfindung der Finanzbuchhaltung. Sie macht Finanzen überhaupt möglich, indem sie das Ausgeben des Geldes vom Ausgeben des im Bankkredit geliehenen Geldes entkoppelt. Ich gebe den Kredit aus, wenn ich ein Auto kaufe, aber in der Buchhaltung gebe ich das Geld aus, wenn ich Abschreibungen mache. Solange der Kredit finanziert ist, ist er eine aufgehobene Verschuldung.

Schulden werden wohl schon länger gemacht als es Geld, Sichtgeld und Buchhaltungen gibt.[96] Man kann sich fragen, unter welchen Bedingungen Schulden gemacht und akzeptiert werden. Die Frage hat zwei Seiten. Zum einen kann man – jenseits der Systemtheorie - nach den Motiven fragen. Wieso soll ich jemandem als Gläubiger begegnen oder wieso soll ich bei jemandem Schulden machen? Für beides gibt es beliebig viele Motive, die zwei vordergründigsten Motive als Gläubiger aufzutreten sind wohl einerseits die Erzeugung von Abhängigkeiten, was ich als Mafiaprinzip bezeichne, und andrerseits Zins, worin ich die Reformation als Deformation der gemeinschaftlichen Sitte erkenne. Solche Motive bleiben hier unbeachtet.[97]

---

[96] Wenn man Schulden finanzbuchhalterisch begreift, ist jede Schuld eine Geldschuld. Wenn in Gesellschaften, die weder Geld noch Buchhaltungen kannten, ein Darlehen aufgenommen wurde, hatte man auch eine Vorstellung davon, wie das Darlehen abgegolten werden soll. Rückblickend kann man natürlich abstrakt von „Geld" als „Gelt"-ung sprechen. Alte Texte, die von Schulden handeln, werden oft entsprechend übersetzt, das heisst es wird Geld suggeriert, obwohl Geld noch gar nicht entwickelt war.

S. Gsell macht dazu interessante Überlegungen: Wenn ich beispielsweise viel Saatgut habe, kann ich es einlagern oder ausleihen. Wenn ich es einlagere, entstehen mir Kosten für den Speicher und Verluste durch Fäulnis oder Mäuse. Wenn ich es ausleihe, bekomme ich später wieder gleichviel Saatgut zurück, habe als viel gespart. S. Gsell verwendet diese Argumentation gegen Zins, mir geht es aber nur darum, dass ich eine Ware wie Saatgut in Kilogrammen statt in Geld ausdrücken kann - wenn ich das Ausleihen entsprechend beobachte.

[97] Zins erscheint in dieser Unterscheidung als sofort realisierte und damit aufgehoben Abhängigkeit, während die Mafia quasi offen lässt, wann sie

Ich kann Schulden jenseits von Motivfragen als Tat-Sachen begreifen und rationalisieren wie die Tatsache, dass es Geld gibt. Schulden sind - wie Geld - praktisch, sie ermöglichen den Tausch mit Partnern, die aktuell weder Waren noch Geld haben. Geld ermöglicht den Tausch, ohne dass jeder die Ware mitbringt, die der je andere gerade braucht. Und Schulden ermöglichen den Tausch, ohne dass der eine seine Ware überhaupt zur Verfügung hat. In beiden Fällen wird der Tausch auseinander genommen, um ihn praktikabel zu machen. Wenn einer der Tauschenden seine Ware noch nicht vor Ort hat, müsste der andere Tauschende vor Ort warten oder seine Ware wieder mitnehmen. Ein Schuldschein ist in dieser Situation viel praktischer - wenn man den anderen kennt und ihm vertraut oder wenn man sich auf eine Durchsetzungsmacht verlassen kann, die im Falle von entwickeltem Geld Nation genannt wird.

5.7 Schuldschein

Der Schuldschein könnte auch Darlehens- oder Kreditschein heissen, zumal er ja nicht beschreibt, inwiefern überhaupt eine Schuld im Sinne eines nicht gedeckten Betrages vorliegt. Schuld bezeichnet quasi den schlimmsten Fall eines Darlehens, der damit rechnet, dass der Tausch nicht ausgeglichen werden kann. Die Verpflichtung, die im Ausdruck Schuld gemeint ist, ist also naturgemäss sehr offen, zumal die eigentliche Schuld der christlichen Menschen ja gar nicht abgegolten werden kann, und die kriminelle Schuld durch Einsitzen in einem Gefängnis ja auch nicht wirklich bezahlt wird.

Der Schuldschein hält fest, dass die eine Partei ihre Seite eines Kredites noch nicht erfüllt hat, zumal der Schuldschein als Beleg ja gerade dafür steht, dass akzeptiert wird, dass nicht sofort beglichen wird. Der Schuldschein weist gewissermas-

---

eine Leistung einfordert. Zins - und dessen Mafiacharakter - werde ich später ausführlich behandeln.

sen über die aktuelle Tauschsituation hinaus, er sieht vor, dass später oder allenfalls nicht bezahlt wird. Ich will hier die Konsequenzen des Schuldscheins nicht verfolgen. Es geht mir hier nur darum, dass der Tauschhandel nicht nur durch Geld praktischer gemacht wird, sondern eben auch durch die dokumentierte Schuld, die durch ihre Geldform als Kredit interpretiert werden kann. Der Schuldschein belegt, dass der Tausch nicht abgeschlossen, also noch in Gange ist. In gewisser Hinsicht wird damit das Barbezahlungsfenster thematisiert.

Ich kann auf einem Schuldschein die geschuldete Ware oder den Wert der Ware festhalten. Ich kann auf den Schuldschein schreiben, dass ich einen Tisch oder dass ich zehn Scheffel Weizen bekommen habe. Wenn es Geld gibt, kann ich aber den Schuldschein auch in Geldform formulieren und eine Anzahl Franken einsetzen, mit welcher ich Tisch oder Weizen zu einem gegeben Zeitpunkt bewerte. In diesem Sinne bezeichnet jeder Schuldschein ein differentielles Darlehen.

Der Schuldschein hat in seiner primitiven, rechtlich noch nicht ausdifferenzierten Form die Bedeutung einer abgestimmten Erinnerung.[98] Er entspricht einem Kontoblatt. Beide Seiten erinnern sich anhand des Schuldscheines, welche Tauschhandlungen noch nicht erfüllt oder abgeschlossen sind. Es geht zunächst nicht um eine Verschuldung, sondern um eine zeitliche Versetzung im Tauschen, die dokumentiert wird. Der Schuldschein, der auf eine eigentliche Schuld verweist, wird erst durch das Darlehen realisiert, das als Kredit nicht oder eben nur durch einen Schuldschein finanziert ist.[99]

---

[98] Im Recht gilt der Schuldschein als Urkunde, durch die der Schuldner zur Rückzahlung vor Gericht zitiert werden kann. Beispielsweise im § 781 Schuldanerkenntnis des Bürgerlichen Gesetzbuches.

[99] Die sogenannte Hypothekarfinanzkrise von 2008 beruht weitgehend darauf, dass nicht nur Schuldscheine, sondern sogar statistische Verweise auf Schuldscheine als Finanzen verwendet wurden.

Der eigentliche Schuldschein steht als Versprechen für eine zukünftige Finanzierung anstelle einer Finanzierung. Wenn ein finanzierter Kredit nicht erfüllt wird, lässt er sich eintreiben, in dem der Gläubiger die Finanzierung übernimmt. Die Bank kann etwa anstelle der Hypothek die Liegenschaft übernehmen. Sie hat damit entsprechende Umtriebe, aber sie hat ihr Geld im Prinzip zurück, auch wenn ein Haus kein Geld ist. Ein eigentlicher Schuldschein hat dagegen keine Entsprechung in Form von Waren oder Geld, er verweist auf einen zukünftigen Zeitpunkt, in welchem die Entsprechung in Geldform existieren soll.[100]

Ich spiele die begrifflichen Varianten nochmals an einem einfachen Beispiel durch: Wenn der Kellner mir ein Bier bringt, nimmt er wohl aufgrund seiner Erfahrungen mit Gästen im Allgemeinen an, dass ich genug Geld im Portemonnaie habe, um das Bier zu bezahlen. Er gibt mir also implizit ein Darlehen, das ich als Kredit auffassen kann, wenn ich tatsächlich genug Geld habe, um den impliziten Kredit zu finanzieren, auch nachdem ich das Bier getrunken habe. Natürlich weiss der Kellner im Einzelfall nicht, ob ich mein Portemonnaie zu Hause vergessen habe oder ob ich überhaupt Geld habe. Wenn ich gar kein Geld habe, habe ich durch das Trinken des Bieres Schulden gemacht, die ich nur durch künftiges Einkommen tilgen kann. Ich kann das dem Kellner versprechen, aber ich weiss dann noch nicht, ob ich das nötige Einkommen überhaupt je realisieren kann. Und der Kellner weiss es auch nicht. Der Schuldschein repräsentiert kein Geld, sondern verweist auf die prinzipielle Möglichkeit einer Finanzierung durch zukünftige Arbeit. Wenn ich im Falle einer Schuld später tatsächlich zu Geld komme, kann ich den Kredit finanzieren oder bezahlen, worauf der Kreditor ein Recht hat.

---

[100] Hypotheken und Pfandbriefe gelten deshalb - auch mir - nicht als Schuldscheine.

Schulden sind kein Geld, aber sie ermöglichen das Tauschen genau so gut wie Geld.

6 Die Aufhebung des Geldes

In der bisherigen Modellierung vermittelt Geld das zeitversetz-te Tauschen, indem es zunächst beim Barzahlen als unmittel-bares Warenäquivalent auftritt, um schliesslich als Darlehen Kredit zu finanzieren, wo der Warentausch nicht nur zeitlich versetzt, sondern durch Banken vermittelt wird. Wenn ich ein Auto mit einem Kleinkredit kaufe, bezahle ich nicht nur nicht sofort und nicht dem Autohändler, von welchem ich das Auto bekomme, sondern ich verspreche der Bank mit künftigem Einkommen meine Schulden auszugleichen, die dadurch ent-stehen, dass das Auto seinen Wert verliert.

In der bisherigen Modellierung beschreibe ich Verhältnisse, in welchen Geld verwendet wird. Das Geld wird als Artefakt her-gestellt und fliesst durch die Gesellschaft von einem Porte-monnaie zum andern. Die sich dabei entwickelnden gesell-schaftlichen Verhältnisse heben die Notwendigkeit des Geldes auf.

➢ Dialektik

Als Dialektik bezeichne ich eine spezifische Aufhebung von Widersprüchen. Der Ausdruck „Aufhebung" bezeichnet dabei quasi selbstreferentiell widersprüchli-che Bedeutungen, die ich dialektisch als Einheit auffasse. Aufheben steht in diesem Sin-ne gleichzeitig für aufbewahren und auflösen.[101] Wenn ich bei-

---

[101] Die dialektische Aufhebung ist ein zentraler Begriff der „objektiven Lo-gik" (1831) von G. Hegel. Er erkannte Aufhebung als eine Ausdrucksform, um gegensätzliche Bedeutungen in einem Wort zu vereinen. Er nannte drei Momente der Aufhebung: die Überwindung einer Entwicklungsstufe (Negation), das Erhalten ihrer zukunftsträchtigen Seiten (Aufbewahrung) und die Integration dieser Seiten in die höhere Stufe der Entwicklung, wo-durch sie eine neue Funktion erlangen (Erhöhung).

spielsweise für eine Tätigkeit, die ich zuvor von Hand ausgeführt habe, eine Maschine verwende, muss ich die Tätigkeit nicht mehr ausführen, aber ich muss sie trotzdem noch - eben mit der Maschine - ausführen. Und wenn die Maschine ein Roboter ist, der die Tätigkeit ganz ohne mich ausführen kann, muss ich sie insofern immer noch ausführen, als ich den Roboter dafür einsetzen muss. Die Maschine dient dem Aufheben von Tätigkeiten, die dadurch nicht verschwinden.

Geld sehe ich in diesem dialektischen Sinne als eine Problemlösung, die nach ihrer Aufhebung, die sie von Anfang an in sich trägt, verlangt.[102] Das Kurantgeld etwa löst das Problem, dass man das Gold beim Tausch nicht wägen muss, weil bei Kurantmünzen drauf steht, was drin ist. Aber sogleich entsteht ein Widerspruch zwischen dem, was drauf steht und dem, was drin ist. Diesen Widerspruch stelle ich mir dialektisch als ein sich gegenseitiges Widersprechen von Verkäufer und Käufer auf dem Marktplatz vor, wo der eine sagt, mit dieser Münze kannst nicht bezahlen, weil sie weniger wert hat, als drauf steht, während ein anderer sagt, für diese Münze muss ich mehr bekommen als drauf steht. Es geht hier also nicht um einen formallogischen Widerspruch, sondern um ein praktisches sich Widersprechen in Form von zwei verschiedenen Beobachtungen. Dieser Widerspruch wird aufgehoben durch das Scheidegeld, bei welchem beide Seiten denselben Betrag lesen, ohne dass das Geld selbst den Betrag repräsentieren müsste.[103] Beim Scheidegeld wird der Wert des Geldes

---

[102] Wenn ich Geld als Problemlösung beobachte, kann ich mich fragen, welche Probleme damit gelöst werden. In der Systemtheorie verwende ich diese Frage, um andere Lösungen desselben Problems zu finden. Hier geht es mir spezifisch darum, Alternativen zum Geld zu erkennen, die ich differentiell verwenden kann.

[103] H. von Foerster hat dazu eine Geschichte erzählt, in welcher sich ein Erdbewohner und ein Marsbewohner darüber streiten, welches der Gestirne im Zentrum steht. Die gütige Lösung besteht darin, dass beide auf die Position im Zentrum verzichten und einwilligen, gemeinsam um die Sonne zu kreisen. Man kann darin eine Art Nash Equilibrium sehen, bei welchem

dialektisch aufgehoben. Die widersprüchliche Formulierung wäre, dass das Geld selbst keinen Wert habe, dass es aber Wert habe. Das könnte etwa der Fall sein, wenn ich eine Note ausserhalb des Währungsraumes verwenden wollte, und hören müsste, dass das Geld wertlos sei. Der Wert ist – innerhalb des Währungsraumes - vertraglich zugesichert, aber immer noch an die Münze oder an die Note gebunden, obwohl der Wert in der Prägung oder im Notendruck nur „geschrieben" wird. Wenn wir den Wert ohnehin nur schreiben, können wir per Vertrag oder Konstitution auch andere Wertträger vereinbaren und damit Münzen und Noten aufheben. Münzen und Noten sind immer noch Geld, aber wir brauchen Münzen und Noten nicht mehr.

Das elektronische Geld ist eine spezifische Aufhebung von Münzen und Noten, aber es ist immer noch Geld in einem ganz materiellen Sinn. Die hier angesprochene Aufhebung des Geldes folgt einer anderen Praxis, die ihren Ursprung im Schuldschein hat, also wohl älter ist als jedes Geld.

6.1 Das Kontokorrent

Wenn ich im Krämerladen meine Einkäufe anschreiben lasse, protokolliert der Verkäufer halbe Tauschhandlungen, also Übergaben von Tauschwert innerhalb von Tauschhandlungen.[104] Wenn ich dann später seine Heizung repariere, kann

---

beide auf ihren Vorteil verzichten und das im Falle von Geld - weil es um handfeste Vorteile geht - durch eine Währung absichern.

[104] Das macht auch der Kellner, der für jedes Bier, das er mir bringt, einen Strich auf meinen Bierdeckel macht. Je nachdem, wie ich den Beobachtungstakt wähle, kann ich jedes Bier als einzelne Tauschhandlung auffassen, oder am Schluss des Abends alle Biere zusammen als eine einzige in den Tausch gebrachte Ware sehen. Wenn ich die Biere einzeln sehe, kann ich sagen, dass sie mit einer Zahlung verrechnet werden.

er meine Rechnung in meinem Konsumbüchlein in Abzug bringen, also verschiedene Tauschwertübergaben verrechnen. Ich bezeichne die solcher Verrechnungen zugrunde liegende Vereinbarung als Kontokorrent. Vereinbart wird dabei zwischen den Tauschpartnern, ein Kontokorrentblatt zu führen, statt jedes Mal zu bezahlen. Der Saldo kann zwar von Zeit zu Zeit auch mit Geld ausgeglichen werden, wenn die Tauschhandlungen entsprechend einseitig anfallen, aber das Kontokorrent macht Geld in einem differenziellen Sinn unnötig. Unnötig heisst hier, dass durch das Kontokorrent die Notwendigkeit, Geld zu haben, aufgehoben ist. Wenn wir ein Kontokorrent eingehen, können wir Münzen und Noten immer noch verwenden - und wir tun es ja auch -, aber wir müssen nicht. Im Kontokorrent schreiben wir, welche Geldbeträge wir bezahlen oder bekommen *würden*, wenn wir nicht zeitversetzt tauschen würden. Ich kann jemandem Waren von einem bestimmten Geldwert geben, der mir später andere Waren von irgendeinem anderen Geldwert gibt. Wenn wir darüber Buch führen, sehen wir immer, mit wie viel Geld die Saldodifferenz ausgeglichen werden *könnte*, ohne dass wir je Geld in die Hände nehmen oder ins Portemonnaie legen. So kann ich im Kontokorrent eines Handelspartners hunderttausend Franken offen haben, ohne dass er oder ich dieses Geld je gesehen, geschweige denn gehabt haben.

Wenn wir Waren tauschen, tauschen wir sie in einem bestimmten Verhältnis. Dieses Verhältnis lässt sich genau in dem Sinne als Wertgleichheit ausdrücken, als wir den beiden Waren je gleich viel von einer dritten Ware, also etwa von Geld oder Gold zuordnen. In der Protokollform des Kontokorrents schreiben wir nicht unsere Waren ein, sondern den fiktiven Tausch gegen Geld. Ich tausche beispielsweise einen Tisch gegen eine Fahnenstange, indem ich den Tisch und der andere die Fahnenstange fiktiv gegen Geld tausche. Wenn wir beide für unsere Ware gleich viel Geld bekommen würden, tauschen wir, ohne dass wir im Kontokorrent eine Differenz erzeugen. Wenn aber der eine für seine Ware mehr Geld bekommen würde, erscheint die Differenz als Gelddifferenz im

Kontokorrent. Auf diese Weise verbuchen wir im Kontokorrent ausschliesslich Geldbeträge, obwohl wir beliebige andere Waren tauschen und auf Geld eben gerade verzichten.

Das Kontokorrent macht Geld unnötig, aber es setzt historisch gesehen Geld als Bezugsware voraus. Würde ich anstelle der Grössen von Geldmengen die konkreten Waren ins Buch einschreiben, könnte ich weder Saldo noch Bilanz erkennen. Zum einen wäre die Geschichte total unübersichtlich, wenn beliebige Waren in beliebigen Mengen eingetragen würden. Vor allem aber liesse sich im Nachhinein die Bilanz gar nicht mehr erstellen, weil die Warenwerte sich untereinander ja laufend verändern. Das Kontokorrent ist nur möglich, wenn es nur auf eine einzige Ware, respektive auf deren Wert im jeweiligen Zeitpunkt bezogen wird. Geld verändert seinen Wert relativ zu jeder Ware ebenso wie jede andere Ware ihren Wert variiert. Aber Geld verändert seinen Wert nicht relativ zu Geld, weil jede Ware zu jedem Zeitpunkt immer gegen gleichviel von derselben Ware getauscht werden würde - wenn es diese Art des Tauschens überhaupt geben würde.

Das Kontokorrent dokumentiert Werte zum Zeitpunkt, in welchem sie getauscht werden. Wenn ich für meinen Tisch am Tage des Tausches 500 Franken oder 3,7 Fahnenstangen, die dann auch gerade 500 Franken wert sind, bekomme, trage ich im Kontokorrent diese „500" ein. Schon am nächsten Tag könnte sich der Wert des Tisches im Vergleich zum Geld und davon unabhängig im Vergleich zu den Fahnenstangen erheblich verändern. Davon ist aber mein Kontokorrent am nächsten Tag und auch später nicht betroffen, weil die „500" nicht variieren und immer Franken meinen, egal was die Franken ihrerseits wann wert sind.[105]

Wenn ich mit meinen Tauschpartnern übereinkomme, dass

---

[105] Gerade dieser Umstand ermöglicht Termingeschäfte, auf die ich später eingehen werde.

wir Kontokorrente führen, brauchen wir kein Geld mehr, dafür aber ein Verfahren, welches das Problem löst, das durch den Verzicht auf Geld entsteht. Ich habe beim zeitversetzten Tauschen von Waren, das ich nicht mit Geld ausgleiche, keinen Gegenwert mehr in meinen Händen und weiss auch rasch nicht mehr, mit wem ich welche Rechnungen offen habe. Deshalb führen ich ein Protokoll, das ich im Falle eines Kontokorrents als Kontoblatt bezeichne, obwohl es gerade kein entsprechendes Konto gibt, weil ja kein Geld im Spiel ist. In der Kontokorrentpraxis verwende ich sozusagen „Geld", ohne materielles Geld zu haben oder zu brauchen.

6.2 Das Bankkontokorrent

Beim Geld spielt keine Rolle, von wem ich es habe. Ich kann es beliebig weitergeben. Den Saldo eines Kontokorrents kann ich dagegen nur mit dem jeweiligen Kontokorrentpartner verrechnen. Ich kann natürlich den Saldo aus dem Verhältnis zu einem Geschäftspartner durch Geld aufheben und dann dieses Geld zum Ausgleich eines Saldos mit einem andern Geschäftspartner verwenden. In gewisser Weise verrechne ich dabei auf meiner Seite verschiedene Salden, aber meine Geschäftspartner merken nichts davon, weil ich ihnen gegenüber mittels Geld vermittle. Das Problem, dass ich verschiedene Kontensaldi nicht oder eben nur vermittelt verrechnen kann, lösen die Banken.

Eine wesentliche Funktion der Bank, die bei der Erfindung von Banken wohl weder intendiert noch vorauszusehen war, sondern sich autopoietisch ausdifferenziert hat, besteht darin, dass ich praktisch nur einen Kontokorrentpartner habe, weil ich alle „Zahlungen und Einkünfte" über ein Bankkontokorrent abwickle, was auch heisst, dass ich kein Geld bezahle und kein Geld bekomme. Das in diesem Sinn entwickelte Bankkontokorrent vermittelt nicht nur zwischen zeitversetzten Tauschhandlungen, sondern auch zwischen beliebigen

Tauschpartnern, die überdies nicht einmal dieselbe Bank benutzen müssen, wenn die Banken ihrerseits organisiert sind.

Das Bankkontokorrent verändert den ursprünglichen Sinn der - hier modellierten - Bank, der im Vermitteln von Darlehen besteht.[106] Das Bankkontokorrent verändert auch den ursprünglichen Sinn des Kontokorrents, da im Bankkontokorrent keine Tauschhandlungen, sondern Ein- und Auszahlungen protokolliert werden.

Die meisten Banken bieten ihren Kunden das Kontokorrent in einer Mischform an. In einem gewöhnlichen Kontokorrent verwende ich im Prinzip kein Geld. Von meinem Bankkonto, das ich auch als Kontokorrent verwende, beziehe ich dagegen immer wieder mal Geld. Dabei muss die Bank quasi eine Verrechnung des Kontokorrentes mit einem Konto machen, was in meiner Modellierung als spezieller Fall erscheint, während es im Bankalltag die üblichste Sache ist. Ich werde im Abschnitt Giralgeld darauf zurückkommen.

Das Bankkontokorrent reproduziert die Differenz zwischen Tausch und Darlehen. Weil im Kontokorrent ohnehin Geldbeträge eintragen werden, kann es eben auch für die Darlehensseite der Differenz gebraucht werden. Das Bankkontokorrent abstrahiert die Tauschhandlung, indem mir die Bank verrechnet, was ich von einem beliebigen „Tauschpartner" bekommen würde. Wenn ich die Warenlieferung eines Kühlschrankherstellers via Bank begleiche, kann ich das auch so beobachten, dass ich den Kühlschrank bei meiner Bank kaufe, die ihn zuvor beim Kühlschrankhersteller gekauft hat. Da ich das mit allen Waren mache, habe ich nur einen Tauschpartner[107]. Das

---

[106] Im in der Werbung gezeigten Selbstverständnis der Banken dienen sie vor allem der Vermögensvermehrung ihrer Kunden, weil sie deren Geld gut anlegen, natürlich auch dann, wenn sie ihnen Geld leihen.

[107] Wenn ich bedenke, wie viele Waren ich beispielsweise - meist ohne eine Ahnung davon zu haben - vom Giganten Nestlé kaufe, dem ja vielleicht auch meine Bank gehört, habe ich vielleicht auch in Bezug auf die Waren

Dazwischenschalten einer Bank reduziert die Anzahl Kontokorrente erheblich, weil das Bankkontokorrent fast alle Kontokorrente ersetzt.[108] Der Kühlschrankhersteller seinerseits verkauft in dieser Perspektive alles, was er nicht direkt gegen Geld tauschen kann, ausschliesslich einer Bank, die dann die Ware weiterverkauft. So hat auch der Kühlschrankhersteller nur einen Tauschpartner, obwohl seine Kühlschränke natürlich bei ganz vielen Kunden stehen, während ich nur einen Tauschpartner habe, obwohl ich nicht nur Kühlschränke kaufe.[109]

Die einzelnen Banken haben sich - fraktal - in einer Verrechnungsbank für solche Zwischenverkäufe zusammengeschlossen, so dass ich mein Konto nicht auf derselben Bank haben muss wie der Kühlschrankverkäufer. Die Verrechnungsbank, die beispielsweise Interbank heisst, löst auch das Problem, dass viele Kunden Kontokorrente bei verschiedenen Banken führen.[110]

Natürlich sehen weder meine Bank noch der Kühlschrankhersteller die Sache so, wie ich sie hier darstelle. Es gehört auch zum Selbstkonzept der Bank, dass sie meine Einzahlung auf

---

bald nur noch einen Tauschpartner, aber das ist hier natürlich nicht gemeint.

[108] Im Recht wird sogar bestimmt, dass ein Kontokorrent nur durch einen Kaufmann geführt werden darf. „Kaufmann" bedeutet dabei vor allem eine minimale Verfahrenssicherheit, die allzu viele Differenzen zwischen den Buchhaltungen verhindert.

[109] In dieser Exklusivität als Tauschpartner sehe ich den Grund des Reichtums der Banken, oder genauer gesprochen, darin sehe ich die Grundlage der Exploitation von jedem Handel.

[110] Der sogenannte Interbankenhandel ist etwas komplizierter organisiert als Banken, weil es nicht nur um die Verrechnung von Kontokorrenten geht. Es ist aber typisch, dass in diesem Handel die Nationalbanken keine zentrale Rolle spielen, weil es gerade nicht um Geld geht.

mein Konto nicht als Bezahlung sieht. Sie sieht sich als Medium, das *mein* Geld dem Kühlschrankhersteller weitergibt. Mir geht es aber hier nicht um rechtlich-ideologische Verhältnisse, die bestimmen wer Käufer und wer Verkäufer ist, sondern um eine spezifische Explikation des Tauschens unter dem Gesichtspunkt eines Bankkontokorrents.

6.3 Währungseinheiten

In der volksdümmlichen Wirtschaftslehre wird dem Geld zuweilen eine Wertmessfunktion zugeschrieben, die sich eben in der Verwendung von „Geld" im Kontokorrent zeige. Wenn ich für eine Ware einen bestimmten Betrag bezahle, bemisst mein „Geld" den Wert dieser Ware so wie, diese Ware den Wert meines Geldes bemisst. Im Kontokorrentverhältnis dagegen, wo Geld gar nicht in die Handlung kommt, wird natürlich nicht anhand von Geld gemessen. Es wird ein Wert so ausgedrückt, dass er mit Geld verrechenbar ist.

Wirkliches Geld und die damit verbundene Praxis ermöglichen diese Darstellung jenseits von Geld. Ich könnte immer auch wirklich tauschen und wüsste dann, wie viel Geld ich wirklich bekommen würde. Aber beim wirklichen Tauschen geht es mir nicht darum, den Wert meiner Ware zu messen, sondern darum, deren Wert in anderer Form zu kommen. Dem naiven Denken erscheint Geld in dieser Praxis als abstrakte Idee - wie etwa Freiheit oder Gerechtigkeit. Materielles Geld - also Münzen und Noten - erscheinen dann umgekehrt als zufällige, also nicht notwendige Verkörperungen oder Materialisierungen einer Idee, die ein ideell gespenstiges Wesen des Geldes betreffen soll.

Im Kontokorrent wird aber natürlich kein Geld eingetragen, sondern Beträge in der Einheit der jeweiligen Währung. Ich trage im Kontokorrent nicht „500 Geld" sondern beispielsweise 500 Franken ein. Mit Franken meine ich dabei in keiner Weise Geld, sondern die Währungseinheit, die unter der entsprechenden Währung natürlich auch bei Geld verwendet wird. Wenn Geld in Form von Münzen geprägt wird, bestimmt die jeweilige Währung die Grösse und die Werte. In der Schweiz beispielsweise heisst die Währungseinheit „Franken", weshalb Münzen und Noten je eine Anzahl von Franken repräsentieren.

➢ Messen von Wert

Ich will explizit formulieren, was hier als Wert bezeichne, weil ich den Ausdruck für zwei sehr verschiedene Dinge verwende. Einmal verwende ich den Ausdruck Wert im Sinne von Tauschwert und sage etwa, dass ein Tisch 500 Franken wert sei, womit ich sage, dass ich den Tisch gegen 500 Franken tauschen würde und umgekehrt. Hier aber verwende ich den Ausdruck Wert im Sinne eines Variablenwertes, wie er typischerweise bei einer Messoperation erscheint, die die Qualität und die Quantität der Messung bestimmt. Ich messe etwa die Länge eines Tisches in Metern und erhalte dann beispielswiese den Mess-Wert 2,4 (Meter). Was ich als Meter bezeichne, muss ich unabhängig vom Tisch festlegen und sagen können. Wenn ich sage, dass ein bestimmter Tisch 500 Franken wert ist, muss ich wissen, was ich mit Franken bezeichne. Ich bezeichne mit Franken nicht Geld, sondern eine Mess-Grösse, in welcher ich Tauschwert messe, so wie ich Meter für die Grösse einer Länge verwende. Ich messe den Tauschwert in Franken, so wie ich die Länge in Metern messe.

Was ich als Länge bezeichne, ergibt sich aus der Messoperation, in welcher ich den Urmeter vermittelt neben den Gegenstand lege, dessen Länge ich messen will. Die Länge ist eine Eigenschaft, die ich durch das Messen hervorbringe. Dass ich in Metern und nicht in Inches messe, zeigt, welcher Konvention ich - wie freiwillig auch immer - folge. Was ich mit Franken messe, ist in dem Sinne etwas komplizierter, als es keinen Urfranken gibt - und ganz viele Menschen offenbar den Franken gar nicht als Messwert erkennen, weil er eine relative Grösse ist, die überdies doppelt bestimmt ist, nämlich durch den Tauschwert und vermittelt, aber offenbar eingängiger durch Devisen.[111]

Bezüglich der Währungseinheit Franken von einer Messfunktion zu sprechen, ist so tautologisch, wie wenn ich dem Meter eine Messfunktion zuspreche. Die begriffliche Konfussion um die Währungseinheit, in welcher Franken und Geld gleichgesetzt oder verwechselt werden, beruht auf einer unbewussten Hypostasierung der Messoperation, in welcher Franken zu einer Sache werden.

6.4 Tauschwert

Eigentlich messe ich mit Franken den durch Preise vermittelten Tauschwert von Waren. Da ich aber unter anderen Währungen mit anderen Währungseinheiten dasselbe messe, steht der Wert des Franken auch in einer Relation zu Devisen, was vordergründig als Wechselkurs erscheint. Daraus wird naiverweise oft gefolgert, dass sich der Wert eines Frankens nur durch Devisenverhältnisse ausdrücken lasse. Ich weiss aber gerade nicht, was ein Franken wert ist, wenn ich nur weiss, dass er einen Dollar oder einen Euro wert ist.

Wenn ich beispielsweise ein Kilogramm Gold kaufe, bezahle ich den Preis dieses Goldes, also nicht dessen Tauschwert, sonst könnte ich kein gutes oder schlechtes Geschäft machen. Ich kann in diesem Sinne sagen, dass sich der Preis eines Franken in einem bestimmten Bruchteil eines Kilo Gold ausdrücken lässt. Der jeweils aktuelle Preis aller Waren ist von vielen Marktverhältnissen abhängig, aber jenseits dieser Verhältnisse in einem funktionierenden Markt im Durchschnitt der Tauschwert der jeweiligen Ware. Genau das drücke ich

---

[111] Auch namhafte Ökonomen meinen unsinnigerweise, dass Geld eine Wertmessfunktion habe.

mit dem Wort „Markt" aus, egal ob es einen solchen Markt irgendwo je geben wird oder nicht.

Soweit der Tauschwert durch die gesellschaftlich durchschnittlich notwendige Arbeitszeit zur Herstellung der jeweiligen Ware bestimmt ist, verändert sich der Wert jeder Ware laufend, wenn die Produktivkraft zu- oder abnimmt. Dass der Tauschwert von der notwendigen Arbeit abhängig ist, hat schon Aristoteles vermutet, in unserer Zeit aber vor allem D. Ricardo bekannt gemacht. In der Arbeitswertlehre von K. Marx wird der Tauschwert dazu verwendet, die Lohnarbeit ökonomisch zu bewerten, indem der Tauschwert einer fiktiven Ware „Arbeitskraft" eingeführt wird, worauf ich hier nicht näher eingehen will. Ich sehe hier im Tauschwert die einfachste Form dessen, was mit Währungseinheiten gemessen wird.[112]

Der Franken - das gilt natürlich auch für die Währungseinheiten aller anderen Währungen - ist ein hochintergriertes Mass, weil der Tauschwert jeder Ware nur als abstrakter Durchschnitt erscheint und sich nur als durchschnittlicher Preis zeigen kann. Ich verweise auf einen impliziten Tauschwert, wenn ich von einem guten oder schlechten Kauf spreche und damit

---

[112] Tauschwert ist eine Abstraktion, auf die in der politischen Ökonomie weitgehend verzichtet wird, weil dort der Preis der Ware vom Angebot und Nachfrage abhängig gemacht wird. Als Grenznutzen bezeichne ich ein Postulat, das als relativ unmittelbare Reaktion auf die Wertlehre von K. Marx an verschiedenen Orten hervorgebracht wurde. Dabei wird der Preis einer Ware statt von ihrem Wert von ihren Nutzen hergeleitet, wobei der Nutzen einerseits subjektiv ist und andrerseits einer Grenze unterliegt. Von einer bestimmten Ware ist zu einer bestimmten Zeit nur eine bestimmte Menge brauchbar. Individuell kann ich beispielsweise wenn ich Hunger habe eine Wurst brauchen, vielleicht auch zwei, aber für eine achte Wurst würde ich nichts mehr bezahlen. Auf dem Markt sind in diesem Sinne eine bestimmte Anzahl Würste zu einem bestimmten Preis absetzbar, aber mehr Würste lassen sich nicht - oder nicht zu diesem Preis verkaufen.

bezeichne, dass der bezahlte Preis im Vergleich zum Wert der Ware zu hoch oder zu tief war. Dabei bestimme ich den Tauschwert wie den davon abweichenden Preis mit einer Anzahl Franken.

In einer im Alltag üblichen Konvention wird auch das Geld mit dem Ausdruck für die Währungseinheit bezeichnet. So spreche ich etwa von zehn Franken, wenn ich eine Zehnfranken-banknote meine. In einer Schlosserei frage ich in diesem Sinne meinen Handlanger auch, ob er bitte mal den Meter rüber-geben würde. Ich meine damit aber natürlich den Messstab, nicht den Urmeter oder gar Längenmesseinheit. Im Alltag machen solche verkürzten Redeweisen selten Problem. Wenn mich jemand um zehn Franken bittet, weiss ich, dass er keine Tauschwerteinheiten, sondern Geld will.

Im begrifflichen Sinn unterscheide ich aber, ob ich von Geld oder von Messeinheiten spreche. Wenn ich sage, dass der Tauschwert eines bestimmten Tisches beispielsweise 500 Franken beträgt, sage ich damit, dass gesellschaftlich durch-schnittliche Herstellungszeit für einen solchen Tisch in Franken gemessen eben 500 ist. Würde der Tisch nach einer Hy-perinflation 50000 Franken kosten, würde sich an meiner Aus-sage ausser in Bezug auf den Variablenwert nichts ändern.

Man könnte denken, dass sich die notwendige Arbeitszeit auch in Stunden messen und ausdrücken liesse, und dass da-bei beispielsweise zu erkennen wäre, dass zehn Stunden durchschnittliche Arbeit einen Tauschwert von 500 Franken ergeben. Das wäre aber eine ganz und gar nicht praktikable Messung, während im Tauschwert die ganze Messung impli-ziert und im Preis der Waren ganz automatisch zu Tage tritt. Diese Messung ist eine gesellschaftlicher Praxis, die sich theoretisch reflektieren lässt, so dass keine Arbeitszeit gemes-sen werden muss. Dem entsprechend ist das Einheitsmass dann beispielsweise Franken statt Stunden.

6.5 Devisen (hypernationales Geld)

Geld ist durch die Währung Sache der Nation. Nation bezeichnet in diesem Sinne einen Währungsraum, der oft auch als Land geographische oder zolltechnische Grenzen zu anderen Währungsräumen hat. Jede Nation ist eine Nation unter Nationen. Wenn Geld seine Nation verlässt, ist sein Geldsein aufgehoben, im Ausland ist es unmittelbar nichts wert.

Die Gelder verschiedener Nationen begegnen sich an den Grenzen der Nationen in den Händen von Geldwechslern als verschiedene Geldsorten. Kein Geldwechsler wird verschiede Geldsorten in dasselbe Portemonnaie legen, aber ich beobachte hier alle Portemonnaies des Geldwechslers als ein einziges Portemonnaie mit Fächern, das sozusagen die Grenze zwischen den Währungen repräsentiert. Das Geld des Geldwechslers liegt - in dieser Modellierung - auf der Grenze, also weder in der einen noch in der anderen Nation.[113]

Da Geld in jedem Land gegen Gold getauscht werden kann und mein Geldwechsler auf dieser Modellierungsstufe wie die Bank keinerlei Eigeninteressen verfolgt sondern lediglich als Stack fungiert, stelle ich mir vor, dass der Geldwechsler jede Geldsorte gegen Gold wechselt. Wenn ich dem Geldwechsler 1000 Franken gebe, kriege ich in der entfalteten Modellierung eine Menge Gold, die ich dann bei demselben Geldwechsler gegen eine Menge Euro eintausche. Natürlich muss der Geldwechsler mir das Gold nicht erst geben, weil ich es ja sogleich zurückgeben würde, so wie die Bank das Geld beim Autokauf auch nicht dem Käufer raus gibt um es vom Verkäufer zurückzubekommen. Das Gold steht hier vielmehr anschaulich dafür,

---

[113] Ich stelle mir den Geldwechsler hier als einen Automaten vor, der auf der Grenze steht. Jeder, der Grenze überschreitet, wirft sein Geld in den Automaten und bekommt entsprechend viel von der anderen Sorte raus. Im Automaten hat es also jederzeit von beiden Sorten Geld, das dort wie in jedem Portemonnaie zwischengelagert auf eine Verwendung wartet.

dass das Geld solange es auf der Grenze liegt, kein Geld ist. Ich bezeichne solches Geld als Devisen, für welche keine Nation zuständig ist. Devisen sind hypernationales Geld.[114] Wenn Devisen die Grenzlinie verlassen, werden sie auf der einen Seite der Grenze sofort wieder Geld, während sie auf der anderen Seite der Grenze Devisen bleiben.

Ich habe früher geschrieben, dass man Geld innerhalb einer Währung nicht gegen Geld tauschen, also nicht kaufen oder verkaufen kann. Aber natürlich kann ich Geld sinnvoll gegen andere Geldsorten tauschen. Dabei hat jedes Geld seine nationale Währung, aber der Tausch findet jenseits der Nationen statt.

Der wechselnde Wechselkurs zwischen verschiedenen Währungseinheiten widerspiegelt, dass verschiedene Nationen verschieden effizient produzieren. Wenn ich die gleiche Ware in einer anderen Nation herstelle, hat sie einen anderen nationallokalen Tauschwert, wenn dort andere Produktionsbedingungen herrschen. Insbesondere fallen Lohndifferenzen zwischen verschiedenen Nationen ins Gewicht, die sich als Handelsüberschüsse zeigen können. Wo keine Zölle erhoben werden, setzt sich die geringere Tauschwertigkeit durch, indem - nicht nur - ich die Waren im günstigeren Land kaufe. Hier geht es mir aber nicht um solche Ökonomie, sondern darum, was ich als Franken und relativ dazu als Devisen bezeichne.

Devisen lösen ein spezifisches Problem, dass darin besteht, dass ich Waren auch jenseits der Währungsgrenze kaufe und

---

[114] In der Medizin wird das Präfix "Hyper" schon lange für "nichtnormale, krankhafte Übersteigerungen" verwendet. Hyperakusie etwa heisst krankhaft verfeinertes Gehör. Es wird in solchen - sehr ambivalenten – Zusammenhängen als "über das Ziel hinaus schießen" gedeutet. Ich verwende das Präfix in Anlehnung daran, wie ich "Hyper-Text" interpretiere. Hyper heisst in diesem Sinne "darüber hinausgehen", so wie im englischen "beyond" ein mitgemeintes Jenseits in Form einer Rückseite gemeint sein kann.

verkaufe. In diesem Sinn sind sie Geldsorten. Devisen haben aber im Laufe der Zeit eine ganz andere Funktion entwickelt, indem sie insbesondere von Nationalbanken anstelle von Gold als Deckung der je eigenen Währung verwendet werden.

6.6 „Büchergeld" als doppelte Aufhebung von Geld

Das elektronische Geld und dessen spezifische Materialität lassen mich quasi rückblickend erkennen, dass ich Geld in Form eines Kontoblattes eines Bankkontokorrents haben kann. Wenn ich Einträge auf dem „Kontoblatt-Konto" als Geld bezeichne, dann meine ich die hergestellten Schriftzeichen, die unter spezifischen Bedingungen geschrieben werden (dürfen). Ich habe genau dann das Geld, wenn diese Schriftzeichen als materielle Gegenstände auf meinem Kontoblatt-Konto sind. Das Kontoblatt wird im eigentlichen Wortsinn zum Porte-Monnaie und die aufgetragenen Zahlen sind das Geld. Und wenn die Zahlen auf mein „Kontoblatt" aufgetragen werden, sind sie mein Geld. Geld bekommen ist also auch in diesem Fall ein materieller Prozess.

Zunächst gilt das für den spezifischen Fall, in welchem die Bank Einträge auf mein Bankkonto macht, die als elektronisches Geld interpretiert werden. Dann aber spielt es keine Rolle mehr, ob die Zahlen „elektronisch" geschrieben werden. Wenn das Verfahren gewährleistet, dass die Zahlen auf dem Kontoblatt sinnvoll als Geld gesehen werden können, weil nicht irgendwer irgendwelche Zahlen schreiben kann, ist das Material der Zahlen, wie ich schon früher hervorgehoben habe, ohne Bedeutung - es muss nur irgendein Material sein. Ich, respektive der Befugte könnte unter gegebenen Umständen mit Tinte auf ein Papier schreiben, also quasi dasselbe tun, was ein Banknotenhersteller tut.[115]

---

[115] Natürlich gibt es praktische Beschränkungen bei der Realisierung des kybernetischen Regelungsmechanismus. Durch die Technologie des elektronischen Geldes ist ein Mechanismus konstruierbar, der die Bedingun-

Im Bankkontokorrent ist das Geld also doppelt aufgehoben. Es ist als Zahlungsmittel überflüssig geworden, weil die Tauschhandlungen nicht mehr abgeschlossen werden, und es ist in der Buchführung verschwunden, weil neben den materiellen Büchern keine Materialisierungen des Geldes mehr gebraucht werden.[116] Man könnte von „Buchgeld" sprechen, aber Buchgeld verwende ich synonym zum Ausdruck Giralgeld.

---

gen hinreichend erfüllt, während die Organisation eines vergleichbaren Mechanismus mit von Hand schreibenden Menschen kaum vorstellbar ist - auch wenn man die tayloristische Bürokratie nicht unterschätzen sollte.

[116] Wenn ich mich für Banken statt für Geld interessieren würde, würde ich darin eine Evolution oder einen Differenzierungsprozess der Banken als Organisationen erkennen. Geld ist davon aber nicht betroffen, ausser dass es in kleineren Mengen in Form von Noten gebraucht wird.

7 Giralgeld (Buchgeld)

Indem ich von Sichtgeld spreche, unterstelle ich, dass es Geld gibt, das ich - wenigstens im Prinzip - sehen kann. Als Differenz sage ich damit aber auch, dass es Geld gibt, das ich prinzipiell nicht sehen kann, weil es eben nicht wie Sichtgeld zeigbar und sichtbar ist. Ich nenne dieses Geld un-bar, oder eben expliziter un-sicht-bar, wofür ich den Ausdruck „giral" verwende.

Als Giralgeld bezeichne ich eine Differenz zwischen Geld, das *auch* in der Buchhaltung erscheint und solchem, das *nur* in der Buchhaltung erscheint. Deshalb bezeichne ich Giralgeld auch als reines Buchgeld. Der Ausdruck „giral" bezeichnet in diesem Sinne eine Invisibilisierung des Unterschiedes zwischen einem Anspruch auf Geld und Geld.

7.1 Das Giro-Konto

Als Giralgeld bezeichne ich in einer Art Bankbuchhaltungssprache „Geld", über das der Eigentümer ausschliesslich durch Überweisung auf ein anderes Konto verfügen kann, weil es eben nicht sichtbar existiert. Wenn ich bei einer Bank ein Girokonto besitze, kann ich beispielsweise Rechnungen „bezahlen", indem die Bank auf meine Veranlassung hin entsprechende Umbuchungen macht, ich kann aber das „Geld" nicht in Form von Geld abheben.[117] Mit dem Ausdruck Giro bezeichne ich - quasietymologisch zum Radrennen Giro d' Italia - einen Kreislauf, der sich in Form von Umbuchungen von einem Kontokorrent zum andern zeigt, in welchem aber keiner-

---

[117] Eine spezifische Form solcher Konten sind die Konten bei Internetbanken wie etwa Paypal, die nur via Internet benutzt werden können. Wenn ich das Geld von meinem Paypalkonto als Geld sehen will, muss ich es auf eine andere Bank und mithin auf ein anderes Konto überweisen und dort abheben.

lei Geld zu Tage tritt oder sichtbar wird. Im Giralgeld ist das Geld aufgehoben, was ich auch sprachlich reflektiert sehen kann, wenn ich „giral" als kennzeichnende Vorsilbe lese, statt sie einfach zu verdrängen.

Ich erläutere diese Kennzeichnung anhand eines populären Beispiels. Mit dem Ausdruck „Erd"-Beere sage ich in diesem bewussten Sinn, dass ich gerade nicht von Beeren spreche, weil eigentliche Beeren an Sträuchern und eben nicht auf der Erde wachsen. Die Biologen beispielsweise zählen die Erdbeeren zu den Scheinfrüchten, die - kleine gelbe - Nüsschen als eigentliche Früchte tragen. Als „erd-Beeren" bezeichne ich die Erdbeeren, weil ich sie in gewissen Hinsichten, etwa als Dessert oder beim Konfitüremachen wie Beeren verwende, unabhängig davon, was sie in wessen Augen sind. Im deutschsprachigen Wortschatz gibt es diese adjektivische Voranstellungen, die man als Verweis auf Perspektiven lesen kann, in sehr vielen doppelwortigen Ausdrücken. Die Walnuss etwa ist keine Nuss und umgekehrt spielen wir mit diesem Wortsinn, wo wir von Walfischen sprechen, gerade weil wir wissen, dass sie - biologisch - keine Fische sind.

Mit dem Ausdruck Girokonto sage ich, dass ich gerade kein Konto meine und mit dem Ausdruck Giralgeld sage ich, dass ich gerade nicht von Geld spreche. Mit „giral" bezeichne ich die Fiktion, worin Giralgeld durch Girokonti fliesst. Giralgeld fungiert dabei als Referenzobjekt der sich verändernden Bestände der Girokonti, die eine spezifische Nutzung des Kontokorrents darstellen. Wenn die Bank einen Girokontostand erhöht und einen anderen Girokontostand entsprechend reduziert, macht sie das, was sie auch machen würde, wenn Geld von einem Konto in ein anderes fliessen würde, sie macht nur Buchhaltung.

Die Bankbuchhaltung ist damit von jedem Geldfluss entkoppelt. Zunächst, also auf der Modellierungsstufe von wirklichem Geld, fliesst im Bankgeldkonto kein Geld, weil das ganze Bankgeld in einem Konto liegt. Beim Girokonto fliesst kein

Geld, weil Geld im Kontokorrent Giralgeld ist. Dass Giralgeld als Geld bezeichnet wird, beruht auf der nicht reflektierten Differenz zwischen Geld, das *auch* in der Buchhaltung erscheint und solchem, das *nur* in der Buchhaltung erscheint, die durch die Buchführung praktisch aufgehoben ist. Wenn ich die Praxis der giralen Buchhaltung beobachte, macht die Unterscheidung von Geld und Giralgeld keinen Sinn. Allerdings entsteht durch die Invisibilisierung dieser Differenz eine Paradoxie, die als „Geldschöpfung" erscheint. Wenn ich Geld und Giralgeld nicht unterscheide, ist viel mehr Geld im Spiel als die Zentralbank je hergestellt hat. Im Rahmen der bisherigen Modellierung stellt sich die Frage, woher dieses Geld kommt, wenn es nicht von der Zentralbank hergestellt wird. Die paradoxe Antwort lautet, dass das Geld nicht hergestellt, sondern geschöpft wird. Banknoten und Münzen werden - wie auch elektronisches Geld - als Artefakte hergestellt. Giralgeld dagegen wird jenseits von Material, also virtuell hergestellt[118], was ich in konstruktivistischer Perspektive als erzeugen bezeichne.[119]

Giralgeld ist ein Phänomen, das ich innerhalb eines Handlungs- oder Deutungszusammenhanges erzeuge. Ich kann das wahrnehmbare Verhalten der Menschen, das sich auf Girokonti bezieht, als Geldhandlungen deuten. Ich kann und muss dabei kein hergestelltes Geld sehen, ich kann dabei „Geld" trotzdem für-wahrnehmen.

---

[118] Virtuell heisst in einem spezifischen Sinn „als ob". Der Ausdruck wurde in diesem Sinne von IBM für ein Betriebssystem eingeführt (VM für Virtuelle Maschine), das mehreren Benutzern den gemeinsam benutzten Computer so erscheinen liess, "als ob" jedem Benutzer ein eigener Computer zur Verfügung stehen würde.

[119] N. Luhmann würde anstelle von erzeugen wohl von „herbeikommuniziert" sprechen.

➢ Radikaler Konstruktivismus

Als Radikalen Konstruktivismus bezeichne ich eine Theorie, die solches Für-wahrnehmen als nicht bewusstes Konstruieren oder Erfinden problematisiert.[120] Die Kritik, die die konstruktivistische Perspektive leistet, besteht darin, die Wirklichkeit als Projektionen von mentalen Konstruktionen zu verstehen. Die Projektionen - hier Giralgeld - zeigen sich mir in dieser Perspektive als Phänome, das heisst, ich sehe die phänomenale Wirklichkeit, aber nicht die Modellierung, durch die ich diese Wirklichkeit erzeuge. Wenn ich also beobachte, dass jemand mittels eines Eintrages auf einem Girokonto eine Rechnung für erhaltene Waren bezahlt, beobachte ich in dieser konstruktivistischen Theorie nicht, wie die Welt wirklich ist, sondern wie sie mir durch meine Modellierungen des Handlungszusammenhanges, über die ich nachdenken kann, erscheint. Mit der Modellierung, die ich hier vorlege, mache ich mir meine Unterscheidungen bewusst und im differenztheoretischen Sinn natürlich auch, welche Unterscheidungen ich gerade nicht mache, wo ich Giralgeld erkenne.

Für meine Unterscheidung zwischen Geld und Giralgeld verwende ich eine Differenz zwischen hergestellt und erzeugt. Als Herstellen bezeichne ich dabei eine materielle Operation, durch welche Artefakte entstehen. Als Erzeugen bezeichne ich eine mentale Operation, durch welche die phänomenale Wirklichkeit entsteht, beispielsweise eine Wirklichkeit, in welcher Menschen Geld verwenden, das sie nie sehen können, weil es nicht hergestellt wurde.

In dieser konstruktivistischen Perspektive kann ich meine Wahrnehmung nicht mit einer objektiven Wirklichkeit abglei-

---

[120] Es gibt viele Arten von Konstruktivismem. Der Radikale Konstruktivismus wurde von Ernst von Glasersfeld als radikale Leseweise der Epistemologie von Jean Piaget entwickelt, in welcher von einer „Konstruktion der Realität" die Rede ist.

chen. Das konstruktivistische Erkennen besteht in mentalen Konstruktionen, die viabel sind, wenn sie sich in der Lebenspraxis bewähren oder Sinn ergeben. Wenn ich Giralgeld als Geld begreife, kann ich mir damit bestimmte Verhaltenswiesen, die Bankkontokorrente betreffen, plausibel machen, das heisst, die Vorstellung, dass Geld im Spiel ist, kann mir helfen zu verstehen, was die Menschen tun.

Die Differenz zwischen hergestelltem und erzeugtem Geld beinhaltet, dass auch hergestelltes Geld ein Resultat einer Wahrnehmung und mithin eine Erzeugung ist.[121]

7.2 Die Erzeugung von Giralgeld

Wenn ich bei einer Bank einen Kredit in Form von Bargeld aufnehme, und damit beispielsweise ein Auto kaufe, wird der Verkäufer des Autos mein Geld wieder auf die Bank bringen. Die Bank hat dann meinen „Schuldschein" und das Geld, das sie mir gegeben hat, weil sie es vom Autoverkäufer wieder bekommen hat. Sie hat natürlich auch eine „Schuld" beim Verkäufer des Autos. Würden also alle Kredite zurückbezahlt, müsste die Bank dem Autoverkäufer das Geld zurückzahlen und ich müsste es der Bank zurückzahlen, wozu ich mein Auto wieder verkaufen müsste.

Ich mache der Anschaulichkeit wegen ein Zahlenbeispiel dazu. Sagen wir die Zentralbank habe 50'000 Franken hergestellt, die sie einer Bank leiht, die gerade neu gegründet wurde und deshalb noch keinerlei Kundengeldervermögen hat, das ich in diesem Modell als Bankkontogeld bezeichne. Dann hat die Bank 50'000 Fr. im Bankgeldkonto und eine

---

[121] Differenztheoretisch spreche ich von einem re-entry, wenn ich eine Unterscheidung auf einer der unterschiedenen Seiten der Unterscheidung wiederhole. In diesem Fall unterscheide ich Erzeugungen, indem ich alles was ich wahrnehme, als von mir erzeugt begreife. Innerhalb der Erzeugungen unterscheide ich, ob etwas hergestellt, also nicht erzeugt ist.

Schuld von 50'000 Franken bei der Zentralbank. Die Bank gibt ihrem Kunden A einen Kredit von 50'000 Franken. 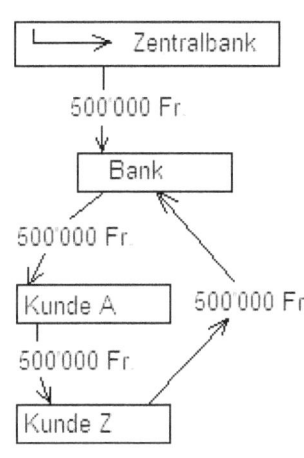 Dann hat die Bank wieder nichts mehr im Bankgeldkonto, aber einen „Schuldschein" vom Kunden A in Form eines belegten Eintrages in ihrer Buchhaltung. Kunde A kauft mit dem Geld ein Auto beim Bankkunden Z. Dann hat A ein Auto und Z hat 50'000 Franken, die er auf die Bank bringt. Es ist klar, dass das Geld nicht geholt und wieder gebracht werden müsste, sondern bankintern umgebucht werden könnte. Ich will aber die Sache hier anschaulich halten und beschreibe deshalb Bankkunden, die richtige Banknoten, die von der Zentralbank gedruckt wurden, am Bankschalter holen und wieder bringen - was ja in der Tat auch möglich wäre.[122]

Die Bank macht entsprechende Einträge in ihrer Buchhaltung. Sie hat dann Guthaben beim autokaufenden Kunden A und Schulden beim autoverkaufenden Kunden Z. Und sie hat natürlich auch Schulden bei der Zentralbank, die sie aber durch ihren Kassenstand finanziert, weil sie den entsprechenden Betrag ja von Z zurück erhalten hat.

In der einfachsten Modellierung zahlt die Bank ihre Schuld bei der Zentralbank zurück. Die Zentralbank kann das Geld wieder vernichten, weil es nur dazu diente, dass das Auto verkauft werden konnte und jetzt nicht mehr gebraucht wird. Sie

---

[122] Im Occasionenhandel des Automarktes ist es sogar bis heute üblich, bar zu bezahlen. Es gibt auch Psychoanalytiker, die von ihren Kunden verlangen, dass sie jede Sitzung bar, also mit Noten bezahlen. So wollen sie - vielleicht wie die Occasionshändler - den Kunden das Tauschverhältnis und wohl dessen Irreversibilität bewusst halten.

kann es aber auch ins Lager legen, wenn das Lagern nicht aufwendiger ist, als das Geld jeweils wieder neu herzustellen. In beiden Fällen ist das Geld im Markt nicht vorhanden. Der Autoverkäufer Z hat dann 50'000 Franken im Bankkonto, für die es bei der Bank keinerlei Entsprechungen in Form von Geld gibt. Er könnte also sein Geld bei seiner Bank nicht abheben, aber er könnte es innerhalb eines Kontokorrents weiter verrechnen lassen.

Das Auto, das im Beispiel verkauft wird, existiert jenseits davon, dass es jemandem gehört und verkauft wird. Ich kann mit einem solchen Auto fahren, unabhängig davon, wem es gehört. Das Auto repräsentiert einen Wert, der im Beispiel mit 50'000 Franken beziffert wird. Aber das Auto könnte natürlich auch unabhängig von Geld und Geldbeträgen hergestellt, geliehen oder verschenkt werden. Hier dient das Auto nur als Motiv eines Geldflusses. Der Käufer A kann sich so als Besitzer eines Autos sehen und der Verkäufer Z sieht sich als Besitzer eines Bankguthabens. Die modellierte Bank selbst hat sachlich nichts davon, sie dient als Porte-Monnaie-Medium, das vom Handel nicht betroffen ist, sondern ihn in dieser Form nur möglich macht.

Der Verkäufer Z könnte statt der Bank zu glauben auch seinem Kunden A glauben, dass er das Geld (zu Gesicht) bekommen könnte, wenn er es wollte. Man könnte das als Darlehensverhältnis bezeichnen, das durch einen „Schuldschein" belegt ist, oder in der entwickelteren Modellierung von einem echten Kontokorrent zwischen A und Z sprechen. Die Bank würde in diesem Fall gar nicht gebraucht.

Die Vermittlung der Bank führt zu einer anderen Sprachregelung, so dass von Kredit durch ein Girokonto die Rede ist, worin sich das Darlehensverhältnis verdoppelt hat, weil jetzt zwei Darlehenspaare vorhanden sind, nämlich die Bank und Kunde A einerseits und die Bank und Kunde Z andrerseits.

Wenn die Bank vermittelt, hat Z einen Eintrag in seiner Buchhaltung, den er als Verweis auf Geld interpretieren kann. Er
„hat" Geld, er hat es aber „nur" auf der Bank. Es interessiert
ihn nicht, dass das Geld gar nicht existiert. Und auch die Bank
hat - wenn sie im Spiel ist - bei aller Ausgeglichenheit der
Konten einen Eintrag in ihrer Buchhaltung, den sie als Verweis
auf Geld interpretieren kann, obwohl das Geld - in dieser Welt
- nicht existiert. Genau solches Geld bezeichne ich als Buch-
oder Giralgeld, weil es in den Büchern erscheint, ohne irgendeine Entsprechung zu haben oder zu brauchen.

Wenn die Bank zwischen Autokäufer A und Autoverkäufer Z
nicht durch Banknoten, sondern direkt durch Umbuchung vermittelt, braucht sie auch die Zentralbank gar nicht erst zu bemühen. Das Geld muss also nicht hergestellt und dann wieder
vernichtet werden. Das Geschäft läuft über ein Kontokorrent,
es bedarf keines Geldes. Der Ausdruck „Buch-Geld" verweist
also noch stringenter als der Ausdruck „Sicht-Geld" darauf hin,
in welcher Differenz von Geld die Rede ist.

Geld in Form von Münzen und die Zentralbank, die solches
Geld herstellt, erscheinen jetzt als Ausdruck einer historisch-
genetischen Darstellung, die die Giralgeld-Differenz bewusst
halten soll.[123] Ich beschreibe also weiterhin immer auch den
Fall, in welchem tatsächlich Banknoten gedruckt und in den
Handel gebracht werden, obwohl das auf der Entwicklungsstufe des Bankkontokorrents aufgehoben ist.

Differenztheoretisch mache ich damit explizit, wie ich mir die
Rückseite der Medaille vorstelle. Das Kontokorrent verstehe
ich vor dem darin nicht zur Sprache gebrachten Hintergrund

---

[123] P. Volcker, einer der berühmtesten Zentralbanker, der das FED bis
1987 leitete, hat in Bezug auf die neuen Nationen im Raum der aufgelös-
ten Sowjetunion gesagt, dass man gut ohne Zentralbanken leben könne.
Sie haben ihre historische Mission - die Nation mit Geld zu versorgen -
mehr schlecht als recht erfüllt und sind in der neuen Zeit mit neuen Aufgaben unterwegs, die man auch anders lösen könnte.

von materiellem Geld. Bevor ich das Giralgeld als Differenz genauer beobachte, beobachte ich einen Aspekt der Theorie, die ich hier verwende, um Geld als Lösung von bestimmten Problemen zu sehen.

➢ Systemdynamik

Wenn ich die Dynamik eines Systems beobachte, beobachte ich den Prozess, in welchem ein System verschiedene Zustände durchläuft, die in der Systematik seiner Regelung vorgesehen sind.[124] Meine Heizung etwa heizt, wenn die Temperatur unter den Sollwert fällt. Wenn die Heizung heizt wird es – etwas später - wieder wärmer im Haus. Ob die Heizung zu einem bestimmten Zeitpunkt aktiv ist oder nicht, bezeichne ich als einen Systemzustand, der sich zeitlich versetzt auf die Temperatur im Haus auswirkt, was auch ein Systemzustand darstellt. Als Systemdynamik bezeichne ich den Verlauf der Werte der Variablen im Verlaufe der Zeit. Als Variable der Systemdynamik kommt also alles in Frage ausser der Zeit.

Ich beobachte hier die Dynamik eines Systems, das aus einer Zentralbank und einer Bank mit zwei Kunden besteht. Ich beobachte den Geldfluss als eine Folge von Wertveränderungen verschiedener Variablen im Laufe der Zeit. Diese Modellierung macht für mich nicht als Abbild irgendeiner Wirklichkeit Sinn, ich kann mir keine Wirklichkeit mit nur einer Zentralbank und nur einer Bank vorstellen, in welcher genau einmal 50'000 Franken hergestellt werden. Diese Modellierung dient mir viel mehr dazu, mir der Systemzeit gewahr zu werden.

Wenn der Bankkunde Z in obigem Beispiel seine 50'000 Franken von der Bank zurückverlangt, tritt zu Tage, dass die Bank

---

[124] Ich verstehe die System Dynamics als Inversion der Erklärung: Eigentliche Erklärungen sind Systeme, mit welchen ich die zu erklärenden Phänomene erzeugen kann. In der System Dynamics werden dagegen Systemzustände als Effekt der Regelung "erklärt".

das Geld nicht hat. Die Bank könnte das Geld von ihrem Kunden A zurückverlangen. A müsste dazu sein Auto (ohne Verlust) verkaufen. Natürlich müsste A dabei das Geld von Z zurückbekommen, weil in diesem fiktiven Kreislauf nur der Autoverkäufer Z ein entsprechendes Guthaben hat. Z müsste das Geld dazu zuerst von der Bank zurückbekommen, was nicht möglich ist, weil die Bank das Geld von A noch nicht hat. Es gibt also beim Versuch, das Geschäft rückgängig zu machen, ein theoriebedingtes Problem, das sich als Zeitproblem auffassen lässt. Die Systemzeit müsste quasi rückwärts laufen, um die Paradoxie zu vermeiden, dass die Bank das Geld von A bekommen müsste, bevor sie es Z zurückzahlen kann. Die Lösung dieses fiktiven Problems liegt natürlich darin, dass die Zentralbank in solchen Fällen einfach Geld produziert. Sie gibt der Bank 50'000 Franken. Die Bank zahlt das Geld an Z, Z zahlt das Geld an A, wofür er sein Auto zurückbekommt, und A begleicht seine Schuld bei der Bank. Und die Bank gibt das Geld der Zentralbank zurück, die es wieder vernichtet oder ins Lager legt. So wird die Zeit - unter Nachwirkungen – ausgetrickst.[125]

Die Zentralbank ermöglicht dadurch, dass sie die Banken im Sollbereich hält, ihnen also jederzeit genügend Geld zur Verfügung stellt, Geldflüsse, die im Prinzip an einer Irreversibilität scheitern würden. Das zusätzliche Geld, das die Zentralbank zur Überbrückung des Zeitproblems einschiesst, erscheint als Temporalisierung des Systems, in welcher ein Ereignis, das - wie die 50'000 Franken - sogleich wieder verschwindet, die

---

[125] Ein analoger Trick - der allerdings nicht das Zeitproblem überbrückt - wird mit dem 18. Kamel beschrieben: Ein Scheich hinterlässt seinen drei Söhnen 17 Kamele und die testamentarische Regelung, wonach der älteste 1/2, der nächste 1/3 und der jüngste 1/9 der Erbschaft bekommen soll. Die Söhne wissen nicht, wie sie es anstellen sollen und suchen den Weisen um Rat. Der gibt ihnen ein 18. Kamel und lässt sie dann teilen. Der Älteste nimmt 9 Kamele, der Zweite nimmt 6 und der Jüngste nimmt 2. Sie haben ihre 17 Kamele verteilt und der Weise nimmt das 18. Kamel wieder zurück.

Zeit quasi aussetzt und so den Prozess jenseits vom Zeitverlauf möglich macht.[126] Man könnte von einem Zeitkatalysator sprechen.

Wenn beim Kauf des Autos Banknoten benutzt wurden, die von der Zentralbank hergestellt und dann später wieder zurückgenommen wurden, kann die Zentralbank das zurückgenommene Geld aus ihrem Lager jederzeit erneut in den Kreislauf eingeben. Wenn ursprünglich der Autokauf ohne Geld, also nur in Form von Buchgeld gemacht wurde, kann die Zentralbank das benötigte Geld auch im Nachhinein herstellen, um zwischen den Buchgeldbesitzern zu vermitteln. Solange das Geld bei der Zentralbank ist, ist es in einem funktionalen Sinn noch gar kein Geld, es ist sozusagen in seiner Herstellung. Die hier modellierte Zentralbank kann es - da ich hier von Verschrottungs- und von Herstellungsaufwänden ebenso wie von Lagerungskosten absehe - beliebig vernichten und wieder herstellen, ohne dass das irgendwelche Konsequenzen hätte.[127]

Wenn die Bank von der Zentralbank 50'000 Franken bekommt, und damit bei Z ihre Schuld begleicht, hat die Bank damit einfach ihren Gläubiger gewechselt. Wenn ich aber in entsprechenden Zeitintervallen beobachte, sehe ich, dass sich die Geldmenge zu einem bestimmten Zeitpunkt vorüberge-

---

[126] Ich erkenne darin eine Inversion zur Volksweisheit, wonach Zeit Geld ist. Hier ist Geld Zeit, indem mit Geld ein Systemzeitproblem gelöst wird. In der kybernetischen Literatur wird diese Temporalisierung oft als Aufhebung von Paradoxien beschrieben, was invertiert, dass Paradoxien überhaupt auf diese Weise erzeugt werden.

[127] Jede Ware wird erst auf dem Markt zur Ware. In den Buchhaltungen erscheinen aber Produktionshaldenbestände oft als Finanzierungen, auch wenn klar ist, dass die Werte nie mehr realisiert werden können. Die Zentralbanken können auch Münzen und Noten an die Halde produzieren, aber kein Geld. Bei Zentralbanken verdreht sich die Sache allerdings nochmals wegen der Devisen. Ich komme darauf zurück.

hend verdoppelt hat. A ist Z durch die Bank vermittelt 50'000 Franken schuldig und die Bank ist der Zentralbank 50'000 Franken schuldig.

Diese Verdoppelung der Geldmenge ist irreversibel, obwohl sich die Geldmenge fast sofort wieder halbiert, indem die Bank ihre Schuld bei Z begleicht, also die Schuld bei der Zentralbank durch das Guthaben bei A finanziert.[128] Es ist eine sehr einträgliche Usanz der Banken die Systemdynamik mit angefangenen ganzen Tagen zu takten, so dass sie das Geld immer erst einen (oder mehrere Tage) später weitergeben können. Im Zeitintervall der doppelten Geldmenge repräsentiert das Geld nur halb so viele Waren und generiert - etwa wenn Zins eingeführt ist, doppelt so viel Zinsaufwände, und zwar auch dann, wenn das Geld gar nicht hergestellt wird, sondern nur in den Büchern erscheint. Im Zeitalter von elektronisch vernetzten Banken habe ich mich schon oft gewundert, wieso es meiner Bank nicht möglich ist, meine Online-Zahlungen meinen Kreditoren augenblicklich gutzuschreiben. Dieses „augenblicklich" entspricht systemdynamisch genau der temporalisierten Aussetzung der Systemzeit. Natürlich kann die Bank handfeste Interessen damit verbinden, dass sie den Geldfluss ein bisschen „staut", in der vorliegenden Modellierung geht es aber um den Takt des Systems, also darum, dass das Geld zu jedem Zeitpunkt nur an einem Ort sein kann. Wenn ich via Bank bezahle, muss das Geld einen Takt lang auf der Bank liegen.

Die Temporalisierung der Systemzeit ist natürlich auch ohne Zentralbank möglich. So wie der Autoverkauf direkt über die Bücher abgewickelt werden kann, kann auch die Stornierung

---

[128] Nach M. Plank können physikalische Irreversibilitäten durch weitere Irreversibilitäten aufgehoben werden. Die Scherben eines zerbrochenen Wasserglases werden sich nicht wieder zusammenfügen, aber sie können eingeschmolzen und zu einem neuen Glas gegossen werden. Dann hat man das Glas wieder, aber dafür ist die Verarbeitung ihrerseits irreversibel in dem Sinne, dass sie stattgefunden hat.

dieses Kaufes ohne Geld von der Zentralbank bewerkstelligt werden. Wenn der Bankkunde Z seine 50'000 Franken von der Bank zurückverlangt, kann die Bank, die das Geld nicht hat, Z fragen, was er mit dem Geld machen würde. Im Normalfall wird Z das Geld nicht anschauen, sondern brauchen wollen. Das aber kann die Bank für ihn übernehmen, indem sie das Geld dem nächsten Empfänger gutschreibt. Wenn also Z mit den 50'000 Franken, die er von seinem Kunden A bekommen hat, seinerseits eine Ware, etwa eine schöne Armbanduhr, ein Pferd oder einen Flügel kauft, wird die Bank dem jeweiligen Warenlieferanten von Z eine entsprechende Gutschrift verbuchen, statt Z Geld in die Hände zu geben, das sie später ohnehin wieder bekommen würde.

Ich habe weiter vorne geschrieben, dass Geld den – massenhaften – Warentausch möglich macht, wo die Tauschpartner keine oder keine passende Waren zur Hand haben. Jetzt erscheint Geld rückblickend als Lösung für ein anderes Problem, das darin bestanden hat, dass es zunächst noch keine Bankkontokorrente für den Warentausch gegeben hat. Als Lösung für das zuerst genannte Problem erscheint jetzt das Bankkontokorrent und Geld erscheint nur mehr als Überbrückung bis das Bankkontokorrent entwickelt ist. Geld löst in diesem Sinne also nicht mehr das Problem des Warentausches, sondern das Problem der noch nicht vorhandenen Banken.[129]

Das Bankkontokorrent ist natürlich umgekehrt vom Mittel Geld geprägt, weil alle Einträge in Geldform gemacht werden.

---

[129] Ich sehe darin eine Art progressive Problemverschiebung im Sinne von I. Lakatos, die gewissermassen als Programm der Systemtheorie erscheint.

7.3 Die Giral-Geldschöpfung

In der vorliegenden Modellierung bringen Kunden wie der Autoverkäufer Z ihr Geld auf die Bank, die das Geld der Kunden nicht getrennt, sondern im Bankgeldkonto aufbewahrt. Wer Geld auf die Bank bringt, will es üblicherweise nicht, respektive erst nach einer längeren Zeit wieder zurückbezahlt bekommen. Die Bank kann also damit rechnen, dass sie einen grossen Teil des Geldes, das Kunden bei ihr anlegen, längere Zeit nicht zurückbezahlen muss.

In der einfachsten Modellierung bringen verkaufende Kunden das Geld auf die Bank zurück, das die Bank zuvor kaufenden Kunden geliehen hat. Die Bank hat im Beispiel 50'000 Franken von der Zentralbank, die sie ihrem Kunden leiht und wenig später von einem anderen Kunden wieder geliehen bekommt. Sie kann so dasselbe Geld, das sie zuvor dem Kunden A für den Kauf eines Autos gegeben hat, einem weiteren Darlehensnehmer B geben, womit dieser beispielsweise bei einem Bankkunden Y auch ein Auto kauft. Auch der Autoverkäufer Y wird das Geld seinerseits wieder zur Bank bringen. Jetzt sind zwei Kunden A und B der Bank je 50'000 Franken schuldig, beide haben je 50'000 Franken bekommen und ausgegeben. Es sind also zwei Mal 50'000 Franken im Spiel, obwohl die Zentralbank nur 50'000 Franken hergestellt und in den Markt gegeben hat.

Wenn die Gläubiger, in meiner Modellierung also die Verkäufer Y und Z, ihr Geld nicht zurück wollen, und die weiteren Schuldner ihr Geld auch so ausgeben, dass die Bank es als Darlehen von weiteren Gläubigern wieder bekommt, kann die Bank das Spiel beliebig oft wiederholen. Sie kann – paradoxerweise – dasselbe Geld nicht nur beliebig oft ausleihen, sondern es auch gleichzeitig an beliebig viele Kunden ausgeliehen haben. Es gibt also genau einmal 50'000 Franken, aber beliebig viele Kunden, die der Bank diese 50'000 Franken „schuldig" sind.

Wenn ich den Ausdruck „paradox" als „gegen die Vernunft" deute,[130] kann ich mich fragen, welcher Vernunft das mehrfache Ausleihen desselben Geldes widerspricht. Wenn ich Geld materiell begreife, ist klar, dass dasselbe Geld nicht gleichzeitig bei verschiedenen Kunden sein kann, was sich in der Modellierung darin zeigt, dass das Geld jedes Mal zur Bank zurück fliessen muss, bevor es die Bank wieder einem neuen Kunden geben kann. Die Bank kann dasselbe Geld nicht gleichzeitig zwei verschiedenen Kunden übergeben. Sie müsste zwei Systemtakte warten, bevor sie das Geld dem nächsten Kunden geben kann.

Dieses Zeitproblem löst die Zentralbank, indem sie kurzfristig zusätzliches Geld herstellt und vernichtet. Aber natürlich kann dasselbe Geld auch so nicht an zwei verschiedenen Orten sein. Die Paradoxie liegt also darin, dass ich das Geld sozusagen noch habe, wenn ich es schon zurückgegeben habe - was mit materiellem Geld nicht möglich ist. Eine verbreitete Form dieser Paradoxie zu entkommen, besteht darin, jeden Begriff von Geld aufzugeben, also Geld nur als Potentialität zu begreifen.[131]

---

[130] In einer klassischen Paradoxie erzählt der Philosoph Zenon, dass Achilles der schnellste Läufer seiner Zeit, in einem Rennen gegen seine Schildkröte nicht gewinnen könne, wenn er ihr auch nur wenig Vorsprung gewähre. In der Zeit, in welcher Achilles die Distanz des Vorsprungs zurücklege, sei nämlich die Schildkröte auch etwas weitergekommen und habe also einen neuen Vorsprung geschaffen, so dass Achilles wieder einen Vorsprung aufholen müsse, was sich immer wieder von neuem abspiele, so dass Achilles eben die Schildkröte nie überholen könne.

[131] Den Trick der Potentialität hat Aristoteles gegen seine Paradoxien eingeführt, die er Zenon zugeschrieben hat. Die Geldschöpfung verliert ihren paradoxen Zauber, wenn sie als potentielle Geldschöpfung gesehen wird. Allerdings nehmen die Banken nicht nur potentiell Zins für das von ihnen „geschöpfte" Geld, irgendwie sehen sie das Geld des Zinses aktueller.
Vielleicht ist es auch kein Zufall, dass Aristoteles ausgerechnet zur Zeit des Zinskapitalismus erfunden ((wieder)geboren) wurde. Reformation und Renaissance gehen Hand in Hand, wenn es um die Potentialität des Geldes geht.

Dasselbe Geld ist nicht nur gleichzeitig bei verschiedenen Kunden, es ist vor allem auch in der Buchhaltung der Bank mehrfach vorhanden. Die Bank notiert ja bei jeder Kreditvergabe mit demselben Geld neues Geld in einem neuen Konto. Innerhalb der Paradoxie scheint die Bank also Geld aus dem Nichts zu schöpfen, indem sie es als Darlehen vergibt, und dabei Geld verwendet, das sie bereits ausgeliehen hat. In der Volkswirtschaftswissenschaft wird dieses Schöpfen aus dem Nichts in Anlehnung an die Bibelstelle „fiat lux" als „fiat money" bezeichnet: „es werde Geld".[132]

Den Ausdruck Paradoxie kann ich auch etwas anders akzentuieren und als „gegen die (vernünftige) Lehre" lesen.[133] Die Lehre und die Gegenlehre kann ich nicht sehen oder erleben, sondern nur erzählt bekommen. Paradoxien sind in diesem Sinne an die Sprache gebunden. Die Paradoxie entsteht in mir, wenn ich verschiedene Beobachtungen sprachlich vermenge, also nicht als verschieden beobachte. Dass eine Bank dasselbe Geld in derselben Zeit mehrfach ausleihen kann, erkenne ich als Paradoxie, die sich wie jede Paradoxie auflösen wird, wenn ich die Beobachtung, auf der die Geschichte beruht, durch andere Unterscheidungen beobachte.[134]

---

[132] In der Genesis 1,3 heisst es, dass Gott gesprochen habe: fiat lux - es werde Licht!

[133] Das entspricht der gängigen etymologischen Deutung des Wortes: para heisst gegen und Doxa heisst Lehre.

[134] In der Erzählung, in welcher Achilles die mit etwas Vorsprung gestartete Schildkröte nie einholt, wird der Vorsprung der Schildkröte immer kleiner. Achilles braucht also immer weniger Zeit, um diese Distanzen zurückzulegen. Wenn ich immer dann schaue, wenn Achilles dort ist, wo die Schildkröte vorher war, werden die Beobachtungsintervalle immer kürzer. So bleibt logisch wahr, dass er die Schildkröte nicht einholen kann, egal wie „lange" das Rennen dauert. Die „Renndauer" muss dabei aber in Anzahl Beobachtungen gezählt werden, also nicht wie in der üblichen Perspektive mit einer Uhr gemessen werden. Die Paradoxie beruht darauf, dass ich als Zuhörer eine „Zeit" im Kopf habe, während Zeno, der Erzähler der Geschichte von Achilles und der Schildkröte, eine andere „Zeit" verwendet;

7.4 Giralgeld als Differenz

Unter der konventionellen Kontoblattperspektive, also wenn ich Konto und Kontoblatt trenne, wird in den Konten kein Geld bewegt. Das Verändern von Kontoblättern kann die Bank auch abwickeln, wenn sie gar kein Geld im Bankgeldkonto hat. Das heisst, die Bank gibt mir etwa im Falle eines Hypotekargeschäftes kein Geld, und bekommt deshalb von meinem Hausverkäufer auch kein Geld, weil ich dem Hausverkäufer ja auch kein Geld gebe. Für die Bank bedeutet das, dass sie das Darlehen, das ich von ihr habe, ihrerseits einem Gläubiger schuldet. Für diese Schuldenzuschreibungen muss niemand Geld besitzen, „Geld" erscheint nur zur Bewertung der Schulden. Dabei reproduziert sich eine ursprüngliche Funktion des Geldes, welches als Äquivalenzform zwischen verschiedenen Waren auf dem Markt vermittelt hat und jetzt analog zwischen verschiedenen Schulden vermittelt. Diese Bewertungsfunktion ist aber keine Funktion des Geldes, sondern eine gesellschaftliche Funktion, die zunächst durch Geld erfüllt wurde. Schulden kann man ja nicht nur durch Geld begleichen. Schulden wurden schon gemacht, bevor es Geld überhaupt geben hat. Und auch da wusste man schon, mit wie viel „Wert" die Schulden beglichen werden konnten.[135]

Über Einträge auf einem „Kontoblatt" kann man sehr verschiedenen nachdenken. In einer üblichen Perspektive werden solche Einträge nicht als Geld bezeichnet, sondern als Dokumentationen, also als Beschreibungen davon, wo das Geld ist, oder wer wem Geld schuldig ist.[136] In einer inversen Analogie zu diesem Kontoblatt kann ich die Banknote als Verweis auf

---

die Geschichte ist nur paradox, wenn ich nicht recht zuhöre.

[135] Steuervögte verlangten manchmal zehn Scheffel Weizen und ein anderes Mal eine Jungfrau, die ihnen auch wertig schien.

[136] Diese Perspektive habe ich in Abschnitt 5.6 dargestellt.

ihre Golddeckung lesen. Dann erscheint die Banknote als eine Art Kontoblatt, auf welchem steht, wo das eigentliche Geld als Gold liegt.

Ich kann das Kontoblatt aber in einer anderen Perspektive anders auffassen und dann auch ganz anders lesen. Wie Einträge auf dem „Kontoblatt" als Geld betrachtet werden können, habe ich in Form von elektronischem Geld veranschaulicht. Die aufsummierte Zahl auf dem „Kontoblatt", der Saldo, zeigt dort, was sie als Geld „ist", so wie eine Banknote durch ihren Aufdruck zeigt, welchen Geldwert sie hat. Soweit eigentliches Geld ohnehin durch eine Währung gewährleistet wird, kann die Währung auch Einträge auf spezifizierten Konto(korrent)-blättern gewährleisten und so zu Geld machen. Es ist ja auch die Währung(snation), die das als Banknoten bedruckte Papier zu Geld macht. Und die Währung legt auch im Falle von Banknoten fest, wer unter welchen Bedingungen Geld „schreiben" darf.

Giralgeld wird in diesem Sinne wie elektronisches Geld schreibend hergestellt, wenn ein Bankkunde akzeptiert, dass die Bank das gemeinsame Kontoblatt verändert. Die Bank kann also kein Giralgeld herstellen, wenn sie nicht einen Kunden findet, der diese „Herstellung" mit ihr teilt.[137]

Ich will den Unterschied zwischen einem Kontokorrent und einem Bankkontokorrent nochmals hervorheben. Wenn ich als Verkäufer ein Kontokorrentguthaben bei einem Kunden habe, kann ich das schlecht als Geld sehen, weil ich es ja nicht nur nicht sehen, sondern auch giral nicht ausgeben kann. Wenn ich mein Kontokorrent-Guthaben auf der Bank habe, kann ich es ausgeben, weil dabei keinerlei Geld die Bank verlässt. Dif-

---

[137] Ein praktisches Problem, das hier noch nicht interessiert, besteht darin, dass die Banken viel zu viele Kunden finden, mit welchen sie Giralgeld herstellen können. Deshalb beschränkt die Währung diesen Prozess. Ich komme später darauf zurück.

ferenztheoretisch ist Giralgeld Geld, das ich ausgeben kann, ohne dass ich es weggebe(n kann).

➢ Bedeutungswandel als Deutungswandel

Der Ausdruck "Bedeutungswandel" impliziert in einer verbreiteten Verwendung, dass Wörter eine Bedeutung haben und dass sich diese "Bedeutung" verändern kann. Ich verwende den Ausdruck "Bedeutungswandel" hier kontextgebunden etwas subtiler:

Mit einem Wort verweise ich auf etwas. Mit dem Wort "Tisch" verweise auf einen Gegenstand mit der Gegenstandsbedeutung "Tisch". Die Bedeutung liegt im Tisch, nicht im Wort. Es ist in diesem Sinne eine verkürzte Redeweise zu sagen, dass das Wort „Tisch" Tisch bedeute. Die Bedeutung des Wortes „Tisch" sehe ich darin, dass ich damit Tische referenzieren kann. Wörter sind Symbole, die für etwas stehen, was eine Bedeutung hat. [138] Als Bedeutungswandel sehe ich einen Wort-Verwendungswandel.

Die Verwendung eines Wortes verändert sich auf sehr verschiedene Arten, die ich oft nicht genau unterscheiden kann. Es kann sein, dass ein Wort, das schon eine "Bedeutung" hat, auch für andere Sachen verwendet wird, dann spreche ich von Homonymen, die ich als Metaphern auffassen kann. Ein Beispiel dafür wäre etwa das Wort Maus, mit welchem ich auch auf die Computermaus verweise. Es kann sein, dass dabei die ursprüngliche Wortverwendung verschwindet, etwa weil der ursprüngliche bezeichnete Gegenstand verschwindet (hier habe ich kein Beispiel, weil diese Wörter verschwunden

---

[138] Kürzlich fragte mich jemand, worauf oder auf welchen Gegenstand denn die Wörter "hier, so, das, und" (usw.) verweisen würden. Also: ich mache hier keine Sprach- oder Wörterwissenschaft, ich spreche hier in einem Wortverwendungskontext, in welchem ich von Wörtern spreche, die ich für Gegenstände verwende.

sind). Es kann sein, dass sich ein Wort durch eine Art Verkürzung neu etabliert. Ein Gefäss aus Glas war ursprünglich ein
Glasgefäss, das dann als Trinkglas und schliesslich nur noch
als Glas bezeichnet wird. Das bezeichne ich als Synekdoche,
weil Glas dann immer noch auch das Material bezeichnet. Es
kann sein, dass sich der Sinn einer bezeichneten Sache so
sehr verändert, so dass das Wort deshalb nicht mehr auf denselben Sinn verweist. Das Florett war ursprünglich eine Waffe,
ist jetzt aber nur noch ein Sportgerät. Es kann sein, dass ein
Wort für verschiedenste Arten von Verallgemeinerungen verwendet wird. Der Zweck, der früher von den Schützen für den
Nagel in der Mitte der Zielscheibe verwendet wurde und so
natürlich das Ziel der Schützen war, wurde allmählich für jedes Ziel und schliesslich nur noch für Ziel verwendet. Mit dem
Ausdruck "Morgenstern" kann ich pragmatisch genau die Ve-
nus meinen, ich kann aber auch das Phänomen, dass die Ve-
nus am Morgen hell leuchtet, meinen.

Eine ganz andere Art von Bedeutungswandel sehe ich darin,
dass ich mir bewusst mache, wie ich ein Wort verwende und
dabei merke, dass und wie sich meine Deutung verändert.

Unbewusst verwende ich den Ausdruck Geld für Münzen und
Noten, die ich im Portemonnaie habe und als Zahlungsmittel
verwende. Beim Nachdenken wird mir zunächst bewusst,
dass ich mit Geld ein allgemeines Wertäquivalent bezeichne,
das sich eben unter anderem in Kurant-Münzen und in Schei-
degeld-Noten zeigen kann. Schliesslich realisiere ich, dass
Geld ein soziales Verhältnis quantifiziert, das ich als Schul-
d(en) bezeichne. Geld ist in diesem Sinne ein Mass für die
Schuld.[139] Diese Art von Bedeutungswandel findet nur in meinem Bewusstsein statt. Was Geld wirklich ist, ist davon nicht

---

[139] Eine vergleichbare Begriffslosigkeit erkenne ich im Wort Energie, das
im Alltag für Waren wie Erdöl, Kohle und dann auch halbbewusst für elektrischen Strom verwendet wird, während Energie in der Physik eine funda-
mentale Grösse bezeichnet, die in Joule gemessen wird.

betroffen. Ich kann weiterhin Brot kaufen, wenn ich Geld habe und die Bank kann weiterhin Darlehen geben, auch wenn sie gar kein Geld hat.

7.5 Die doppelte Buchhaltung

Wenn die Bank und die Kunden die doppelte Buchführung[140] verwenden, wird der Kunde A in seiner Buchhaltung zwei Kontoblätter beschreiben, wovon eines „Bank" heisst und das andere irgendeinen Bilanzkontonamen wie „Auto" hat, wenn er beispielsweise ein Auto kauft. A hat dann von der Bank einen Darlehen, das er mit dem Auto(wert) finanziert. Sein Eintrag im Konto „Bank" dokumentiert, dass in der Bank zwei Konten beschrieben werden. Auf der Bank wird dem Kundenkonto A einen Betrag belastet, der dem Kundenkonto B gutgeschrieben wird. Kunde B dokumentiert den Vorfall seinerseits.

Der Verkauf und mithin die Bezahlung von Geld findet zwischen A und B statt. Weil aber die Bank involviert ist, ist das Geschäft zwischen A und B auch in der Bankbuchhaltung quasi verdoppelt vorhanden. Durch die buchhalterische Kon.-vention erkenne ich das Geld als innerhalb der Bank „geflossenes" Geld. Das heisst, ich mache die Bankkontoblatt-Einträge zum Ereignis und die Kontoblatteinträge der beiden Kunden zum Bericht über das Ereignis oder zur Dokumentation.

Durch die Verdoppelung der Buchhaltung erscheint die eine Buchhaltung als Beschreibung und die andere Buchhaltung als Beschriebenes. In der Buchhaltung der Bankkunden wird

---

[140] Die doppelte Buchführung ist spätestens seit 1494 durch ein Buch des italienischen Franziskanerpaters Luca Pacioli bekannt. Man spricht von „doppelter" Buchführung, weil jeder Geschäftsvorgang in zwei Konten (als Soll und Haben) erfasst wird. Auf diese Weise wird auch der Erfolg auf zweifache Art ausgewiesen, nämlich durch den Vergleich des Eigenkapitals in der Bilanz und durch die Differenz zwischen den Aufwendungen und Erträgen in der Erfolgsrechnung.

der Geldfluss beschrieben, der in der Bankbuchhaltung fingiert stattfindet. Auf diese Weise erscheint der Eintrag auf dem Bankkonto als Geld. Als Giralgeld bezeichne ich in diesem buchhalterischen Sinn die Differenz zwischen Geld, das auf einem Kontoblatt dokumentiert ist und Geld, das auf dem Kontoblatt „ist". Das Geld auf dem Kontoblatt der Bankbuchhaltung sehe ich als eine Differenz zwischen einer empirischen Grösse, die ich als Wert bezeichne, und einer Ware, deren Wert ich durch diese Grösse ausdrücke. Geld ist - im Sinne der Einheit dieser Differenz - das, was ich in Form von Devisen messe. Geld ist in diesem Sinne eine Hypostasierung einer Messoperation, die quasi ausser Acht lässt, was gemessen wird, so wie es der Energiemessung gleichgültig ist, wofür die Energie steht.[141]

7.6 Die Interbank

In der hier verwendeten Modellierung bestimmt die Währung die Nationalbank als Hersteller von eigentlichem Geld. Die Nationalbank kann die praktische Herstellung von Münzen und Noten auslagern, aber sie bleibt Hersteller des Geldes. Banken können unter der geltenden Währung kein Geld herstellen, aber natürlich können sie Schulden machen und girale Darlehen gewähren. Dafür brauchen sie keine Zentralbank.

In dieser Modellierung hat die Zentralbank bisher zwischen den Banken vermittelt, also fraktal auch als Bank der Banken fungiert. Solange die Banken Geld brauchen, sind sie auf die Zentralbank angewiesen. Nachdem die Banken aber Giralgeld erzeugen, können sie natürlich fraktal auch eine „girale" Bankenbank verwenden, die ich als Interbank bezeichne. Die Interbank stellt kein Geld her, sondern führt ein Girokonto für al-

---

[141] Energie ist - im Sinne der Einheit dieser Differenz - das, was ich als Joule messe, ohne mich darum zu kümmern, dass das Verbrennen von Erdöl meine Wohnung heizt.

le Banken, so wie die Banken ein Girokonto für alle ihre Kunden führt. Und so wie die Bank durch das Kontokorrent kein Geld braucht, braucht auch die Interbank keinerlei Geld, wenn sie einer Bank ein girales Darlehen gibt.[142]

Ich füge also die Interbank in meinem anschaulichen Beispiel ein. Die Bank A bezieht nun ihr Geld nicht mehr von der Zentralbank, sondern von der Interbank, die es - im Prinzip - von der Zentralbank bekommt. Die Bank gibt das Geld ihrem Kunden, welcher es dem Autoverkäufer gibt. Der Autoverkäufer gibt das Geld seiner Bank, die in diesem Fall eine andere Bank ist als jene des Autokäufers. Ich bezeichne sie als Bank B. Die Bank B gibt das Geld nicht der Zentralbank, sondern der Interbank, die das Geld ihrerseits an die Zentralbank zurückgibt. Jetzt hat die Bank A Schulden und die Bank B ein Guthaben im Kontokorrent der Interbank. Die Zentralbank vernichtet ihr Geld wieder, weil es nicht mehr gebraucht wird.

Ich habe weiter vorne geschrieben, die Funktion der Zentralbank sei das Herstellen von Geld. Sie besitzt das Monopol der Geldherstellung zwar nach wie vor, aber ihr Geld wird praktisch nicht mehr gebraucht, es spielt keine wichtige Rolle mehr. Jetzt erscheint die Zentralbank rückblickend als Lösung für ein anderes Problem, das darin bestanden hat, dass es zunächst noch kein Giralgeld gegeben hat. Als Lösung für das zuerst genannte Problem, nämlich ein praktisches Wertäquivalent bereitzustellen, was die Zentralbank in Form von Geld geleistet hat, erscheint jetzt das durch die Banken erzeugte Giralgeld und die Zentralbank erscheint - wie ihr Geld - nur mehr als Überbrückung bis das Interbankkontokorrent entwickelt ist. Die Zentralbank löst in diesem Sinne also nicht

---

[142] SIX Interbank Clearing beispielsweise ist ein Gemeinschaftswerk des Finanzplatzes Schweiz. Sie betreibt Interbank-Zahlungssysteme, die den teilnehmenden Finanzinstituten ermöglichen, den bargeldlosen Zahlungsverkehr in Franken und Euro untereinander abzuwickeln. Das SIC-System verarbeitet Franken-Zahlungen im Auftrag und unter Aufsicht der Schweizerischen Nationalbank.

mehr das Problem der Geldherstellung, sondern das Problem des noch nicht vorhandenen Giralgeldes.[143]

Das Giralgeld macht aber umgekehrt eine Funktion der Zentralbank sichtbar, die zunächst durch die Verwendung von eigentlichem Geld implizit gelöst war, nämlich die Regelung der Geldmenge.

---

[143] Ich habe schon früher ganz analog auf die progressive Problemverschiebung von I. Lakatos verwiesen.

8 Die Geldmenge

Die Menge des Geldes erscheint in verschiedenen Hinsichten relevant. Mein gesunder Menschenverstand interessiert sich naheliegenderweise zuerst für die Geldmengen in meinen eigenen Portemonnaie. Dann aber merke ich, dass für mich nicht relevant ist, wie viel Geld ich habe, sondern wie viel von was ich mit meinem Geld kaufen kann. Und die Erfahrung lehrt mich, dass sich diese Menge unabhängig von meiner Geldmenge oft und beliebig verändert, weil die Preise der Waren - auch jenseits von Inflation - beliebig steigen und sinken. In dieser Hinsicht interessiert mich also in Bezug auf mein Geld nicht die Geldmenge, sondern die Wertmenge des Geldes in Form von Waren.[144]

Hier interessiert mich nicht der Wert des Geldes, sondern das Geld. Eigentliches Geld zirkuliert als materieller Fluss von einem Porte-Monnaie zum andern. Jeder Fluss hat eine kritische Masse. Damit das Wasser, das über der Erde zirkuliert, mir in Form von Regen, Bächen, Seen, Flüssen, Meeren und Wolken erscheinen kann, muss es hinreichend viel sein, um Seebecken und Flussbette zu füllen, und es darf nicht zu viel sein, weil sonst das Meer alle Flüsse und Seen zudecken würde. Für die Erde als Gestirn ist die Wassermenge kein Problem, sie wäre allenfalls einfach ein ganz trockener oder ein richtig blauer Planet. Aber die Zirkulation des Wassers, die ich beobachte, ist an eine bestimmte Wassermenge gebunden.

---

[144] Wenn eine Ware billiger wird, scheint das Geld nicht mehr wert zu sein. Wenn dagegen gleichzeitig viele Waren in einem ähnlichen Ausmass billiger werden, kann ich sagen, dass Geld als allgemeines Äquivalent teurer geworden ist, dass also der Preis des Geldes zugenommen hat, weil ich für gleich viel Geld mehr Waren bekomme oder liefern muss. Diese Veränderung bezeichne ich gemeinhin als Deflation und den umgekehrten Fall als Inflation.
Wie die Inflation und die Geldmange miteinander verknüpft sind, ist begrifflich und empirische sehr umstritten. Die in der volkstümlichen Volkswirtschaft gängigen Definitionen enthalten die Geldmenge bewusst nicht, sondern referenzieren nur den Preis des Warenkorbes.

Und so wie die Zirkulation des Wassers praktisch zur Bewäs-
serung oder Energiegewinnung genutzt wird, muss nicht nur
die Menge, sondern auch die Verteilung in der Zirkulation bestimmten Regeln folgen. Wenn manchmal alles Wasser im
Meer oder alles Wasser in den Wolken wäre, würde das Wasser die Funktionen, die ich ihm durch die Verwendung zurech-
ne, nicht erfüllen. Wir bauen beispielsweise Stauseen, um die
Zirkulation ein wenig zu steuern. Ein Stausee ist ein typischer
Stock, er kann nicht zu viel und sollte nicht zu wenig Wasser
enthalten. Aber die Wassermenge insgesamt beeinflusst das
natürlich nicht.

Auch der Geldfluss muss eine bestimmte Masse haben, damit
in allen Portemonnaies und Konten die Sollbedingungen erfüllt
werden können. Anders als bei meiner Modellierung der Was-
serzirkulation, wo ich die Menge des Wassers nicht beeinflussen kann, wird die Geldmenge in meinem bisherigen Modell
von der Zentralbank geregelt, die je nach Bedarf Geld her-
und zur Verfügung stellt. In (m)einer bisher nur schwach entwickelten Variante der Zentralbank reagiert diese einfach auf
den Bedarf der Banken und die Banken reagieren auf den Bedarf der Portemonnaies, für die sie zuständig sind. Ich werde
die Regelung der Geldmenge später etwas differenzierter darstellen. Damit die Regelung der Geldmenge überhaupt nötig
werden kann, muss die Menge natürlich zunächst eine kritische Grösse erreichen und potentiell wachsen wollen. Geld
muss dazu unter die Leute kommen, und dann unter Leute,
die mehr davon wollen.

8.1 Die gedeckte Geldmenge

Wenn es nur Kurantgeld geben würde, ergäbe sich die Regelung der Geldmenge naturwüchsig, weil dieses Geld seinen eigenen Wert repräsentieren und mithin als gewöhnliche Ware
auftreten würde. Die Menge der Kühlschränke etwa muss in
einem funktionierenden Markt nicht geregelt werden, sie ergibt
sich durch die Nachfrage, weil die Kühlschränke ihren Wert

wert sind. Niemand will mehr Kühlschränke als er brauchen kann. Die Produktion der Geldmenge hätte bei Kurantgeld ihre natürliche oder inhärente Begrenzung in der Nachfrage, die durch äquivalente Werte in Gold oder Silber begründet werden müsste. Eine Zentralbank, die Kurantgeld herstellt, hätte allenfalls den Sinn einheitlichen Geldes. Umgekehrt ist in gewisser Weise jeder ursprüngliche Geldhersteller eine solche Proto-Zentralbank, wobei der Ausdruck „zentral" eben den räumlich-geographischen Geltungsbereich des jeweiligen Geldes bezeichnet, der aber gerade nicht als Nation verstanden wird, weil eine zentralisierte Durchsetzung solchen Geldes nicht notwendig ist.

Wenn die Zentralbank nur gedecktes Scheidegeld herstellen würde, könnte sie auch nur so viel Geld produzieren, wie sie Deckung bekommen würde. Das heisst, sie müsste dazu keine spezifischen Geldmengenüberlegungen anstellen, weil die Banken auch in diesem Fall realen Gegenwert liefern müssten. Die Banken könnten also nicht so viel Geld nachfragen, wie sie haben „sollten", um ihren Verpflichtungen nachzukommen, sondern nur so viel, wie sie „decken" könnten. Dass aber bereits diese gedeckte Geldform ihre Regelungsproblematik hat, zeigt sich darin, dass die us-amerikanische Regierung das Gold, mit welchem sie den Dollar decken wollte, im nationalen Besitz monopolisieren musste - eine für mich unglaubliche Idee, die ich immer noch nicht nachvollziehen kann, obwohl die Amerikaner das beachtlich lange getan haben. Aber andrerseits haben die Amerikaner auch eine Zeitlang den Handel mit alkoholischen Getränken verboten, und viele Staaten verbieten heute noch den Handel mit Kokain. Die Idee war wohl: Wieso also nicht auch eine Goldprohibition, wenn das der Gesellschaft dient? [145]

Die Menge des gedeckten Geldes und deren Regelung kümmert mich hier nicht weiter, weil gedecktes Geld so unwahr-

---

[145] Es gibt immer Teile der Gesellschaft, welchen Prohibitionen sehr wohl dienen.

scheinlich ist wie kurantes - obwohl die Gelddeckung schon oft versucht wurde und immer wieder gefordert wird. Sehr viele „neue Ökonomien" orientieren sich mehr oder weniger direkt an S. Gesells Freiwirtschaft und fordern Gelddeckungen verschiedenster Art. Es geht in diesen Ökonomien normalerwiese um eine gerechtere oder wenigstens um eine funktionierende Wirtschaft - aber nicht um Geld. Es ist zwar von Geld die Rede, aber gemeint sind Eigentumsverhältnisse, für die Geld bloss als Medium fungiert.[146]

Eine immer noch aktuelle Forderung verlangt Vollgeld.[147] Vollgeld verlangt keine gedeckte Geldmenge, sondern will das Fiatgeld bei der Zentralbank monopolisieren, was einer Aushebelung der Giralgeld-Banken gleichkommt, in der vorliegenden Modellierung aber keinen anderen Sinn macht, als eine Prohibition von Giralgeld. Banken dürften nur noch Geld verleihen, welches sie haben, also würden die Banken viel mehr Geld von der Zentralbank verlangen oder es würden sich andere illegale Geldverleiher etablieren (wollen). Prohibition kommt selten gut.

➢ Die unmittelbare Regelung (Steuerung)

Ich will hier ein Regelungsproblem hervorheben, das in dieser Form nur bei kurantem Geld besteht, aber in Analogien oft auf Geld überhaupt übertragen wird. Die Regelung ersetzt in einem differenziellen Sinne eine Steuerung, die auf einer vorausschauenden Planung beruht. Beim Steuern muss ich voraussehen, wie meine Massnahme wirkt und in diesem Sinne Vor-aus-Sicht walten lassen. Beim eigentlichen Steuern kann ich im Nachhinein nichts mehr korrigieren. Wenn ich beispielsweise eine Gewehrkugel in eine bestimmte Richtung abge-

---

[146] Ein typisches Beispiel für solche Ökonomien ist etwa die seit 2010 sich entfaltende, internationale Initiative „Gemeinwohlökonomie" (http://www.gemeinwohl-oekonomie.org).
[147] In der Schweiz beispielsweise gibt es dazu im Jahr 2016 sogar eine Volksabstimmung.

feuert habe, kann ich deren Flug nicht mehr beeinflussen. Beim Regeln korrigiere ich die Wirkung meiner vorhergehenden Massnahme und praktiziere sozusagen Nach-her-Sicht. Wenn sich mein Auto in einer Kurve nicht an den Verlauf der Strasse hält, weil ich zu stark eingelenkt habe, drehe ich das Lenkrad etwas zurück, sobald ich sehe, dass ich zu viel Steuer gegeben habe.

Wenn die Zentralbank nur Geld herstellen, aber kein Geld vernichten könnte, müsste sie voraussehen, wie viel Geld benötigt wird. Da sie aber Geld wieder zurückziehen kann, wenn es zu viel davon gibt, braucht sie die Voraussicht nicht, respektive nur in sehr begrenzter Weise.

Die Regelung reagiert auf Abweichungen von einem Sollwert. Innerhalb des Systems interpretiere ich Abweichungen als Störungen, obwohl sie ausserhalb des Systems als bewusste Steuerungsmassnahmen erscheinen können. Der WC-Spülkasten etwa reagiert als System auf seine Entleerung, die er als Störung des Sollwertes eines bestimmten Wasserstandes „empfindet", während für mich das Spülen dem Zweck des Spülkastens entspricht. Ich steuere also beim Spülen mein „WC-System" und das „Spülkasten-System" reagiert dann regelnd auf eine Störung.

Die hier modellierte Zentralbank reagiert in diesem Sinn auf die Störung, dass Geld abgehoben wird, während sie von aussen gesehen ja eigens dazu dient, dass Geld abgehoben werden kann. Der Ausdruck Störung bezieht sich auf die Regelung, also nicht auf eine Funktion des Systems, sondern auf dessen Funktionsweise.[148] Die Regelung bezieht sich deshalb

---

[148] H. Maturana, der spanisch gesprochen, aber englisch geschrieben hat, hat im Englischen anstelle von Störung „Perturbation", also das spanische Wort für Störung, verwendet, um auf diese Differenz aufmerksam zu machen.

ausschliesslich auf Störungen des Eigenzustandes, also nie auf irgendetwas in der Umwelt des Systems. Es spielt system-theoretisch keine Rolle, welche Ursachen und Motive ausser-halb des Systems die Systemstörung des Sollwertes bewir-ken. Dem Spülkasten ist sozusagen gleichgültig, warum oder wozu ich ihn leere, er reagiert nur auf seinen eigenen Wasser-stand. Der bisher modulierten Zentralbank ist in diesem Sinne egal, wer wofür Geld verlangt, sie reagiert nur auf die Nachfra-ge.

Die Regelung setzt voraus, dass Massnahmen zur Verfügung stehen, die Störungen des Sollwertes kompensieren können. Ich bezeichne die Regelung als unmittelbar, wenn die Mass-nahme unmittelbar auf den Sollwert wirkt. Beim WC-Spülkas-ten wird der Wasserstand durch Zuleitung von Wasser gere-gelt. Die hier modulierte Zentralbank regelt ihren Geldbestand durch Herstellung von Geld. Es geht mithin nicht nur um die Regelung der Geldmenge, sondern um eine Regelung, die ge-währleistet, dass überall, wo Geld gebraucht wird, die richtige Menge Geld vorhanden ist. Solange es nicht um Giralgeld, sondern um Geld geht, das von der Zentralbank hergestellt wird, wäre diese Regelung praktikabel, wenn das Geld gleich-mässig fliessen oder zirkulieren würde.

8.2 Gestautes Geld (Stocks)

Wenn ich beispielsweise eine grössere Ausgabe antizipiere, erhöhe ich den Sollwert in meinem Portemonnaie oder auf meinem Bankkonto oder ich lege mir gar ein zusätzliches Kon-to an. Und das können natürlich ganz viele Menschen unab-hängig voneinander tun. Überdies soll es nicht nur Leute ge-ben, die Geld unter ihrer Bettmatratze aufheben, weil sie den Banken nicht trauen, sondern auch beliebig viele, die illegal erworbenes Geld in Schliessfächern und anderen Verstecken lagern, weil sie den Banken trauen. Ein Teil des Geldes ist al-so dem Geldfluss vorübergehend entzogen, so wie Wasser, das in den Stauseen gespeichert wird. Jeder zusätzlich ge-

schaffene Stausee absorbiert eine entsprechende Wassermenge, aber Stauseen gibt es nicht beliebig viele und sie sind
in ihrer Grösse relativ konstant. „Geldstauseen" entstehen und
verschwinden relativ spontan und sie sind in ihrer Grösse und
in ihrer Anzahl praktisch nicht beschränkt, das heisst sie können den materiellen Geldfluss stark beeinflussen.

Unter einer bestimmten Auflösung ist jedes Geld in einem Portemonnaie gespartes, dem Fluss entzogenes oder gestautes
Geld. Hier geht es mir aber um das Geld, das bewusst gespart
wird. Wenn ich meine Ersparnisse in den Tressor lege, redu-
ziere ich die Geldmenge, die zur Verfügung steht. Wenn ich
dagegen meine Ersparnisse in mein Bankkonto lege, bleibt es
nicht liegen sondern fliesst weiter. Solche „Bank-Ersparnisse"
blockieren also kein Geld, weil sie auch im Falle von Scheidegeld als Erspartes nur in den Büchern stehen. Der Witz oder
ein Effekt der Banken besteht in dieser Hinsicht darin, dass
gespartes Geld der Geldmenge nicht entzogen wird.

Die für einen funktionierenden Geldfluss notwendige Geldmenge ist also von vielen lokalen Sparverhalten abhängig. Die
Erfindung der Bank löst diese Problematik weitgehend, da die
Pufferung von Nachfragespitzen, die ohne Banken durch
Stauen von Geld gewährleistet werden müssten, gerade der
Sinn der Banken ist, während die Zentralbank so nur Nachfragespitzen nach Sichtgeld ausgleichen muss. Auch darin hat
die Bank eine wohl nicht bewusst intendierte Funktion. Sie
macht möglich, dass das Geld nicht nur insgesamt zur Verfügung steht, sondern innert nützlicher Zeit am gegebenen Ort
verfügbar ist, ohne dass viele Stocks einen Sollwert haben
müssen, der weit oberhalb des eigentlichen Bedarfes liegen
würde.[149] Ich kann sparen, ohne Geld in meinen Portemonnaie zu blockieren.

---

[149] Die etablierte Form habe ich vorne als Kontokorrent besprochen.

8.3 Die ungedeckte Geldmenge

In meiner bisherigen Modellierung reagiert die Zentralbank vermittelt durch die Nachfrage der Banken nur auf den Geldbedarf aller Bankkunden. Da das Herstellen von nicht gedecktem Scheidegeld im Vergleich zum Geldwert, den es hat, praktisch nichts kostet, könnte die von der Deckungspflicht befreite Zentralbank beliebig viel Geld herstellen, was ja in Zeiten von sogenannten Hyperinflationen auch schon gemacht wurde.[150]

Wenn Geld für Darlehen verwendet wird, wird die Nachfrage nach Geld von Tauschhandlungen entkoppelt. Wenn ich eine Ware bar bezahlen will, muss ich das Geld vorher gespart haben. Wenn ich dagegen die Ware mittels eines Darlehens erlange, werde ich meinen Teil der Tauschhandlung erst im Nachhinein erfüllen. Ich frage also nach Geld, für welches ich noch keinerlei Gegenwert geschaffen habe. Würde ich nach gedecktem Geld fragen, müsste der Geber des Darlehens einen entsprechenden Wert geschaffen haben. Wenn die Bank nur gedecktes Geld verleihen würde, wäre jedes Darlehen von jemandem gespartes Geld. Wenn meine Bank mir aber nicht gedecktes Geld gibt, das sie von der Zentralbank anfordert, muss die Zentralbank - jenseits von Deckung und jenseits von Wünschen der Bankkunden - abschätzen, wie viel Geld sinnvollerweise produziert werden soll.

Ihre eigentliche Aufgabe bekam die Zentralbank durch das Scheidegeld, dessen Menge sie - auf dieser Modellierungsstufe - für die Nation regeln muss.

---

[150] ... und seit etwa 2010 scheinbar ohne jede Inflation wieder gemacht wird.

➤ Die Nationalbank

Scheidegeld wird in der politischen Ökonomie fast durchgängig als politisches Gut gesehen.[151] In seiner ökonomisch reinen Form hat das Scheidegeld keinen Eigentümer, weil es keinen Wert hat. Es wird als Katalysator ins gesellschaftliche Spiel gebracht, wo es selbst ohne in Mitleidenschaft gezogen zu werden, der Warentausch enorm unterstützt. In der gängigen katalytischen Formulierung erscheint Geld als Schuldsymbol: Wer Geld hat, hat – so gesehen - Schulden bei der Nationalbank, die durch das Geld, das er hat, finanziert sind. Das sind aber lustige Schulden, sie lösen sich sofort auf, wenn ich das Geld ausgebe.

Wie man weiss, sind viele, wenn nicht alle Staaten sehr hoch verschuldet. Das aber ist nur möglich, weil die Nationalbanken gegenüber den Staaten als Privatperson auftreten, also gerade nicht den jeweiligen Staat repräsentieren. Das ist bei wenigen Nationalbanken so klar geregelt wie bei dem us-amerikanischen Fed, das den us-amerikanischen Grossbanken gehört.[152] Die Schweizerische Nationalbank ist eine Aktiengesellschaft, die für ihre Aktionäre Gewinn abwirft. Die Nationalbanken sind sozusagen privatisierte Allmenden.

---

[151] Als politisches Gut bezeichne ich Güter, deren Eigentümer die Gesellschaft (Polis) ist. Ein Beispiel dafür war die Idee der Allmend, die von allen verwendet wird. Unter dem Gesichtspunkt von Eigentum scheint die Allmend einen Wert zu haben. Sie bekommt ihn, wenn sie privatisiert wird - für alle, die sie dann, ohne den Wert zu bezahlen, nicht mehr nutzen können.

[152] Wenn Forbes jeweils die reichsten Menschen der Welt auflistet, fehlen die Eigentümer des Fed. Sie haben aber zwischen dem Dezember 2007 und dem Juli 2010 einer Auswahl amerikanischer und internationaler Banken mehr als 16 Billionen Dollar an Krediten zur Verfügung. 354 Milliarden davon gingen beispielsweise an die Deutsche Bank.

Die Nationalbank widerspiegelt ihre eigene Entstehungsge-
schichte im sogenannten Merkantilismus.[153] Als Theorie verstehe ich den Merkantilismus als anweisende Beschreibung
einer Praxis, durch die sich die Nation organisiert. Vor dem
Merkantilismus führten die Monarchen Haushalte, die durch
die im Merkantilismus eingeführte Praxis als private erscheinen. Solange ein Kaufmann einem Fürsten Kredit gewährt,
wie es etwa die Fugger gegenüber Maximilian I. getan haben,
muss der Kaufmann abschätzen, was er bestenfalls wie zurückbekommen kann. Der Fürst muss als Schuldner schauen,
dass er kreditwürdig bleibt. In solchen privaten, vor-nationalen
Verhältnissen spielt die Geldmenge keine Rolle. Der Nationalstaat beruht auf der Praxis die privaten Haushalte der Monarchen durch eine dazu eingerichtete Finanzverwaltung zu ersetzen, oder moderner könnte man von einer Auslagerung
sprechen, die sich zum autonomen Nationalstaatsapparat entwickelt. Die merkantilistischen Ökonomen, die zunächst Fi-
nanzberater der Monarchen waren, verfolgten vordergründig
das Erzielen von Überschüssen durch eine positive Handelsbilanz, etwa durch Zölle. Die eigentliche, also staatsbildende
Leistung besteht aber darin, diese Überschüsse nicht durch
die privaten Haushalte der Monarchen fliessen zu lassen, sondern durch eine dazu eingerichtete Verwaltung. Die Verwaltung, die zunächst der Finanzierung der Armeen und der
Beamten dient, greift um sich, was dazu führt, dass immer
mehr Aufgaben des Monarchen zu Verwaltungs- oder Staats-

---

[153] Als Merkantilismus bezeichne ich eine Lehre, die vordergründig besagt,
dass Staaten durch eine positive Handelsbilanz Einkommen generieren
können und sollen. Ein typischer Vertreter (sozusagen ein Erfinder) des
Merkantilismus war A. de Montchrétien (Traicté de l'économie politique,
1615), er bezeichnete die Lehre als politische Ökonomie, weil sich seine
Lehre auf den Haushalt des "Staates", den er noch als Polis begriffen hat,
bezieht. Der Begriff „merkanntiles System" wurde viel später durch G. de
Mirabeau (1749-1791, Abgeordneter, Präsident des Jakobinerclubs) 1763
geprägt und von A. Smith 1776 allgemein verbreitet. Das Wort stammt vom
lateinischen mercari (Handel treiben), bzw. französisch mercantille (kaufmännisch) ab und meint, dass der Staat kaufmännisch handle (oder handeln soll).

aufgaben werden. Der Haushalt des Monarchen wird entlastet, der Monarch bekommt nur noch den Gewinn - und auch davon immer weniger, weil die Verwaltungen als Banken immer mehr davon abschöpfen. Der Staat erscheint als wirtschaftliches Subjekt eines Staatshaushaltes, der Monarch erscheint ökonomisch nur noch als reiche Privatperson.[154] Merkantilismus ist in diesem Sinne eine Konzeption für die sich entwickelnde "staatliche" Praxis, in welcher sich Besitz und Eigentum trennt. Die Nationalbank, zunächst Geldmonopolist, wird zum Besitzer des den Monarchen entzogenen, öffentlichen Eigentums, während die politische Macht bei den Monarchen und ihren republikanischen Nachfolgern bleibt. Diese Differenzierung ist nachhaltig, sie bestimmt bis heute die Nation.

8.4 Die Sollwert-Geldmenge der Nationalbank

Die hier bisher modellierte Zentralbank muss nur oft genug schauen, ob sich die Sollwertabweichung im eigenen Portemonnaie durch ihre Massnahmen verkleinert oder vergrössert. Die Massnahmen bestehen darin, Geld herzustellen oder zu vernichten. Sie wirken also ziemlich direkt. Der Sollwert ergibt sich empirisch, indem die Nachfrage beobachtet wird. In diesem vordergründigen Sinn ist die Geldmenge kein Problem, sondern die jeweilige Lösung von Nachfragesituationen, die von Banken gemäss den persönlichen Portemonnaies weitergegeben werden.

Wenn die Nationalbank einfach auf die Nachfrage reagieren würde, könnte die Geldmenge ohne Hemmung immer grösser werden, was bei ungedecktem Geld einfach durch Geldherstellen gelöst würde. In der vornationalen Zeit war der Normalfall für Monarchen, dass sie ihre Schulden gegenüber ihren

---

[154] Ich spreche hier von der Zeit der Medici und Fugger und Kardinals Richelieu, also von der Zeit in welcher auch die eigentliche Geschichtsschreibung beginnt, weil sich die Staaten selbst dokumentierten und das nicht mehr den Mythenerzählern überliessen.

Untertan dann und wann mit Beschluss einfach wieder aufgehoben haben, was heute als Absolutismus bezeichnet wird.[155]
Der Nationalstaat lässt sich als Machtteilung in genau dieser
Hinsicht verstehen. Iin der konventionellen Geschichtsschreibung ist viel von Parlamenten und Verfassungen die Rede,
aber relativ wenig darüber was eigentlich geregelt wurde. Das
Sprichwort, wonach Geld die Welt regiert, beschreibt die Differenz zwischen eigentlichen und verfassten Monarchien sehr
genau. Im Nationalstaat wird abgesichert, dass alle Schulden
finanziert sind, das heisst Schulden werden nicht einfach aufgehoben und geschuldetes Geld wird nicht einfach wertlos,
wie das in absoluten Monarchien der Fall war. Dass National-
staaten - etwa in Zeiten einer Hyperinflation - ihre Ziele nicht
immer erreichen, heisst nicht, dass sie nicht genau diese Ziele
durch ihren Zweck verkörpern.

Ich modelliere jetzt die Nationalbank etwas realistischer, so
dass sie nicht einfach Geld druckt, wenn danach gefragt wird.
Im Selbstverständnis der wirklichen Nationalbanken wird die
Geldmenge zunächst primär dazu geregelt, dass Schulden bei
relativer Geldwertstabilität finanzierbar bleiben. Die Nation ist
die Durchsetzung der Schuldbegleichung. In der bisherigen
Modellierung war das eigentliche Portemonnaie von Bankkunden Anlass für die Geldherstellung. Immer wenn im Portemonnaie die Sollwertabweichung zu gross wurde, hat die Bank
das Portemonnaie wieder gefüllt und dazu von der Nationalbank Geld bezogen. Die Geldmenge wurde in dieser Modellierung quasi durch das individuelle Verhalten aller Portemonnaies bestimmt. Wenn aber die Nationalbank den Banken
nicht beliebig viel Geld gibt, können die Banken natürlich auch
die individuellen Portemonnaies nicht beliebig auffüllen. Die
Regelung der Geldmenge wird so zur bewussten Aufgabe auf
der Ebene der Nationalbank.

---

[155] Es gibt viele Geschichten darüber, wie Geld entwertet wurde. Genau
besehen erzählen alle diese Geschichten ein absolutes Machtverhältnis.

Ein mögliches dynamisches Kriterium für die Geldmenge, das eine Zentralbank verwenden könnte, besteht in einer gewissen Preisstabilität.[156] Das heisst, die Geldmenge „soll" so bemessen sein, dass einerseits alle Tauschgeschäfte abgewickelt werden können, dass also die Liquidität der Marktteilnehmer gewährleistet ist, und andrerseits so, dass nicht ein Geldüberschuss oder Geldmangel die Warenpreise verändert.[157] Diese Anforderungen erweisen sich bereits auf der Stufe von Scheidegeld als sehr komplex. Zum einen lässt sich die Warenwertproduktion nicht gut unabhängig von Geld messen, weil die Produzenten, wenn sie überhaupt deklarieren, was sie herstellen, dies in Geldform tun. Und zum andern ist die Liquidität natürlich nicht nur ein Problem des Währungssystems, sondern zunächst vor allem ein Problem der Marktteilnehmer. Vom bereits erwähnten Sparen abgesehen sind die benötigten Geldmittel auch da-von abhängig, dass Geld für die Zirkulation Zeit braucht, weil ich ja das Geld, das ich beim Verkaufen einnehme, selten sofort wieder ausgebe.[158]

Die Geldmenge erscheint so als Ersatz-Sollwert für den Sollwert „Preisstabilität", den eine Zentralbank durch die Regelung der Geldmenge zu erreichen versucht. Relativ konstante Preise sind ein Eigenwert einer bestimmten Regelung, der – des-

---

[156] Das vorrangige Ziel des Eurosystems ist es, gemäß Artikel 105 des Vertrags die Preisstabilität zu gewährleisten. Man beachte: das vorrangige Ziel, es gibt also auch andere.

[157] Wirtschaftliche Interessen weichen natürlich sehr oft und sehr stark von nationalen oder politischen Interessen ab, so dass Nationen Inflationen und Deflationen bewusst in Kauf nehmen, was ich hier aber nicht berücksichtigen will.

[158] Banken machen daraus ein riesiges Geschäft, dass sich auch beim Buchgeld eine Überweisungszeit „verrechnen", also den Betrag dem zweiten Konto erst nach einer längeren Zeit einschreiben. Hier geht es nicht um die Moral dieses „Geschäftes", sondern darum, dass sogar im Buchgeldmodus ein Takt verwendet wird, um das Einnehmen und Ausgeben von Geld zu trennen.

kriptiv in der entsprechenden Terminologie - als Ziel des Systems aufgefasst werden kann. Diesem von der Zentralbank verinnerlichten Interesse der Nation, die ihrem Wesen nach eine „geldstabile Nation" sein will, stehen die Nachfragen der Banken als „Störungen" gegenüber, was beim Buchgeld eskaliert.

Das Interesse der Nation ist abstrakt leicht zu bestimmen, es ist die Erhaltung der Nation, die man als Systemerhaltung oder als Wettbewerb zwischen den Nationen auffassen kann. Die Nation hat so gesehen den zusätzlichen Sinn, ihren Reichtum zu vermehren. Es ist aber nicht so leicht zu bestimmen, was das bezüglich der Geldmenge und der sogenannten Staatsverschuldung heisst.

Die Nation muss das Geld garantieren. Sie muss dazu nicht nur sicherstellen, dass das Geld jederzeit als Zahlungsmittel verwendet werden kann. Sie muss sicherstellen, dass ich für eine bestimmte Menge des Geldes über hinreichend lange Zeit einen hinreichend gleichen Wert bekomme. Es hilft mir nicht, wenn ich zwar im Prinzip mit Geld bezahlen kann, aber jeden Tag mehr Geld brauche, um dieselbe Ware zu kaufen. Dass eine bestimmte Inflationen, also eine gewisse Entwertung des Geldes von den Geldbesitzern in Kauf genommen wird, sehe ich als praktische Einsicht in die Geldmengenproblematik der Währung. Zu dieser Einsicht gehört aber vor allem, dass die Inflation nicht zu gross werden darf. Und weil ich die Zentralbank auf dieser Stufe als geldherstellenden Stock begreife, muss in der Währung festgelegt sein, was die Zentralbank tut. Die Zentralbank fungiert dabei als Prozessor der Regelung und die Währung sehe ich als Programm, das den Prozessor steuert. In einer üblichen sprachlichen Verkürzung wird etwa gesagt, dass ein Computer rechnet, also selbst tätig ist. In diesem Sinne kann ich auch sagen, dass die Zentralbank sich etwas überlegt und Entscheidungen trifft. Aber Computer sind programmierte Maschinen, die keinerlei eigene Anliegen haben. Und die hier modellierte Zentralbank ist genauso ein Mechanismus, der macht, was in der Währung steht. Der Mechanismus reagiert auf dieser Stufe auf zu grosse Preiszerfälle, also nicht mehr einfach auf die Nachfrage nach Geld.

Wenn die Nationalbank ihren Sollwert in der Preisstabilität der Waren sieht, und einen Zusammenhang zwischen den Preisen und der Geldmenge unterstellt, muss sie noch ein Verfahren finden, durch welches sie Abweichungen vom Sollwert kompensieren kann.

8.5 Zins

Ich beobachte die Wirkung von Zins auf die Geldmenge in meinem Modell, in welchem die Zentralbank und die Bank bislang nur als Portemonnaies fungieren, also auch durch Zins keine eigenen Interessen verfolgen. Ausserdem ziehe ich hier keinerlei Giralgeld in Betracht, sondern nur Geld, das von der Zentralbank hergestellt wird.

Zins wurde natürlich nicht zur Regelung der Geldmenge erfunden. Mir geht es in diesem Sinne nur um die Veranschaulichung eines Mechanismus, den ich in einer speziellen Form als Zins darstellen kann.

8.5.1 Zins als Aufwand

Der Zins der auf die bisher modellierte Zentralbank fliesst, wird dort nicht von anderem Geld unterschieden, sondern einfach als Geldrückfluss aufgefasst, der den Ist-Bestand des Zentralbankkontos erhöht, wie wenn Banken überlaufendes Geld zurückzahlen. Zins erscheint also ausschliesslich als Aufwand, den jemand bezahlen muss, ohne dass jemand den Zins als irgendwie gearteten Ertrag einnimmt.

Wenn die Zentralbank von den Banken Zinsen verlangt, und die Banken den Zins weiterverrechnen, erscheinen die Banken deutlich als verlängerte Portemonnaies ihrer Kunden, weil nur die Kunden den Zins wirklich bezahlen. Die Banken müssen deshalb ihren Bestand zum Wohle der bezahlenden Kunden so nieder wie möglich halten, also gerade so hoch, dass sie ihre Verteilungsfunktion erfüllen können.

Auf dieser Modellierungsebene erscheint Zins als effizienter Mechanismus, und zwar zunächst unabhängig davon, wie hoch der Zinssatz ist. Wenn ich als Kunde Geld von der Bank hole, muss ich Zins dafür bezahlen, ich werde also erst dann und nur so viel Geld holen, wie ich wirklich brauche. Auf diese Weise fliesst alles Geld, das nicht gebraucht wird, immer sehr schnell zur Zentralbank zurück, wo es die Geldmenge nivelliert. Umgekehrt entspricht die Geldmenge, die im Umlauf ist, relativ genau der Nachfrage, die durch den Warenverkehr und die Darlehen entsteht. Die Zentralbank muss sich so nicht um einen Warenkorbpreis kümmern, sie kann - wie im Modell vorgesehen - direkt auf ihren Bestand reagieren.

➢ Zins in der politischen Ökonomie

In der freiwirtschaftlichen Ökonomie im Umfeld von S. Gesell ist der schnelle Geld(rück)fluss ein wichtiger Aspekt, der durch verschiedene Arten von Negativzinsen in Form von Umlaufgebühren gesteuert wird. Auf dieser Modellstufe genügt Zins überhaupt zur Beschleunigung des Geldes, weil Zinsen hier ausschliesslich als Kosten erscheinen.[159]

Man könnte - etwa mit dem Ökonomen H. Binswanger - sagen, dass die Frage, warum es Zinsen gibt, in der Ökonomie

---

[159] In der freiwirtschaftlichen Ökonomie - die auch als „natürliche" Wirtschaftsordnung bezeichnet wird - wird Geld als unnatürliche Ware begriffen, weil Geld im Unterschied zu anderen Waren nicht verfault und deshalb eine Mehrwert haben soll, der auch als Begründung für Zins verwendet wird. Die Umlaufgebühr soll diesen unnatürlichen Vorteil kompensieren.

bis heute nicht plausibel beantwortet wurde.[160] Wenn ich - was viele Ökonomen wie H. Binswanger tun - Zins als Tauschwert zu verstehen versuche, wäre jede Begründung für Zins ein anderer Tauschwert. Für mich hat aber Zins schlicht nichts mit Tauschen zu tun. Zins kann ich im Sinne eines Geschenkes geben. Wer mächtig genug ist, kann Zins - wie Zoll und Steuern - ohne Gegenleistung verlangen.[161]

Man könnte sich aber auch fragen, weshalb die politische Ökonomie für die Beantwortung dieser wohl zinskritischen warum-Zins-Frage zuständig sei. Die politische Ökonomie sehe ich als Lehre, die sich gar nicht mit - ethischen – Begründungen befasst, sondern mit ökonomischen Verhältnissen, in welchen es Zins ebenso wie Arbeitskraft oder Rohstoffe, die privat angeeignet werden, einfach gibt. Die Frage, warum es Zins gibt, ist in der ökonomischen Frage, unter welchen Bedingungen Zins bezahlt wird, aufgehoben.

Ich thematisiere hier zunächst die Frage selbst, indem ich sie jenseits der Ökonomie zweifach aufhebe. Zunächst unterscheide ich in meiner Frage Zins als Aufwand und Zins als Ertrag, also ob ich Zins bezahle oder bekomme. Danach unterscheide ich private und politische Zinsnehmer.

Natürlich kann man die beiden Fragen, warum ich Zins zahlen und warum ich Zins verlangen sollte, als dieselbe Frage in zwei Richtungen sehen. Ich trenne aber die Fragen, indem ich Zins bezahle, ohne dass jemand den Zins bekommt, indem ich Zins nur der - hier modellierten - Nationalbank bezahle, die ihn nicht als Gewinn bewertet, weil sie nur ein Geldstock ist. In

---

[160] H. Binswanger (Geld und Wachstum, 1994) gibt eine Übersicht über die gängisten Argumentationen zur Begründung von Zins und stellt fest „Die Frage, warum es Zinsen gibt, hat die Ökonomie bis heute nicht gelöst."

[161] Dass ich für das Geld auf meinem Bankkonto Zins bekomme, hat natürlich nichts mit meiner Macht zu tun, sondern damit, dass ich als Subjekt der mächtigen Nation erkannt werde.

diesem Fall muss ich mir nur einen Grund überlegen, weshalb Zins bezahlt werden sollte. Zins dient in diesem Fall der Regelung der Geldmenge. Die Regelung der Geldmenge wird auch in der politischen Ökonomie oft als Funktion des Zinses bezeichnet, wer aber als Zins als Ertrag verlangt, hat sicher viel mehr seinen eigenen Ertrag als die Geldmenge im Sinn – ein nur vermeintliches Dilemma der realen Nationalbanken.

8.5.2 Zins als Ertrag

Die andere Frage, also warum jemand Zins bekommen sollte, interessiert mich hier nicht, ich werde später darauf zurückkommen. Da aber der bezahlte Zins ja irgendwohin fliessen muss, unterscheide ich eine private Person und eben eine politische Instanz. Wenn der Zins in die Geldmenge der hier modellierten Zentralbank fliesst, löst er sich im insgesamt zurückfliessenden Geld auf. Zins braucht nur eine Begründung, wenn ihn jemand als Ertrag bekommt.[162]

Im islamischen Recht beispielsweise ist Zins immer noch verboten. Islamische Banken verdienen ihr Geld mit verrechneten Dienstleistungen. Die Kunden der Banken bekommen anstelle von Zinsen Dividenden aus ihren Beteiligungen an Unternehmen, die die Banken vermitteln. Einer islamischen Bank gebe ich kein Darlehen gegen Zins, ich beauftrage sie gegen Entgelt mein Geld gut anzulegen.[163]

---

[162] Dass Nationalbanken Erträge machen, ist der wohl grösste finanzpolitische Skandal, was aber offensichtlich gar niemanden interessiert - ausser jenen, die Eigentümer solcher Pseudobanken sind.

[163] Es geht mir hier nicht darum, wie sich das islamische Finanzwesen wirklich verhält, sondern darum, wie es sich selbst beobachten muss, wenn es islamisches Recht erfüllt. Und natürlich darum, zu illustrieren, dass Zinsertrag nicht nur keine Begründung hat, sondern auch ganz unnötig ist.

Wenn ich die Währung unter dem Gesichtspunkt der Geldmengenregelung durch Zins betrachte, beschreibt sie ein ky-
bernetisches System. Geld - so wie ich es dargestellt habe -
ist kein System, sondern es spielt eine Rolle in einem System,
das ich jetzt als Währungssystem bezeichne, weil dessen eigentlicher Eigenname „Nation" umgangssprachlich ziemlich
diffus verwendet wird. Geld ist im Währungssystem das, was
fliesst, so wie in einem Heizungssystem beispielsweise Wär-
meträger fliessen.

8.6 Regelung der Geldmengen

Die kybernetische Regelung erscheint sehr oft als vermittelt,
das heisst die Massnahmen wirken auf einen vermittelnden
Sollwert. Die Nation kann beispielsweise stabile Preise als
Sollwert haben und die Zentralbank kann dafür die Geldmenge regeln, wenn sie einen plausiblen Zusammenhang zwischen der Geldmenge und den Preisen erkennen kann. Der
Sollwert wird in der Regelung quasi operationalisiert. Gemeint
sind stabile Preise, geregelt wird aber die Geldmenge. Als
Beobachter kann ich dann beobachten, dass die Zentralbank
dafür sorgt, dass der Geldfluss durch die verschiedenen
Stacks funktioniert, ohne dass ich das mit den Warenpreisen
verknüpfen muss.

Die Menge der unterscheidbaren Massnahmen, die dem
System zum Kompensieren von Störungen des Sollwertes zur
Verfügung stehen, beeinflusst die Flexibilität des Systems.
Das strukturelle Niveau eines Systems entwickelt sich mit seiner Variabilität. [164] Ein Mensch etwa hat mehr Verhaltensmög-
lichkeiten als ein Einzeller oder ein Fisch. Wenn ich mehr Geld
brauche, was Eizellern und Fischen natürlich selten passiert,

---

[164] W. Ashby bezeichnet die Menge der unterscheidbaren Massnahmen
als Variabilität des Systems und als kritische Grösse des Systems überhaupt.

kann ich Lotto spielen oder Zeitungen austragen, was beides nicht direkt mit Geld zusammenhängt, aber mir Geld bringen könnte.

Die Wirkung der jeweils aktivierten Massnahme muss nicht vorausgesehen werden, das System muss nur oft genug schauen, ob sich die Sollwertabweichung durch die gewählte Massnahme verkleinert oder vergrössert und entsprechend mit derselben oder einer anderen Massnahme erneut reagieren. Für das System spielt es auch keine Rolle, weshalb sich eine bestimmte Massnahme bewährt. Als Beobachter, der sowohl das System als auch dessen Umwelt sieht, kann ich die beiden Seiten des Systems natürlich funktional verknüpfen, aber für das System selbst spielt die Umwelt keine Rolle.[165] Das System kann einfach eine der verfügbaren Massnahmen testen. So kann die Zentralbank beispielsweise die Geldmenge manipulieren und schauen, ob und wie sich das auf die Warenpreise auswirkt.

Hinzu kommt, dass der Sollwert auch variabel sein kann, so wie ich etwa in der Nacht die Solltemperatur meiner Heizung etwas tieferstelle als am Tag. Die Heizung kann ich auch im Winter tiefer stellen als im Frühjahr, weil ich nicht nur die absolute Temperatur wahrnehme, sondern auch die Differenz zur Aussentemperatur, wenn ich ins Haus komme. Der Sollwert kann auch in dem Sinne dynamisch sein, als er von Variablen oder vom Regelungsverlauf, der auch variabel ist, abhängig sein kann. Ich kann die Solltemperatur einer Heizung beispielsweise durch einen Faktor an die Aussentemperatur knüpfen.[166] Und so kann auch der „Sollwert" für die Geldmen-

---

[165] In der Systemtheorie bezeichne ich Verküpfungen, die ein Beobachter leistet, als strukturelle Koppelungen

[166] Ich will hier nicht näher auf die Technologie eingehen, aber jede halbwegs moderne Thermostatenregelung berücksichtigt nicht nur die Temperaturabweichungen im Haus, sondern auch die Schwankungen der Aussentemperatur.

ge von verschiedenen Verhältnissen und Entwicklungen abhängig gewählt werden.

Wenn die Bank nur Geld verleihen würde, das sie hat, wäre jedes Darlehen von jemandem gespartes Geld. Das heisst, die Nachfrage nach dem Geld wäre durch Tauschäquivalente begründet, weil die Bankkunden der Bank ja nur Geld geben können, das sie haben. Die notwendige Geldmenge wäre in diesem Sinn auch bei nicht gedecktem Scheidegeld an bereits realisierte Werte gebunden. Die Bank vergibt aber Darlehen, ohne das Geld zu haben. Der Bedarf der Bankkunden bestimmt in dieser Fiktion die Geldmenge, die die Banken bei der Zentralbank anfordern.

➢ Eigenwert und Sollwert

Systemtheoretisch unterscheide ich im Hinblick auf Regelung zwei Perspektiven: Ich kann ein System mit einem Sollwert sehen, und dessen Festlegung als Steuerung betrachten, oder ich kann ein System mit einem Eigenwert sehen, den ich als Resultat oder Effekt einer gegebenen Regelung betrachte. Die thermostatengeregelte Heizung beobachte ich als einen gesteuerten Mechanismus. Ich stelle den Sollwert der Heizung so ein, dass er mir passt. Das heisst, ich steuere die Temperatur in meiner Wohnung. Wenn ich dagegen die Population in einem natürlichen Biotop beobachte, begreife ich das Verhältnis von Raub- und Beutetieren als einen Eigenwert des Biotopes, der sich ergeben hat, ohne dass jemand einen Sollwert festgelegt hat. Deshalb spreche ich von einem Eigenwert der Regelung.

Eine Regelung hat in diesem Sinne immer einen Eigenwert. Die Perspektive, in welcher ich von einem Sollwert spreche, ist eine funktionale Sicht, in welcher ich den Eigenwert der Regelung als Funktion eines übergeordneten Zusammenhanges sehe, also den Eigenwert als Sollwert festlege. Eine thermostatengeregelte Heizung regelt systemtheoretisch gesprochen die eigene Temperatur, indem sie die Temperatur des Thermometers, der ein Teil der Heizung ist, konstant hält. Wenn ich eine bestimmte Raumtemperatur als Sollwert vorgebe, steure ich die Raumtemperatur und die Heizung fungiert als Prozessor, der innerhalb des Pseudo-Systems „ich-steure-meine-Raumtemperatur" eine bestimmte Funktion erfüllt. Ich spreche von Eigenwerten, wenn sie sich - wie mein Gefühl für die richtige ärme - quasi autopoietisch oder naturwüchsig ergeben.[167]

Das Währungssystem hat als Eigenwert eine bestimmte Geldmenge, die sich als Folge des Regelungsprozesses ergibt. Die Grösse der „richtigen" Geldmenge könnte bestenfalls in einer abgeschlossenen Planwirtschaft als Sollwert geplant und vorgegebenen werden.[168]

Wenn der Mechanismus - wie etwa bei meiner Heizung – gegeben ist, kann ich den Sollwert, der als Eigenwert von den Operationen des Systems abhängig ist, einstellen. Wenn der Eigenwert - wie etwa Preisstabilität - aber nur als strategisches Ziel gegeben ist, muss ich ein Verfahren erfinden oder wählen, durch welches sich der Eigenwert erreichen lässt. Die Preisstabilität kann ich nicht direkt „einstellen", ich muss also etwas finden, das ich so einstellen kann, dass Preisstabilität daraus folgt. Ich bezeichne das als Operationalisierung. Kybernetisch gesehen unterstelle ich dabei qualitative Zusam-

---

[167] Auch der Eigenwert eines Systems muss nicht konstant sein, er kann im Laufe der Zeit variieren. Ein wachsender Organismus, etwa ein junger Mensch, verändert den „Sollwert" seiner Nahrungsaufnahme mit zunehmendem Gewicht. Je grösser der Organismus wird, desto mehr Nahrung braucht er, um den Hunger zu stillen.

[168] Das wurde beispielsweise in der DDR eine gewisse Zeitlang versucht, ehe W. Ulbricht anfangs der sechziger Jahre im Rahmen des „Neuen Ökonomischen Systems der Planung und Leitung" den Zins in Form eines „Produktionsfondsabgabe" als Regelungsmechanismus wieder eingeführt hat.

menhänge, die ich quantitativ nicht genau kennen muss, weil ich ja nachregulieren kann.

Die Zentralbank könnte beispielsweise unter gegebene Verhältnissen erkennen, dass wenn das Aufnehmen von Geld Geld kostet, sich die Banken überlegen, wieviel Geld sie aufnehmen. Die hier gemeinte Zentralbank könnte also Zinsen verlangen und mit den Zinssatz jeweils so festlegen, dass sich die Geldmenge einspielen würde. Für die Zentralbank würde dabei Zinsgeld anfallen, das den Lagerbestand erhöhen würde. Das wäre aber natürlich kein Problem, sondern einfach eine Störung des Sollwertes, die ganz normal kompensiert würde.[169]

Da die Zentralbank als Portemonnaie fungiert, will und kann sie ja so wenig Geld verdienen wie mein Portemonnaie irgendetwas verdienen will. Der Zins würde also nur der Regelung dienen, also keinerlei Ertrag bedeuten, wohl aber wäre er für die Banken eine Ausgabe, weil sie den Zins bezahlen müssten. Die Banken würden diese Belastungen natürlich an ihre Kunden weitergeben, die deswegen auch nicht mehr Geld holen würden, als sie brauchen.

Wenn die Bank als Geschäft betrieben wird, kann sie, respektive ihr Inhaber durch eine Zinsdifferenz Geld verdienen. Dieses Geldverdienen kann als Motiv der Bank gesehen werden, überhaupt Darlehen zu gewähren. Und wenn die Zentralbank auch als Geschäft betrieben wird, gilt natürlich dasselbe für die Zentralbank. In dieser Hinsicht kann hinter dem Nehmen von Zins ein ganz anderes Motiv als die Regelung der Geldmenge liegen. Und wenn Zins ohnehin schon genommen wird,

---

[169] Auf einige Probleme, die sich dabei ergeben, werde ich später eingehen. Wenn ich beispielsweise den Zinssatz von Darlehen zur Regulierung der Preise verwende, bekomme ich ein Problem, wenn der Zinssatz bei 0% ankommt und deshalb nicht mehr verkleinert werden kann. Kybernetisch ist dasselbe der Fall, wenn ich im Auto eine Vollbremsung mache und deshalb nicht noch stärker bremsen kann.

muss die Zentralbank das Zinsnehmen nicht mehr erfinden, sie muss dann nur merken, dass sie damit die Geldmenge regeln kann, auch wenn der Zins auf einer tieferen Ebene ganz andere Motive hat.

Die enorme Geldvermehrung, die die meisten Nationalbanken seit Ende 2008 praktizieren, müssten - der gängigen Annahme folgend - eine Inflation verursachen, also die Preise steigen lassen. Die immer kleineren Zinsen der Zentralbanken müssten die Investitionen und die Konjunktur ankurbeln. Dass beides seit längerer Zeit nicht der Fall ist, deutet darauf hin, dass die Geldmenge keine hinreichende Operationalisierung darstellt, sondern nur unter bestimmten Bedingungen Einfluss auf die Warenpreise hat.

Die expliziten Ziele der Zentralbanken haben sich diesem Faktum angepasst. Seit 2008 ist ihr Ziel nicht mehr Preisstabilität und Konjunkturerhaltung, sondern das Verhindern von substantiellen Finanz- oder Bankkrisen. Dafür kennen sie aber offensichtlich keine kybernetische Regelung.

8.7 Zins als Zirkulationsmotiv

Die Bankkunden könnten in derselben Fiktion auch Motive haben. Wenn Zins im Spiel ist, will niemand zu viel Geld im Portemonnaie haben, weil das Geld im Portemonnaie nicht verzinst wird. Wenn ich das Geld statt im Portemonnaie auf der Bank habe, bekomme ich Zins dafür. Die Bank muss umgekehrt Zins bezahlen und hat deshalb ihrerseits ein Interesse daran, nicht viel Geld im Konto zu haben. Deshalb wird das Geld so schnell wie möglich bewegt.

Die Menge des währungseigenen Scheidegeldes kann die Zentralbank kontrollieren. Und sie kann dabei den Zinssatz zur Steuerung verwenden, sogar dann, wenn Zins von den Bankiers zur individuellen Bereicherung abgeschöpft wird. Das Zins-Geld, das dann den Bankiers gehört, fliesst weiter im allgemeinen Geldfluss, der davon, wem das Geld gehört, nicht betroffen ist. So komplex die Frage nach der richtigen Geldmenge auch sein mag, die Zentralbank kann auf der Entwicklungsstufe von Scheidegeld die Geldmenge bestimmen, indem sie Noten druckt oder eben nicht.

8.8 Die girale Geldmenge

Die Geldmenge in einer Nation ist aber durch zwei Dinge betroffen, die sich der hier modellierten Zentralbank entziehen, weil sie nicht Geld sind, aber als Geld verwendet werden: Giralgeld und Devisen.[170] Beides muss die Nation jenseits der Währung regeln, worin ich die Ursache der Institution Staat erkenne, die dann natürlich auch die Nation verteidigt. Auf die Devisen werde ich im nächsten Abschnitt eingehen. Hier betrachte ich zunächst das Giralgeld als Störung der Geldmenge.

Giralgeld wird durch die Banken erzeugt, die Kredite geben, ohne das entsprechende Geld zu haben. Banken müssen gar nicht erst Geld von der Zentralbank holen, um ihren Kunden Kredite zu gewähren. Deshalb invertiert die Funktion der Zentralbank, die sich schon nicht mit der „handwerklichen" Herstellung von Noten und Münzen befasste. Sie befasst sich auf dieser Stufe auch nicht mit der Erzeugung von Giralgeld. Sie mutiert zur reinen Steuerungsinstanz, zum Prozessor des Geldsystems mit der invertierten Aufgabe zu kontrollieren, dass die Banken, die ja kein Geld herstellen dürfen, nicht zu viel „Geld" erzeugen. Die ursprüngliche Funktion der Nationalbank ist das Herstellen von Geld. Die nun invertierte Funktion besteht darin, zu verhindern, dass (zu viel) Giralgeld erzeugt wird. Auch diese Aufgabe wird normalerweise ausgelagert an staatliche Kommissionen, in der Schweiz etwa an die FINMA

---

[170] Die politische Ökonomie unterscheidet verschiedene Geldmengen (M0, M1, M2 und M3), weil sie damit verschiedene Auswirkungen verbindet.

(Eidgenössischen Finanzmarktaufsicht), die den Banken durch Gesetzt legitimiert direkte Auflagen machen kann.

Ganz einfach ist die Sache nicht, weil sie über die Nationen hinweg geregelt werden müsste, damit nicht ausländische Banken einspringen. Die sogenannten Basel-Abkommen bilden einen Versuch, das Eigenkapital als Grundlage für Kredite einzubinden. Von der realen Situation abgesehen, ist die Sache einfach gedacht. Eine Bank darf nur eine begrenzte Menge Giralgeld erzeugen. Das Kriterium bildet die Geldmenge, die von der Zentralbank kontrolliert wird. In der Praxis erweist es sich aber als schwierig, viele Staaten einzubinden und genau zu bestimmen, was Eigenkapital sein soll und von wessen Eigenkapital dann die Rede ist.[171]

Die Zentralbank kann zwar die Geldmenge bestimmen, aber sie kann natürlich nicht bestimmen, wer bei wem Schulden macht. Der Staat dagegen kann juristische Personen, die Kredite geben unter Gesetze stellen und so auch auf das Kreditwesen Einfluss nehmen, welches das Geldwesen aushebeln könnte. Nachdem die Geldwirtschaft vollständig entwickelt und aufgehoben ist, muss der Staat seine Finanzen neu organisieren. Das betrifft aber nicht mehr das Geld, sondern Schuldverhältnisse, die eskalieren.

8.9 Devisen

Devisen bilden eine besondere Form von Schuldverhältnissen, die für verschiedene Staaten verschiedene Konsequenzen haben. Devisen sind per Definition kein Geld, sondern

---

[171] In der Schweiz etwa wird die Gesetzgebung durch die Finma so ausgelegt, dass sie den Bank konkrete Auflagen für die Vergabe von Hypotheken macht, die eine Immobilienblase vermeiden soll. Die Bestimmungen sind einfältig und verhindern jede Vernunft bei den Banken, denen man nicht zutraut, die Lage der einzelnen Hypothekenkunden richtig einzuschätzen.

Geld von anderen Währungsräumen. Wenn ich Geld von fremden Währungen habe, kann ich zuhause damit nichts anfangen. In der Schweiz kann ich weder mit japanischen Yen noch mit saudiarabischen Rial irgendetwas anderes bezahlen, als den Geldwechsler.[172]

Devisen werden aber von Zentralbanken oft als Deckung verwendet. Dazu muss die Zentralbank Devisen entgegennehmen. Auf der hier modellierten Stufe bekommt die Zentralbank Devisen von den Banken, welche sie von ihren Kunden bekommen, wenn sie Fremdwährungen akzeptieren.

Devisen fungieren wie Gold als Ware, die im Fond der Zentralbank das Geld decken soll. Wenn eine Rechtsperson eines Staates Waren im Ausland verkauft, werden diese Waren im Normalfall mit Devisen bezahlt. Wenn beispielsweise ein saudiarabischer Fürst Erdöl in den USA verkauft, kriegt er dafür amerikanische Dollars, die er zuhause nicht ohne weiteres ausgeben kann. Er kann sie bei seiner Bank wechseln, dann hat die Bank die Dollars, die sie bei der Zentralbank gegen Geld wechselt. Dann hat die Zentralbank die Dollars. Unter bestimmten Bedingungen, die ich als Handelsüberschuss bezeichne, bekommt die Zentralbank sehr grosse Mengen an Devisen. Was kann die Zentralbank mit den Devisen machen?

In meinem Modell werden alle Devisen in die Zentralbank gebracht, so dass ich nur einen einzigen Devisenhalter beobachten muss, was natürlich eine grosse Vereinfachung darstellt. Grundsätzlich spielt aber keine Rolle, wie viele Rechtspersonen Devisen haben. Mit Devisen kann ich als Zentralbank erstens die Nation, in welcher die Devisen Geld sind fluten, etwa indem ich dort Waren kaufe, die ich im eignen oder in einem anderen Land günstiger bekommen würde. Wenn ich im geflu-

---

[172] Dass ich in der Schweiz an sehr vielen Orten auch mit Euros bezahlen kann, ist eine schräge Sache mit eigenen Motiven, die ich hier nicht erläutern will.

teten Land Waren zu einem guten Preis bekäme, würden alle dort kaufen und es würde gar kein Handelsüberschuss entstehen, also gar nie Devisen anfallen. Die saudischen Fürsten - um im Beispiel zu bleiben - können in den USA keine Waren kaufen, die sie brauchen könnten, weil sie schon alles haben. Die Saudis kaufen deshalb amerikanische Investitionsgüter wie ganze Hafenanlagen oder aber amerikanische Staatsanleihen. In beiden Fällen fliessen die Dollars in das Land zurück, wo sie Geld sind.[173] Das führt zwar zur bekannten extremen Verschuldung der Nation, aber erzeugt eine stabile Konjunktur und Arbeitsplätze in den Staaten, die ihre Schulden wiederum in Dollars bezahlen, die wieder ins Land zurück fliessen.[174]

➢ Die aufgehobene Regulierung der Geldmenge

In meinem Modell wird die Geldmenge durch die Zentralbank geregelt. Auf der einfachsten Stufe in Abhängigkeit der Nachfrage von Banken, also ohne jedes davon unabhängiges Kriterium. Auf einer etwas entwickelteren Stufe wird die Preisstabilität eines Warenkorbs geregelt. Die Geldmenge wird dabei als Mittel aufgefasst, die Banken können also nicht mehr beliebig viel Geld beziehen. In industriell entwickelteren Gesellschaften wird neben der Preisstabilität auch der Beschäftigungsgrad

---

[173] Die Chinesen, die auch sehr viele Dollars haben, kaufen laufend us-amerikanische Staatsanleihen, um das Land so zu fluten, dass eine gleichbleibende Dollar-Nachfrage dessen Kurs und damit verbunden auch der Renminbi konstant hält.

[174] Die Verschuldung ist quasi ein internes Problem der Verzinsung, den es gibt keine äussere Kraft, die die Schulden je eintreiben könnte. Es ist absehbar, dass der US-Staat die Nation rettet, indem er ein Negativzins durchsetzt, während die eigene Industrie dank der ausländischen Investitionen ertragskräftig bleibt. So zumindest der Plan und die bisherige Geschichte. Dass diese Geschichte an militärische Macht gebunden ist, erkenne ich anhand der südeuropäischen Ländern wie Griechenland, deren Schulden ganz anders behandelt werden.

der Lohnarbeit geregelt. Diese Regelung funktioniert aber nicht mechanisch, sie ist komplex. Sie wird durch Experten vorgenommen, typischerweise durch den Vorstand der Zentralbank, der dann die Geldmenge zum reinen Mittel macht, also gar nicht mehr kontrolliert. [175]

Solche Experten kommen in meinem Modell nicht vor. Das hat nichts damit zu tun, dass ich solchen Experten nicht traue, sondern damit, dass sie nicht programmierbar sind. Ich zeige im nächsten Kapitel anhand der Kryptowährung, dass es solche Experten nicht brauchen würde, dass sich die Geldmenge auch auf entwickelterer Stufe mechanisch regeln lässt – aber natürlich nicht unter derselben Währung, die nach den Interessen des Kapitals eingerichtet wurde. Ich beschreibe hier den Entstehungszusammenhang und die damit verbundenen Interessen, die zu der problematischen Institution einer unabhängigen Zentralbank führten, und wie auf diesem Weg die Geldmengenregulierung aufgehoben wird.

Nachdem im Merkantilismus der Haushalt von adeligen Patriarchen in einem politischen Haushalt aufgehoben wurde, hat sich die Staatsverwaltung die Geldhoheit angeeignet. Mit dem merkantilistischen Staatswesen bekam die Nation in der sogenannten Renaissance eine Rechtsform, deren Verfassung weit über die Währung hinausreicht. Der moderne Staat beruht auf der Erfindung eines politischen Haushaltes mit einer autonomen Verwaltung.[176] Der Staat tritt quasi als Subjekt ei-

---

[175] Die fast grenzenlose Vermehrung des Geldes, die M. Draghi. der Präsident der EBZ, seit 2008 und stärker noch seit 2011 betreibt, wird oft als eine von ihm gewählte Politik kritisiert. Dass er aber die Geldmenge praktisch ausser Acht lässt, ist aber nur sehr bedingt gewählt.

[176] Der Ausdruck "politisch" referenziert im na(t)iven Fall das Buch "Politik" von Aristoteles, in welchem anhand von Verfassungen beschrieben wird, wie in der Polis das Zusammenleben von eigentlichen, das heisst von "privaten" Haushalten organisiert werden kann. Politisch steht dabei für die Differenz zwischen politisch und privat, wobei politisch im Sinne der politischen Ökonomie das gerade nicht öffentliche Bündnis der Privaten be-

nes Haushaltes in Erscheinung. Die Merkantilisten haben „echte" Steuern zuhanden eines Staatshaushaltes eingeführt, wo zuvor mit den eingetriebenen „Zehnten" allerlei allgemeingemeinte Ausgaben, wie etwa den Unterhalt der stehenden Heere oder den Bau von Kirchen, von Fürsten und Königshäusern bestritten wurden. "Gebt dem Monarchen, was des Monarchen ist" markiert diese Differenz, nach welcher „öffentliche" Aufgaben eben nicht die des Monarchen sind.[177]

Wenn der Staat die Geldhoheit ausübt, muss er sich nicht verschulden, weil er einfach so viel Geld drucken kann, wie er braucht. Würde ein Staat das aber praktizieren, würde das Geld, womit er seine Dienstleister bezahlt, zunehmend an Wert verlieren. Auch ein Staat müsste sich also - wie unsere Zentralbank – beispielsweise an einer Preisstabilität orientieren. Dazu müsste der Staat seine Ausgaben seinen Einnahmen anpassen - was in kritischen Situationen, etwas angesichts Kriegsvorhaben oder Wirtschaftskrisen für gewählte Regierungen nicht einfach ist, während etwa Philipp II. im 16. Jahrhundert noch mehrfach den "Staatsbankrott" ausrufen liess, wenn ihm das Geld infolge seiner Kriege ausgegangen ist. Der republikanische Staat lässt sich insbesondere als Folge solche Schuldstreichungen und Geldvermehrungen verstehen.

Die für die Geldmengenregelung entscheidende Erfindung ist die Staatsanleihe, also die Vorstellung, wonach sich der Staat verschulden kann. Anfänglich waren die Anleihen - etwa als Tontine - mit Renten verbunden, bald aber kamen Geldgeber ins Spiel, die keine Renten, sondern Verzinsungen brauchten, weil sie - vorab die englischen Rothschilds - als Bankiers auf-

---

zeichnet.

[177] In Monarchien wie England wird diese Differenz noch heute thematisiert, weil die Trennung von Königshof und Staat, wie an vielen Orten jene von Kirche und Staat, immer noch nicht ganz vollzogen ist.

traten und die Erhebung von Steuern im Sinne des Kapitals aushebelten. Die Geldgeber gaben unter diesen Verhältnissen gewinnbringende Anleihen-Kredite, statt den Staat mit hohen Steuern zu finanzieren.

In derselben Zeit entstanden die ersten Zentralbanken mit einer doppelten Funktion. Zum einen sollte die Geldhoheit von der Regierung getrennt werden und zum andern sollten die Zentralbanken auch die ersten Banken der Regierungen sein, sie also mit Anleihen versorgen. Die Zentralbanken waren sehr oft privatrechtliche Institutionen, was dazu führte, dass die im Merkantilismus aufgehobene Privatisierung des Finanzhaushaltes quasi restauriert wurde, indem das Geldwesen wieder privatisiert wurde, einfach statt beim Adel bei den Banken.[178] Die Gründung der Union Pacific Railroad 1862 ist ein frühes Beispiel dafür, dass Staatsanleihen auch zwischen staatlichen Aufgaben und privaten Unternehmen vermitteln. Der Staat garantierte für Geld, das von privaten Anlegern an eine private Eisenbahngesellschaft ausgeliehen wurde, weil die Eisenbahn als öffentliches Interesse dargestellt wurde.[179]

Die Staatsanleihen ermöglichen als Giralgeld, dass der Staat kein Geld braucht, die Zentralbank also kein Geld drucken muss. Die eigentliche Geldmenge bleibt so relativ klein, während die Buchgeldmenge beliebig gross wird. Es gibt keine brauchbaren Vorstellungen oder Theorien dazu, wie sich dieses System entfaltet. Vorerst führt es logischerweise zu Negativzinsen, während die Inflation sich am der eigentlichen Geldmenge orientiert und deshalb klein bleibt.

---

[178] Diese Zeit hat noch keinen epochalen Namen, obwohl durch die Erfindung der Zentralbanken eine der wichtigsten Weichen im Staatswesen geleitet wurde.

[179] Die Union Pacific Railroad erhielt mit der Unterzeichnung des Pacific Railroad Act am 1. Juli 1862 durch Abraham Lincoln die Konzession zum Bau einer Bahnstrecke nach Kalifornien. Sie erhielt dafür rund 12 Millionen Acre Land und Staatsanleihen in Höhe von 27 Millionen US-Dollar.

9 Kryptowährungsgeld

In der funktionalen Selbstbeschreibung ist Bitcoin eine Kryptowährung, die als internetweites, dezentrales, peer-to-peer-Zahlungssystem funktioniert, mit einer eigenen Geldeinheit, die Bitcoin heisst, was quasietymologisch elektronische Münze heisst. Bitcoin wird weder von einer Zentralbank organisiert noch braucht es Banken als Vermittler von Zahlungen. Das gesamte Geld liegt sozusagen in den elektronischen Portemonnaies aller Teilnehmer, die durch eine spezielle Netz-Software miteinander verbunden sind. Da die Girokontofunktion von Banken nicht nötig ist, entspricht das Verfahren dem eigentlichen Kontokorrent zwischen Privatpersonen, die sich ihre Waren und Dienstleistungen gegenseitig mittels Bitcoinüberweisungen bezahlen. In einem gewissen Sinn handelt es sich um eine spezielle Komplementärwährung, also um eine Vereinbarung innerhalb einer Teilgesellschaft, etwas zusätzlich neben dem offiziellen Geld als Tauschmittel zu akzeptieren. Die konventionellen Komplementärwährungen, wie etwa WIR in der Schweiz, beruhen aber auf einer Art Zentralbank und damit verbunden auf einer zentralen Macht, was dem Anspruch von Bitcoin genau widerspricht.

Technischer gesehen ist Bitcoin der Eigenname eines Netzwerkes im Internet, das die Infrastruktur eines Systems bildet, in welchem Bitcoin genannte Werteinheiten verwaltet werden. Umgangssprachlich ist von einem informationstechnischen Geld- oder Währungssystem die Rede, was durch den Titel des Whitepapers des Erfinders "Bitcoin: A Peer-to-Peer Electronic Cash System" auch suggeriert wird, worin bit und coin als Informationseinheit und Münze interpretiert werden können. Satoshi Nakamoto, der Erfinder dieses Systems hat an verschiedenen Orten geschrieben, dass das herkömmliche Finanzsystem keinerlei Vertrauen rechtfertige, weil es hochgradig korrupt sei. Sein Bitcoin stelle eine nicht missbrauchbare Alternative dazu dar.

Es ist kaum ein Zufall, dass Bitcoin von Kryptologen geschaffen wurde, weil ein Hauptgebiet der nicht militärischen Kryptologie natürlich den Finanzverkehr betrifft, so dass sich viele Kryptologen mit elektronischen Finanzverhältnissen befassen (müssen) und dabei die Probleme der Währungen quasi hautnah erleben, wo sie Zugriffe auf Bankkonten absichern müssen. Es liegt nahe, dass sich ein Teil der Kryptologen mit dem Geldsystem insgesamt befasst. Da die meisten Menschen keinen Begriff von Geld haben, wird der Ausdruck Geld dabei in einem umgangssprachlichen Sinn verwendet. Das führt auch dazu, dass umstritten ist, inwiefern Bitcoins Geld sind, auch wenn sie mittlerweile leicht gegen wirkliches Geld getauscht werden können und sozusagen wie Devisen einen Wechselkurs haben. In der Selbstbeschreibung geht es um Zahlungen, nicht um Geld.

9.1 Die Rückkehr des Geldes jenseits der Währung

S. Nakamoto begründete seine Innovation 2009 explizit als Antwort auf die Bankenkrise und sieht darin eine Möglichkeit, das internationale Finanzwesen, das jenseits aller Kontrolle sozusagen blind wütet, in den Griff zu bekommen. Insbesondere lässt Bitcoin keine Geldschöpfung aus dem Nichts im Sinne des Fiatgeldes zu und ist nicht von privaten Institutionen wie den Zentralbanken abhängig, die Geld beliebig vermehren und so entwerten können.

Wenn man den Ausdruck Geld im umgangssprachlichen Sinn, respektive wie in der politischen Ökonomie verwendet, erscheint Giralgeld als Geld. Giralgeld hat seinen Namen aber vom Girokonto, das gerade ohne Geld funktioniert, weil dort nur eingetragen wird, wieviel Geld ich bezahlen müsste und wieviel Geld ich abgehoben hätte, wenn es ein Geldkonto wäre. Das Girokonto ist ein Verrechnungskonto, bei welchem mit Währungseinheiten gerechnet wird. Ich kann auf meinem Girokonto 100'000 Franken offen haben, ohne dass ich oder meine Gläubiger diese 100'000 Franken jemals gesehen, geschweige denn gehabt haben. Genau darin ist die Finanzkrise begründet. Bitcoin lässt zwar Darlehen zu, aber ich kann nur Bitcoins ausleihen, die ich tatsächliche habe, während Banken hauptsächlich davon leben, dass sie (Giral)Geld ausleihen, das sie gar nicht haben.

Bitcoin macht vielmehr anheischig, wieder echtes Geld - in elektronischer Form - einzuführen, nachdem Geld in Form von Münzen und Banknoten mehr oder weniger obsolet geworden ist. Geld - in einem begrifflichen Sinn - ist an einen materiellen Träger gebunden. Der Eigentümer dieses materiellen Trägers ist der Eigentümer des Geldes. Viele Menschen abstrahieren und oder vergessen, dass elektronisches Geld an elektronische Speichermedien gebunden ist, die so materiell sind wie das Metall von Münzen oder das Papier von Banknoten. Sie sprechen dann von geistigem, ideellem, immateriellem oder digitalem Geld. Bitcoin dagegen betont den materiellen Träger des Geldes, wenn auch in einer sehr spezifischen Form.

Das Bitcoin ist wie der Franken oder der Euro weder Währung noch Geld, sondern eine Geldeinheit, oder genauer eine Werteinheit. Während die Werteinheiten Franken und Dollar auf Verfassungen beruhen, die als Währungen bezeichnet werden, wird die Werteinheit Bitcoin durch ein technisches Protokoll bestimmt, das natürlich auch einer Verfassung unterliegt. Die us-amerikanische Verfassung hat während Jahrzehnten den privaten Besitz von Gold verboten. Sie könnte also ohne weiteres auch den Besitz und noch viel mehr den Handel mit Bitcoin verbieten. Das Bitcoin-Protokoll hingegen lässt nicht zu, dass irgendein Zentralbankadministrator den Wert der Bitcoins manipuliert, wie das bei nationalen Währungen der Fall ist und dort laufend durch Leitzinsänderungen und Banknoten drucken in horrendem Ausmass passiert.

Jedes Schweizer Geldstück - also beispielsweise eine Banknote der Schweizerischen Nationalbank - ist eine bestimmte Anzahl Franken wert, so wie jedes Grundstück eine bestimmte Anzahl Meter lang ist und jedes Brot eine bestimmte Anzahl

Kilogramm schwer ist. Ich sage etwa, dass mein Grundstück zwanzig Meter lang ist, ich sage aber kaum je, dass mein schweizerisches Geldstück zwanzig Franken wert sei. Ich sage vielmehr, dass ich zwanzig Franken habe, wenn ich Geld im Wert von zwanzig Franken habe. In der gängigen Redewiese lasse ich also Geld weg, weil ich mit Franken ohnehin Geld meine. Zwanzig Meter sagt nichts darüber, was so lang ist, aber zwanzig Franken impliziert ziemlich stark, dass ich Geld meine. Aus diesem Grund wird Franken und Geld oft verwechselt oder gleichgesetzt. Franken bezeichnet in dieser nicht erkannten Verkürzung Geld, statt den Wert von Geld in einer spezifischen Werteinheit.

Wenn ich sage, dass mein Geldstück zwanzig Franken wert ist, muss ich natürlich unabhängig von meinem Geld wissen, was zwanzig Franken wert ist. Ich muss dazu einen Wertbegriff jenseits von Geld haben. Typischerweise könnte ich etwa sagen, dass ein Gramm Gold diesen Wert hat. Ich würde dabei eine Tauschrelation bemühen, also sagen, dass ich meine zwanzig Franken gegen ein Gramm Gold tauschen würde. Ich würde dabei den Wert meiner Franken in einer Menge Gold ausdrücken. Dabei würde ich das Problem verschieben, weil ich dann wissen müsste, wie Gold zu seinem Tauschwert kommt. Hier geht es mir aber darum, dass Franken nicht mit Geld verwechselt werden sollte, nur weil die sprachliche Konvention verkürzt ist.

Der Wert von Bitcoins wird oft anhand von Devisen angegeben. Dabei wird der Preis von Bitcoin in einer konventionellen Währung angegeben. Ein Bitcoin kostet dann beispielsweise 500 Franken, weil der Markt zu diesem Zeitpunkt diesen Wechselkurs verwendet. Daraus folgern politische Ökonomen - mehr oder weniger, etwa mit Grenznutzen begründet - der Wert der Bitcoin werde von Angebot und Nachfrage bestimmt.

Der Wert von konventionellem Geld entspricht dem durchschnittlichen Tauschwert aller Waren. In der jeweiligen Währung ist die Wert-Einheit festgelegt, aber natürlich nicht der

Wert des Geldes. Dass ein Gramm Gold beispielsweise zwanzig Franken kostet, bestimmt den Wert von zwanzig Franken, der dann so gross ist, wie der Wert jener Waren, die ich für ein Gramm Gold tauschen würde.

Der Wert der Bitcoins wird nicht wie der Wert von Geld bestimmt, sondern - vermittelt durch das Bitcoin-Protokoll - durch den Aufwand, den ich betreiben muss, um einen Bitcoin zu bekommen. Bitcoin kann ich im Unterschied zu Geld wie jede andere Ware selbst herstellen. Zu Geld komme ich nur durch Tausch oder Kredit. Das Herstellen von Bitcoins wird sinnigerweise als Mining bezeichnet, also mit einer Metapher, die auf den Goldabbau verweist.

Um Bitcoins herzustellen, muss ich im Netzwerk einen Knoten bilden. Dazu brauche ich eine entsprechende Software, die sich jedermann im Internet besorgen kann. Das Mining besteht darin, mich mittels meiner Software am Bitcoinprozess zu beteiligen, wofür ich in bestimmten Fällen mit neu erzeugten Bitcoins belohnt werde. Ich brauche also einen Arbeitsplatz, eine Maschine, elektrischen Strom und meine Arbeitszeit und auch etwas Glück um erfolgreich Bitcoins herzustellen. Das ist beim Goldsuchen ähnlich, worauf die Mining-Metapher beruht. Bitcoins sind in diesem Sinne eher Waren als Geld und ihr Tauschwert beruht auf Herstellungskosten. Da Bitcoins aber wie Geld nur beim Kaufen brauchbar sind, haben sie eben wie Geld keinen spezifischen Gebrauchswert, wie andere Waren. Darin entsprechen sie einer Wiederkunft des Geldes.

Als Geld sind Bitcoins in einer weiteren Hinsicht speziell. Während eigentliches Geld eine offene Menge bildet, ist die Menge der Bitcoins durch das Protokoll beschränkt. Während Geld seinen Wert tendenziell verliert, weil immer wieder neues Geld gedruckt wird, steigert sich der Wert von Bitcoins, wenn keine neuen Bitcoins mehr hergestellt werden können. Gold fungierte nicht zuletzt deshalb als allgemeines Warenwertäquivalent, weil es nur begrenzt vorhanden ist. Dass im 16. Jahrhundert die Goldmassen aus Amerika zugänglich wurden, hatte zwar einen grossen Werteinbruch zur Folge, aber nichts daran geändert, dass Gold generell beschränkt verfügbar ist. Während ich beim Gold nicht wissen kann, wo die Beschränkung genau liegt, weil ich nicht wissen kann, wo noch Gold gefunden wird, ist die Menge der Bitcoins berechenbar beschränkt. Es werden unter dem aktuellen Protokoll insgesamt etwa 21 Millionen Bitcoins generiert.

➢ Das Bitcoinsystem

Bitcoin zeigt als Komplementärwährung viel darüber, was in der Differenz zu Bitcoin eigentliches Geld ist. Ich erläutere deshalb das Bitcoinsystem in einem spezifischen Sinn, worin es mir um die Unterschiede zu konventionellem Geld geht. Es geht mir also nicht darum, das Bitcoinsystem insgesamt zu erläutern, sondern darum, spezifische Aspekte hervorzuheben. Ein paar wesentliche Aspekte habe ich oben bereits vorweggenommen, ich stelle sie hier in einen etwas grösseren Rahmen. Nur nebenbei bemerkt, man muss natürlich das Bitcoinsystem nicht verstehen, um Bitcoins zu benutzen. Ich muss ja auch nicht wissen, wie mein Auto oder mein Kühlschrank funktioniert.

Bitcoins sind in gewisser Hinsicht elektronisches Geld. Ich habe früher dargestellt, wie bei elektronischem Geld die Unterscheidung zwischen Geld und Buchhaltungseinträgen aufgehoben wird. Bitcoin lässt sich in diesem Sinne als Buchhaltung verstehen, in welcher genau nachgeführt wird, wer zu jedem Zeitpunkt wie viele Bitcoins besitzt. Das Verfahren wird als Blockchain bezeichnet. Die Einträge in diese Blockchain sind Einträge in die Buchhaltung. Kein Eintrag kann im Nachhinein verändert oder gelöscht werden. Wann immer diese Blockchain verlängert wird, bekommen alle Teilnehmer die jeweils neuste Kopie, wodurch gewährleistet wird, dass kein Einzelner etwas verändern kann, ohne dass hinreichend viele Teilnehmer mitmachen. Das technische Verfahren selbst ist relativ kompliziert, weil es gewährleisten muss, dass jeder Eintrag am Ende der Kette erfolgen muss und dass die ganze Kette rekonstruierbar bleiben muss.

Technisch hat jeder Eintrag in die Blockchain eine kryptologisch erzeugte Adresse und einen Link auf seinen Vorgänger, was die Kette erzeugt. Wer einen Eintrag machen will, muss in einem ausgeklügelten Verfahren die jeweils nächste Blockadresse erzeugen, was mit aufwendigen Berechnungen verbunden ist. Wenn zwei oder mehr verschiedene Teilnehmer beim Errechnen der jeweils nächsten Adresse erfolgreich sind, hat nur einer das Glück, dass er den Block eintragen darf. Und genau damit ist eine Belohnung durch neue Bitcoins verbunden.

Weil die Blockadressen eine bestimmte Länge haben, ist klar, dass es eine grösste Adresse gibt, wodurch die Menge der Bitcoins begrenzt ist. Der Adressraum ist aber hinreichend gross, so dass das Ende in den nächsten hundert Jahren kaum erreicht werden wird. Die dann anstehenden Probleme wird man in diesen einhundert Jahre bearbeiten und lösen.

Der vordergründigere Aspekt von Bitcoin ist natürlich, wie ich mit Bitcoins etwas bezahlen kann. Dazu hat jeder Teilnehmer ein - fiktives - "Portemonnaie", das für alle Teilnehmer ersichtlich ist, weil aufgrund der Blockchain jeder immer errechnen kann, wie viele Bitcoins in welchem Portemonnaies liegen. Umgekehrt weiss auch ich selbst aufgrund der Blockchain wie viel Bitcoin-Geld ich habe. Die Einträge auf der Blockchain sind also entscheidend. Sie sind Buchhaltung und elektronisches Geld zugleich, was ja charakteristisch ist für elektronisches Geld. Ich habe im entsprechenden Kapitel beschrieben, wie elektronisches Geld auf den Geldkarten gespeichert ist - und insbesondere, wie dort Geld aufgeladen und abgebucht wird. Auch bei Geldkarten-Portemonnaies wird der jeweilige Kassenbestand laufen berechnet, indem Aus- und Eingaben addiert werden. Das Bitcoinsystem macht dasselbe, nur werden die Einträge nicht auf einer Karte gespeichert, sondern in einer zentralen Datei, eben der Blockchain, von welcher alle Teilnehmer eine Kopie besitzen.

Wenn ich am Netzwerk teilnehme, bekomme ich eine - auch kryptologisch verschlüsselte - Adresse, die beispielsweise wie folgt aussieht: "15VjRaDX9zpbA8LVnbrCAFzrVzN7ixHNsC" und einen öffentlichen Schlüssel darstellt. Ich habe dann zu dieser Adresse mein Passwort, das logischerweise nur ich kenne. Wenn mir jemand Bitcoins schicken will, schickt er sie an meine Adresse, wozu er - und vor allem andere - meinen Namen nicht kennen muss. In der Blockchain steht mein Name auch nicht, die Adressen sind in diesem Sinne anonym. Ich gebe diese Anonymität auf, wenn ich meine Bitcoin-Adresse zusammen mit meinem richtigen Namen publiziere. Da ich mehrere Adressen haben kann, ist das aber kein Problem.

Natürlich ist wichtig, dass die Verschlüsselung nicht geknackt werden kann. Das ist aber ein kryptologisches Problem, das mit Geld nichts zu tun hat, und das wir auch unabhängig von Geld in vielen anderen Bereichen haben. Das Verfahren mit einer Blockchain, das den Kern der Erfindung von Bitcoin ausmacht, lässt sich auf sehr viele Bereiche übertragen, die eine Wertebuchhaltung darstellen. Insbesondere sind etwa Grundbücher, in welchen eingetragen wird, welches Grundstück wem gehört, ein gutes Beispiel, weil damit das ganze Notariatswesen obsolet wird. Es ist absehbar, dass das Blockchain-Verfahren nicht nur auf den ganzen Zahlungsverkehr ausgeweitet und so dem Internet als peer-to-peer-Netz eine neue Dimension geben wird.

10 Eine Geschichte des Geldes

10.1 Geschichte und Geschichten

Geschichten beobachte ich als Geschichten eines Erzählers, der seine Geschichte so erzählt, dass sich deren Subjekte und Objekte in der Zeit und in Bezug auf miterzählte Verhältnisse sinnhaft verhalten. Der narrativ einfachste Fall ist eine Ich-Erzählung eines tragischen Helden wie beispielsweise Robinson Crusoe. Der Ich-Erzähler solcher Geschichten weiss, von wem er erzählt und was ihm passiert ist. Geschichten sind für mich phantastisch oder plausibel, je nachdem wie und ob das Subjekt der Geschichte auf die geschilderten Verhältnisse reagiert. Plausibilität entsteht dadurch, dass vorangegangene Ereignisse die späteren Situationen wahrscheinlich machen. Robinson beispielsweise erzählt, von seiner verwünschten Sehnsucht, vom Schiffsunglück und wie er danach überlebte. Ohne Schiffsunglück wären seine Erlebnisse auf der Insel sehr unwahrscheinlich, und das Schiffsunglück wäre blöder Zufall, wenn er nicht verwünschterweise, gegen den Willen seines Vaters auf das Schiff gegangen wäre. In seiner Geschichte schildert er mögliche Vergangenheiten, in welchen jeweilige Verhältnisse durch seine oder unabhängig von seinen Entscheidungen sich so entwickelten, dass er die Geschichte schliesslich so erzählen kann. Als Zuhörer weiss ich ebenso wie als Erzähler, dass in der erzählten Zeit ganz viel passiert ist, was nicht erzählt wird, und dass das Erzählte aktuelle Erinnerungen sind, dass also zu jedem Ereignis auch beliebig andere Vergangenheiten möglich wären, die aber nicht alle so plausibel wären, dass sie als Geschichte funktionieren würden.[180]

---

[180] Wird eine Geschichte als Märchen deklariert, glaube ich sie ohne wieteres, wird sie aber als wahre Geschichte erzählt, bezweifle ich alles.

Wenn ich eine Geschichte des Geldes erzähle, habe ich im Vergleich zu Robinson die Schwierigkeit, dass ich keine mir na(t)iv bekannte, selbst erlebte Geschichte erzählen kann. So wie ich Geld begreife, dient Geld auch nicht als Subjekt seiner Geschichte, weil Geld ja nichts macht, also nicht handelt, sondern nur benutzt wird. Geld fungiert auch nicht als Ereignis, das einer handelnden Instanz zugerechnet werden kann, wenn ich nicht - was auch verbreitet ist - einen Gelderfinder erdichten will.[181]

Die meisten mir bekannten Geschichten zum Geld fangen nicht mit Scheidegeld und schon gar nicht mit Schulden und Giralgeld an, sondern mit halbwegs kuranten Münzen. Münzen eignen sich als Gegenstände von Geschichten, weil sie handfest und anschaulich sind, also Dinge, mit welchen allerlei Handlungen möglich sind. So kann man etwa erzählen, dass die Griechen oder die Römer bereits Münzen prägten. In vielen Geschichten erscheinen dann aber Münzen als Geld schlechthin und alles, was dann auch noch Geld ist, gilt als Derivat von Münzen.[182] Münzen wurden aber nicht von sich aus zu Geld, und auch nicht einfach dadurch, dass sie beim Tauschen verwendet werden - es sei denn, man bezeichne je-

---

[181] Die wohl berühmteste Geschichte des Geldes handelt vom Goldschmied Fabian, der das Geld und den Zins erfunden hat. Fabian war ein Goldschmid, der eine gute Idee hatte. Er lebte in einer einfachen Tauschmarktgesellschaft, die noch kein Geld kannte und beim Tauschen die entsprechenden Probleme hatte. Fabian brachte seine Idee, die er Geld nannte, vor die Gemeindeversammlung. Er erklärte den Leuten den Zweck seiner Goldmünzen, die er sich vom Bürgermeister monopolisieren liess. Am Anfang sollte - wie im Monopoly - Geld an alle vorgestreckt werden, gegen Zins für die Dienstleistung der Geldversorgung. So ist das Geld auf die Welt und unter die Menschen gekommen ...

[182] W. Weimer etwa treibt die verbreitete Vorstellung von der Münze als Geld auf die Spitze. In seiner „Geschichte des Geldes" schreibt er, dass er „in Wahrheit" nicht wisse, „weder warum, noch wann, wo und wie Geld auf die Erde kam". Er bezeichnet aber jede irgendwo ausgegrabene Münze ganz selbstverständlich als Geld.

des Ding, dass mindestens zweimal getauscht wird, als Geld.[183]

Deshalb kann meine Geschichte vom Geld nur eine Geschichte von Handlungszusammenhängen sein, in welchen Geld - in welcher Form auch immer - entsteht oder aufgehoben wird. In meiner Modellierung habe ich Geld als materiellen Strom durch Portemonnaies begriffen. Ich habe dabei die Entwicklung des Geldes beobachtet, während ich die Portemonnaies nur als Stacks aufgefasst habe, ohne ihren Sinn zu beachten. Geschichten erzählen im Unterschied zu Modellierungen einen Sinn. Geld bekommt seinen Sinn vom Sinn der Portemonnaies, in welchen es aufbewahrt wird. Portemonnaies machen natürlich nur Sinn, wenn es Geld schon gibt.

Am Anfang meiner Geschichte gibt es noch keine Portemonnaies. Die Menschen leben nicht nur ohne Geld, sondern insbesondere auch ohne zu tauschen, sozusagen in Proto-Gesellschaften, die L. Morgan als Gens beschrieben hat, also als Verwandtschaftsverbände, aus welchen sich die historisch eigentliche Familie erst allmählich herausentwickelt hat. Die Gens waren mutterrechtlich organisierte Sippen, deren Vermögen kollektiv verwaltet wurde.

Mir geht es hier nicht um die Entwicklung der Familie in einem volkskundlichen Sinn, sondern darum, dass es – in meiner Geschichte – anfänglich Lebensgemeinschaften gibt, in welchen nicht getauscht wird, weshalb für Geld keinerlei Bedarf bestanden hat. In der Gegenwart erscheint die bürgerliche Familie als Gemeinschaft, in welcher nicht getauscht wird. Das heisst, es gibt auch in der entwickelten Gesellschaft Gemein-

---

[183] W. Weimer schreibt, dass Geld viele Gesichter habe: „Kühe und Käse, Perlen und Pelze, Muscheln und Metalle, Waffen und Weiber, Salz und Sklaven" (1994, S.12). Und schliesslich - als begriffliche Bestimmung: „Geld ist alles, was gilt." Sogar F. Engels schreibt, dass Rinder das erste Geld gewesen seien.

schaften, in welchen - im Prinzip - nicht getauscht wird. Meine Geschichte beginnt mit einer Lebensgemeinschaft, die noch keine anderen Lebensgemeinschaften kennt und deshalb gar niemanden hat, mit dem sie tauschen könnte, während die bürgerliche Familie ja in einer ausgesprochenen Tausch- und Geldwelt lebt.

Als konventionelle Geschichte würde ich meine Geschichte so erzählen: Es war einmal eine kleine Gruppe von Menschen, die lebten friedlich zusammen. Eines Tages aber trafen sie beim Jagen oder Sammeln auf Menschen, die sie nicht kannten und mit denen sie ihre gesammelten Erträge nicht einfach teilen wollten. Bis zu diesem Zeitpunkt existierten weder Vorstellungen zur Sippe, Verwandtschaft oder Familie, weil alle Zusammenlebenden alles geteilt haben und es niemanden gab, der nicht dazugehörte. Nach diesem Zeitpunkt aber spielte es eine Rolle, ob der andere verwandt oder nur bekannt war.[184]

Ich bezeichne dieses Unterscheiden als Konstitution der Protogesellschaft, in welcher Menschen sich als getrennt begegnen und diese Trennung vermitteln, schliesslich in einem Gesellschaftsvertrag. Die erste hier interessierende Vermittlung erkenne ich im Tauschen von - tautologischerweise wertgleichen - Sachen. Solange die Protogemeinschaft kein Aussen kennt, besteht deren Haushalt in der Deckung des eigenen Bedarfs. Robinson, der zwanzig Jahre alleine - aber natürlich im Bewusstsein eines Haushaltes - gelebt hatte, schreibt, wie er seine Getreideproduktion und seine Tierhaltung bewusst einschränken musste, weil er mit dem Überschuss so wenig anfangen konnte, wie mit dem Geld, das er aus dem Schiffswrack gerettet hatte. Im Haushalt wird Überschuss verwaltet. Während sogenannte Wilde quasi naturwüchsig nur so viel ar-

---

[184] F. Engels beginnt seine Familiengeschichte mit einer Blutsverwandtschaft, die in einer Gruppenehe lebt. Das ist natürlich eine Aussensicht, die Betroffenen hatten noch keinen Anlass solche Kategorien zu verwenden.

beiten, dass es reicht, hat Robinson bewusst dafür gesorgt, dass kein Überfluss entsteht, was man im Zeitalter der Überflussgesellschaft natürlich auch als haushalten sehen kann.

In seiner berühmten Geschichte erzählt F. Engels wie die Familie und der Staat entstanden sind. Geld spielt in seiner Geschichte eine wichtige Rolle, wird aber von F. Engels einfach vorausgesetzt, weil Geld in seiner Geschichte nicht sein Thema ist. Ich will in meiner Geschichte, in der es um Geld geht, die Familie und den Staat als Halter von Portemonnaies einführen. Die Familie sehe ich als ursprüngliches Subjekt eines Haushaltes, wobei ich die von F. Engels beschriebene Differenzierung der Verwandtschaft voraussetze. Wichtig ist hier, dass die Familie einen eigenen Haushalt führt, in welchem sie zeitlich anfallende Überschüsse, wie beispielsweise periodisch anfallende Ernten verwaltet und anderen Familien vorenthält. Innerhalb der Familie mag mit dem Haushalt eine Rollendifferenzierung verbunden sein. F. Engels beschreibt ausführlich, wie sich patriarchalische Machtstrukturen entwickeln, die das anfängliche Mutterrecht verdrängen. Hier interessiert aber, was zwischen den Familien passiert, und wie eine einzelne Familie reicher wird.

Bei den alten Griechen - das wissen wir aus Sagen - haben sich die Gens von Attika unter Theseus zu einer Polis in Athen zusammengeschlossen, um ihre Haushalte gemeinsam zu verwalten. Die Verfassung von Theseus gilt als Gründung des ersten Staates. Durch den gemeinsamen Rat waren gegenseitige Eroberungen aufgeschoben und eine gemeinsame Gerichtbarkeit geschaffen, die über gegenseitige Verschuldungen wachte. Die einzelnen Familien führten eigene Haushalte, die hauptsächlich durch Vererbungen innerhalb der Familien ökonomisch zunehmend mehr getrennt waren. Viel wichtiger als der Tauschhandel mit irgendwelchen Waren war dabei die Vermehrung des Reichtums durch Zugewinnung von Land, das von Sklaven bearbeitet wurde. Theseus - so will es die Sage, die wohl im Mittelalter geschrieben wurde und im Wesentlichen die dortigen Verhältnisse projizierte - hat insbesondere den Adel erfunden, in dessen Dienst er als Feldherr für Ordnung sorgte, also das Eigentum der Familien verteidigte.[185]

10.2 Die ursprünglich(st)e Akkumulation

In Anlehnung an A. Smith und K. Marx bezeichne ich diese Phase der Geschichte als ursprüngliche Akkumulation. Es geht dabei darum, dass der natürliche Grund, der von Gens durch Siedlung und Bewirtschaftung besetzt war, durch deren Zerfall unter den dabei entstehenden Familien aufgeteilt wurde. K. Marx zielt mit dem Ausdruck „ursprüngliche Akkumulation" hauptsächlich darauf, dass produktionsmittellose - im doppelten Sinne freie - Lohnarbeiter als Voraussetzung für den Kapitalismus geschaffen wurden,[186] ich fokussiere hier dagegen eine Vermögensbildung, die auf einer subtilen Gewalt beruht, mit welcher sich Familien eine Art Protoeigentum an Boden verschafften, den sie als Gens bereits in Besitz hatten.

Die Auflösung der Gens geht einher mit einem Aneignungskrieg zwischen den anfangs noch stark verwandten Familien, die sich nicht vor allem mit Waffen sondern mit gegenseitiger Hilfe bekämpften, indem diese Hilfeleistungen als Kredite und Verschuldungen interpretiert wurden. Die sich durch Verschuldungen gegenseitig immer fremder werdenden Familien vergesellschafteten sich in Bündnissen, die nicht mehr auf Ver-

---

[185] Theseus hat allerlei Heldentaten vollbracht. P. Weiss beschreibt in seiner Ästhetik des Widerstandes, dass die jeweils von Theseus und anderen Halbgöttern besiegten Ungeheuer wohl immer aufbegehrende unterdrückte Menschen waren.

[186] K. Marx beschreibt den Übergang zwischen der Feudalzeit und dem Kapitalismus, in welchem die Arbeitenden von Leibeigenschaft und Zunftbedingungen befreit wurden und so ihre Arbeitskraft verkaufen - oder eben die eigene Haut zu Markte tragen - konnten.

wandtschaften beruhten. Das antike Griechenland dient vor allem als Subjekt solcher Erzählungen. Die Polis mit einer Regierung, in welcher die Familien vertreten waren, steht als Ursprung der Politik, die keine naturwüchsige Verwandtschaft kennt. Wesentlicher Teil dieser Politik ist ein Gewaltmonopol, das aus einer Armee besteht, die durch den politischen Prozess auch gegen die einzelnen Familien eingesetzt werden konnte.[187]

Die ursprüngliche Akkumulation besteht in einer Aufhebung des naturwüchsigen Grundbesitzes in einer politischen Vergesellschaftung, die im dunklen Mittelalter geleistet und durch Erzählungen teilweise in die Antike und teilweise in das Reich des Karl des Grossen projiziert wurde. Diese Erzählungen begründen einen Adel, der dem Grundbesitz eine gesellschaftliche Form gibt, in der einfachsten Form als real estate. Als "real estate" bezeichne ich - anders als in der gegenwärtigen Werbesprache von Immobilienhändlern - den Zustand, in welchem Grundeigentum in eine Zeit zurückprojiziert wird, in welcher es kein Grundeigentum gab. Die na(t)ive Vorstellung besteht darin, dass das ganze Land dem König gehöre, welcher es so ausleihe, dass es vererbar und verkaufbar sei, wobei eben nicht der Grund, sondern nur die verliehenen Rechte weitergegeben und gehandelt werden können.[188]

---

[187] Anschaulich wird diese Differenz etwa in den Wildwestfilmen, in welchen Indianer gegen eine Armee kämpfen, die den US-Staat repräsentiert. Während die noch in Gens organisierten Indianer selbst in den Krieg ziehen, schickt die weisse Bevölkerung eine dafür durch den Staatshaushalt bezahlte Armee in den Krieg. Die Indianer kannten keinen Staat, wie er durch die - griechische - Politik des sagenhaften Theseus hervorgebracht wurde.

[188] Es handelt sich um eine Art ewige Lizenz. "real estate" verweist in vielen englischen Sprachgebieten immer noch darauf, dass Grund eigentlich kein privates Eigentum sein kann.

Durch Schuldverschreibungen werden dann seit dem 16. Jahrhundert Besitzverhältnisse - vorab Bergbauregal - durch "Handel" von Fürsten auf Händler, die dann Bürger wurden, übertragen, wodurch eine Art Eigentum entsteht, das nicht mehr den Leihen der Fürsten unterliegt und das nationalstaatlich - durch Grundbücher - beamtet werden kann. Zunächst sind es frühe Kapitalisten wie die Fugger, die sich Ländereien als Eigentum überschreiben lassen. In dieser Zeit werden auch die ersten Kataster erstellt, in welchen Besitzverhältnisse niedergeschrieben sind. Hier geht es mir um die Ausdifferenzierung gesellschaftlicher Subjekte, die sich durch individualisierte Vermögen konstituieren und so naturwüchsig zu Konkurrenten, und vor allem auch zu Schuldnern und Gläubigern werden, was bei den noch gemeinschaftlich konzipierten Gens nicht möglich war.

Grundstücke, Sklaven und Rinder werden natürlich nicht ins Portemonnaie gelegt, aber wer Grundstücke hat, die von Sklaven bearbeitet werden, hat immer auch einen Speicher, der als eine Art Portemonnaie gesehen werden kann, weil darin abstrakt gesehen Wert gespeichert wird, lange bevor es Geld gibt. Und wer irgendetwas in Speichern aufbewahrt, der kann neben Mitgiftversprechungen, Schuldscheinen und Verbriefungen aller Art, natürlich auch Metalle wie Gold und Silber aufbewahren.

Die Autopoiese von Geld passiert in Verhältnissen, in welchen Vermögen und Verschuldung bereits hoch entwickelt war.

10.3 Das Münze-Geld-Übergangsfeld

Ich habe den Übergang von Gold zu Geld bereits unter dem abstrakten Aspekt der Wertform beschrieben. Ich erzähle hier eine konkretere Geschichte dieser Wandlung, die einer Konsekration entspricht.[189]

---

[189] Konsekration und Apotheose sind theologische Konzeptionen, durch

Meine Geschichte beginnt mit Münzen, die noch kein Geld sind. Und sie fängt im Dunklen des Mittelalters an. Ich lasse also die märchenhafte Antike weg, weil ich sie für eine Ausgeburt der sogenannten Renaissance halte, also für Projektionen aus einer Zeit, in welcher Münzen allmählich Geld geworden sind.[190] Antike Münzen unterscheiden sich als Artefakte nicht von neueren Münzen. Ich sehe sie als eine Art Siegel, die Metall kennzeichnen, und wohl vor allem eine symbolische Bedeutung entwickelten, weil sie durch die Prägungen auch Herrschafts- und Kompetenzbereiche bezeichneten.[191] Phantastische „Geld"geschichten gibt es auch aus der Zeit zwischen 600 und 900, gemäss welchen der sagenhafte Karl der Grosse in seinem Münzenreich Denare durchgesetzt hatte, also Münznamen verwendete, die auch in den Geschichten zur Antike vorkommen. Nicht nur weil ich mir schlicht nicht vorstellen kann, wie einmal etabliertes Geld die Welt wieder verlassen könnte, kann ich auch in den Blechprägungen der Karolinger keinerlei entwickeltes Geld erkennen.[192]

---

die Brot und Wein zu Leib und Blut und Menschen zu Göttern gewandelt werden.

[190] Natürlich sind alle Geschichten Geschichten. Man kann sich allenfalls fragen, wann sie geschrieben wurden. Ich kenne Texte über Geld, die aus der Antike stammen könnten, aber sie wurden - soweit ich sehe - alle in der Renaissance geschrieben.

[191] In der Wikipedia steht: „Mit Aes Grave bezeichnen die römischen Schriftsteller das schwere Kupfer- bzw. Bronzegeld der Vorzeit, der frühen Republik". Prägbares Metall war - unabhängig von Münzen und Geld - ein wichtiges Handelsgut. Die herbeizitierten „römischen Schriftsteller" sind eine typische Konstruktion solcher Geschichten, die zweifelhafte Deutungen zuschreiben.

[192] In seinem Buch „Das erfundenen Mittelalter - die größte Zeitfälschung der Geschichte schreibt H. Illig, dass die vorherrschende historische Chronologie 297 Jahre, nämlich die Zeit zwischen 614 und 911, zu viel beobachtet und die Geschichte dort quasi enorm in die Länge zieht, um "Karl dem Grossen" und den Karolinger überhaupt eine Existenzzeit zu geben.

Meine Geschichte des Geldes setzt in keiner Weise voraus, dass es vor dem Mittelalter auch Münzen oder gar Geld gegeben hat. Ich meine aber umgekehrt auch keineswegs, dass es nicht zu anderen Zeiten und an anderen Orten unter ganz anderen Bedingungen zu Münzen gekommen sei.[193] Ich rekonstruiere hier einfach eine „europäische" Herrschaftsgeschichte, an deren Ende ich mich sehen kann, ohne dass sie immer wieder jahrhundertelange Leerstellen aufweist. Ich fange also nicht mit den ersten Münzen an, sondern einfach mit Münzen überhaupt.

10.4 Münzen als geprägtes Metall

Münzen kann nur prägen, wer das dazu benötigte Material, also beispielsweise eine hinreichend grosse Menge von Metallen wie Gold oder Silber hat und es entsprechend verarbeiten kann. Münzen sind ganz materielle Gegenstände. Weder die Münzen noch deren Material sind symbolische, durch eine Währung gewährleistete Ansprüche, sondern repräsentieren - wenn man so will - einen Warenwert, der auf bedenkenswerte Wiese zustande kommt.

In der sogenannten ursprünglichen Akkumulation - also wo es um den allerersten Besitzer des metallenen „noch-nicht-Geldes" geht - wird quasi „kurantes Geld" als noch nicht geprägtes Erz mit Gewalt erobert und verteidigt, weil zunächst ganz unklar ist, wem welches Erz gehören sollte. Dabei interessiert hier weniger die freibeuterische Eroberung von bereits verarbeitetem Erz oder gar von Münzen durch allerlei Piraten, als vielmehr die Eroberung von Bergrechten durch den eigens dafür erfundenen Adel. Wer Gold oder andere Metall abbauen und prägen kann, kommt auf eine spezifische Art zu Münzen,

---

[193] Ich glaube sogar, dass Münzen zu den aussagekräftigsten Artefakten der Archäologie gehören und dass im Mittelalter viel metallurgisches Wissen aus früheren Zeiten durch sogenannte Völkerwanderungen nach Westeuropa gekommen ist.

alle anderen müssen Münzen, ob sie nun Geld sind oder nicht, auf eine andere Weise bekommen.

Damit Münzen überhaupt Geld werden können, muss es hinreichend viele Münzen geben, es muss also hinreichend viel Metall abgebaut werden können. Für das 15. Jahrhundert sind zwei hinreichende Bedingungen für die Herstellung von grossen Mengen von Münzen dokumentiert. Einerseits war das Wissen vorhanden, wie man Bergwerke betreibt, man war also technologisch in der Lage, Metallberge wie beispielsweise das dann so benannte „Erz"gebirge zu bearbeiten. Und zweitens gab es adelige Menschen, die solche Metallberge besassen.

Man könnte meinen, dass Metall immer schon interessant gewesen sei, zumal die Historiker ganze Abschnitte ihrer Zivilisationsgeschichten als Metallzeiten bezeichnen.[194] Metall ist aber massenweise nur interessant, wenn es hinreichenden Gebrauchswert hat, wenn es also zu etwas Sinnvollem verarbeitet werden kann und dann umgekehrt in dafür genügenden Mengen abgebaut werden kann. Die Herstellung von metallenen Gegenständen war bis ins späte Mittelalter Luxus im besten Sinne des Wortes. Nur sehr reiche Menschen konnten sich Gegenstände aus Metall leisten. Entsprechend klein war die Nachfrage natürlich auch nach Münzen, denn das Anhäufen von Schätzen war der Sache nach nie sehr verbreitet.[195]

Erst die im Mittelalter entwickelte Technologie der Metallverarbeitung produzierte das Verlangen nach viel Metall und mithin den massenhaften Abbau von Erzen. G. Agricola hat die erfor-

---

[194] Üblicherweise wird die Zeit ab 4000 vor Christus als Kupferzeit bezeichnet, der dann ab 3500 die Bronzezeit und ab 1500 die Eisenzeit folgt.

[195] Vom sagenhaften Krösus wird erzählt, er habe alles Metall zu Münzen geprägt und damit einen Schatz angelegt, den er seinen Gästen voller Stolz gezeigt habe. Ich kenne das als Geschichte von Dagobert Duck.

derliche Technologie 1556 in seinem Buch „Vom Bergwerk" zusammengetragen. Mir ist unklar, wie G. Agricola zu seinem Wissen gekommen ist, also wie viel er selbst vor Ort gesehen hat und wieviel er in der Literatur gefunden hat, die bis in die Antike zurückdatiert ist. Aber erst im Mittelalter wurde in Europa zunehmend mehr Metall verarbeitet.[196]

Während die Waffen-, Werkzeug- und Geräteherstellung noch handwerklich in vergleichsweise kleinen Manufakturen betrieben werden kann, sind oder verlangen Bergwerke grössere Infrastrukturen. Vor allem aber muss, wer Bergwerke betreiben will, durchsetzbare Rechte auf deren Ausbeute besitzen.

Dass Münzen zu Geld werden, verlangt Rechtsverhältnisse, in welchen das Geld ge"währ"leistet wird. Aber lange bevor Münzen zu Geld werden, muss schon ein Bergrecht durchgesetzt sein, in welchem geklärt ist, wem das Erz im Boden gehört, das später zu Münzen wird. Die Staatsmacht, die Eigentum zuschreiben kann, muss nicht für die Herstellung von Geld erfunden werden.

Quasi im Zeitraffer hat sich ein paar hundert Jahre nach dem Mittelalter die Etablierung eines Bergrechtes im Wilden Westen nochmals „ereignet". Noch bevor die europäischen Kolonialmächte ganz Nordamerika kolonialisiert hatten, befreiten sich die Siedler, die bis dahin „in" die Kolonienen siedelten, und etablierten einen eigenen Staat anstelle der Kolonien. Die europäischen Kolonien und damit auch die neu geschaffenen Vereinigten Staaten von Amerika reichten nur bis zum Mississippi. Das Land jenseits des Mississippis war insofern ein Niemandsland, als nur das Land diesseits des Flusses nun ein ei-

---

[196] Natürlich ist auch das eine Geschichte. Und Geschichte ist, dass in den mehreren hundert Jahren der gesamten Antike weniger als ein Tausendstel der jährlichen Metallmenge von heute abgebaut wurde. Und alle antiken Münzen, die bis jetzt gefunden wurden, ergeben zusammen kein Vermögen.

gentlicher Staat mit Gesetzen und einer Währung geworden
war. Das Niemandsland auf der anderen Seite war zunächst
offenbar weder eine administrative Besetzung noch einen
Krieg wert. Die erst gerade gewordenen Amerikaner vertrau-
ten wohl darauf, dass die Europäer dort keine Ansprüche
durchsetzen würden. Sie kauften aber später einen riesigen
Teil des Landes, das niemandem - insbesondere auch nicht irgendwelchen dort schon länger lebenden Indianern - gehörte,
für ganz wenig Geld vom französischen Kaiser Napoleon.
Kaufen macht legale Eigentümer. Und bevor Land zum ersten
Mal verkauft wird, gehört es meistens einem „Kaiser", also jemandem, der nicht begründen muss, was der Wortsinn von
„Adel" ist.

Als in diesem noch Niemandsland Gold gefunden wurde,
steckte jederman, der es konnte, einen sogenannten Claim
ab, aber niemand jenseits der Claimer konnte oder wollte diese Claims garantieren. Vermeintliche Grossgrundbesitzer wie
der Farmer J. Sutter, auf deren Grundbesitz sich das Claiming
abspielte, mussten erkennen, dass ihr Besitz keine Bergrechte
enthielt, so dass diese und damit verbunden auch Grundbesitz
neu „verhandelt" wurden. J. Sutter, der aufgrund davon, wie er
zu seinem vermeintlichen Besitz gekommen war, auch als General und als Kaiser bezeichnet wurde, verzichtete wohl darauf seinen Besitz mit seiner Armee zu verteidigen, weil inzwi-
schen Amerikaner nach einem gewonnenen Krieg gegen Me-
xikaner auch koloniale Ansprüche auf dieses Gebiet erhoben.[197]

---

[197] Seit 1839 kolonisierte Sutter im Sacramento-Tal ein Gebiet von der
Grösse des Kantons Baselland, das er vom Gouverneur von Kalifornien,
Juan Bautista Alvarado, erhalten hatte: Neu-Helvetien, wie er es nannte,
sollte landwirtschaftlich genutzt werden. Im Namen der mexikanischen Ob-
rigkeit vertrieb er die ortsansässigen Indianer und legte 1841 die Befesti-
gung Sutter's Fort an. Gleichfalls 1841 erweiterte er seinen Besitz durch
den Kauf der mobilen Anlagewerte (nicht des Bodens) der russischen Ko-
lonie Fort Ross. Im Vertrag von Guadalupe Hidalgo, der den Mexikanisch-
Amerikanischen Krieg beendete, fiel das Gebiet des heutigen Bundesstaa-
tes Kalifornien (damals Oberkalifornien) und damit Neu-Helvetien 1848 an

Die Kolonialmacht USA hat das bestehende Claiming - und auf diese Weise sich selbst - zum Recht erhoben. Die lokalen Claim-Fürsten unterstellten sich der Kolonialmacht und erhielten so „zu Recht", was sie zuvor mit Gewalt erobert hatten.

Im wilden Westen lebten sehr viele Menschen, die davor bereits in Staaten gelebt haben und mit dem Wesen der staatlichen Macht vertraut waren. Im Mittelalter gab es in Europa noch keine Staaten, sie wurden erst erfunden. Es gab aber wie im Wilden Westen allerlei freibeuterische Eroberer, Anführer von Räuberbanden, die sich mit Gewalt aneigneten, was sie verteidigen konnten. N. Machiavelli hat unter dem sinnigen Titel „Fürst" dargestellt, wie sich diese Räuber als Aristokraten institutionalisierten.[198] Als Aristokratie bezeichne ich dabei eine Herrschaftsform, in welcher relativ wenige Menschen in einem protostaatlichen Bereich, typischerweise in einem Fürstentum, herrschen. In der Institutionalisierung solcher Herrschaft wird Gewalt in Macht aufgehoben, was im Prinzip Verfassungen möglich macht, in welchen die beteiligten Subjekte ihr Gewaltpotential reflektieren. Machtverhältnisse lassen sich verfassen. Jeder gewalttätige Putsch demonstriert, wie weit solche Verfassungen reichen.

Das Fürstentum bringt sich autopoietisch dadurch hervor, dass es sogenannte Rechte, die davor nicht existieren, verkauft. Ich beobachte hier einen Zyklus, in welchem Bergrechte an Unternehmer verkauft werden, die das Erz abbauen und

---

die USA.

[198] Machiavellismus steht umgangssprachlich verkürzt für ruchloses eigennütziges Regieren. N. Machiavelli beschreibt zwar das Verhalten von Freibeutern, das ja gar nicht anders als eigennützig sein kann, in seinem Werk geht es aber darum, wie sich die „Fürsten" als legale Macht institutionalisieren. Oft wird ihm vorgeworfen, er hätte den Regierenden geraten, was sie tun sollten. Er hat aber vielmehr beschrieben, was sie getan haben. J. Searle beschreibt die damit eingeklagte Differenz in "Die Ableitung des Sollens aus dem Sein" im letzten Kapitel des Buches „Sprechakte".

den Aristokraten Münzen geben, damit diese Söldner bezahlen können, die die „Rechts-Berge" als Hoheitsgebiete erobern und verteidigen.[199] Unternehmer sind im Fürstentum die Leute, die ihre Macht nicht durch eigene Armeen, sondern durch Rechte sichern, die sie gekauft haben. Der Ausdruck Unter-Nehmer reflektiert das sich unter-„ordnende" Nehmen von Rechten.

Die Landnahme durch Europäer im vorerst grenzenlosen Amerika und dann speziell im wilden Westen nochmals, beruhte bei aller gewalttätigen Ambivalenz auf der eigens dazu erfundenen Idee von Nomaden, die immer weiterziehen, also keine Eigentumsansprüche erheben. Und Figuren wie der erwähnte General Sutter scheiterten daran, dass sie ihr Land oder ihre Landrechte nicht als Unternehmer einer herrschenden Macht abgekauft haben.

Die Verhältnisse im Mittelalter waren wesentlich komplizierter, aber die Vorgänge in Nordamerika lassen sich gut als Modell dafür verwenden. Hervorheben will ich, dass diese gesellschaftlichen Entwicklungen im Mittelalter unabhängig von Geld sind, und dass selbst in der Aufteilung des Wilden Westen in Nordamerika Geld keine entscheidende Rolle spielte. Die ursprüngliche Akkumulation beruht insbesondere auch nicht auf Warentausch, sondern viel mehr auf Landaneignung und Sklavenarbeit in verschiedensten Formen.

Geld aber entwickelt sich in meiner Geschichte nicht aus Vermögensbildung durch Sklavenhaltung. Noch so reiche Sklavenhalter wie etwa König Krösus haben keinerlei Gründe Geld zu erfinden, und davon abgesehen, keinerlei Möglichkeiten Geld unter die Menschen zu bringen. Geld entwickelt sich in meiner Geschichte aus einer spezifischen Form der Landaneignung, die ich als Regalien bezeichne.

---

[199] Rechte können natürlich jederzeit verfallen, aber Armee gewinnen auch nicht jeden Krieg.

Als Regal (königliches Rechte) bezeichne ich ein Nutzungs-
recht wie etwa das Bergrecht, das hier besonders interessiert.
Der Ausdruck "Regal" weist auf die Aneignung solcher Rechte
durch Könige, die dadurch Könige wurden, dass sie solche
"Rechte" verpachten.[200]

Regalien haben mehrfachen Sinn. Sie entkoppeln Grundeigentum und die Nutzung des Grundes. Sie erlauben spezifische Verpachtungen, in welchen nicht alle Rechte am Grund
abgegeben werden. Die Regale sind zunächst von geringer
Bedeutung, weil sie mit Gewalt aufrechterhalten und durchgesetzt werden müssen. Seit dem 15. Jahrhundert verschiebt
sich die Bedeutung der Regale, indem sie von den Pächtern
als Legitimation verwendet werden. Während zuvor ein König
den Bergbau selbst betreiben musste, kann er aufgrund von
Regalen die Rechte gegen Bezahlung abgeben. Die Kaufleute, die Bergrechte übernehmen, erscheinen dann legitimiert
und müssen ihre "Rechte" weiter nicht begründen, aber dafür
natürlich Steuern bezahlen. Für die Kaufleute, etwa für die
Fugger, ist diese Art der Legitimation konstitutiv, sie leben
quasi davon, dass sie den Adel unterhalten, der ihnen eine
Rechtsform verschafft. Der Adel muss so seine Rechte nicht
mehr selbst verteidigen, sondern lässt sich seine Söldner-Ar-
meen direkt von den Kaufleuten finanzieren.

---

[200] Eine schöne Geschichte dazu erzählt, wie Barbarossa 1158 diese
Rechte zurückeroberte, und wie sie Karl IV. 1356 durch die Goldene Bulle
(„Grundgesetz" des Heiligen Römischen Reiches) wieder abgab, um König
der Könige - oder Kaiser der Kurfürsten, was zu legalisierten Territorien
und allmählich zu Staaten führte - zu bleiben.
Die Goldene Bulle ist eine Art Verfassung, die mit einem Siegel aus Gold
versehen ist, das nebenbei zeigt, wozu Münzen zunächst hauptsächlich
verwendet wurden.

10.5 Münzen als Sold

Bevor Münzen zu Geld für jedermann werden, müssen sie in einen Kreislauf gelangen, in welchem immer mehr Menschen überhaupt für irgendetwas bezahlt werden, was unter Leibeigenschaftsverhältnissen nicht sehr nahe gelegen hat. Vor dem 15. Jahrhundert besassen nur ganz wenige Menschen Münzen. Im Kern der marxschen Analyse steht die Erfindung von Lohn, für welchen die Lohnempfänger ihre Arbeitskraft als Leibfreie auf dem Markt verkaufen. Das lässt aber für Besitzer von Leibeigenen offen, warum Arbeitende überhaupt bezahlt werden und weshalb sie dann Münzen als Bezahlungen annehmen sollten.[201]

Historisch älter als Lohn ist der Sold, der - jenseits davon, inwiefern er Geld ist - als eine Art der Beteiligung aufgefasst werden kann. Sold hat seinen Ursprung in der abgewehrten Plünderung. In Plünderungen nimmt sich jeder Krieger, was er kriegen kann. Solange Kriege von Banden[202] oder von Freibeutern geführt wurden, die - wie Nomaden - weiterzogen, war die Plünderung eine plausible Belohnung des Einzelnen, weil sie fremdes Gut betroffen hat, das gemeinsam erbeutet und unmittelbar aufgeteilt wurde. Wo es aber nicht mehr nur um Beute im Sinne von mobilem Plunder, sondern um die Eroberung von viel umfassenderen Hoheitsrechten ging, war

---

[201] K. Marx beschreibt den Übergang von Leibeigenschaft zu Lohnarbeit als relativ differenziertes Verhältnis, in welchem die Leibeigenen durchaus als Besitzer ihrer Grundstücke gesehen werden können, so dass sie - nicht wie eigentliche Sklaven - zu Handel in der Lage waren (Marx, Kapital, S. 742ff).

[202] Die ab 1410 von Bernard VII. d'Armagnac angeheuerten Söldner – zumeist berittenes Söldnervolk, 40.000 Köpfe, davon 20.000 kampffähiges Volk - verbreiteten als sogenannte Armagnaken Angst und Schrecken. Dass sie beritten waren, deutet darauf hin, dass sie gut verdienten, aber natürlich nicht daraufhin, dass sie Geld verdient haben.

durch die Plünderung nicht mehr fremdes Gut betroffen.[203] Als Fürsten bezeichne ich im Sinne von Machiavellis Principes Eroberer, die sich anstelle von Plunder Hoheitsrechte aneigneten, was gemeinhin als Herrschaft bezeichnet wird. Nach solcher Eroberung geht alles Gut in Rechten auf, die im Besitz des Fürsten sind. Solche Eroberungen bedingen Miltärunternehmer als Vasallen, die aus den Räuberbanden Soldaten machten, indem sie mittels Sold und entsprechender Gewalt nach innen die Plünderungen aufhoben. Die vormaligen Räuber werden so in eine Rechtsform eingebunden, in welcher das eroberte Gut nicht mehr als Gut der unmittelbaren Eroberer gilt, sondern einer adeligen Institution zugerechnet wird.[204]

Der Sold ist in diesem Sinne zunächst keine Bezahlung, sondern Teil des eroberten Gutes. Söldner schaffen - im Unterschied zu Lohnarbeitern - keinen Wert, durch den sie im Sinne eines Tausches bezahlt werden könnten, sie erobern den Wert, der sie bezahlt - im Kriegsfall oft durch Vernichtung von Werten, die sie nicht erobern können, was durch die gängige Interpretation von Plünderung bezeichnet wird. In der Form des Soldes wird ein Teil der Plünderung abgeschöpft.

Im Sold ist das eroberte Gut in dem Sinne aufgehoben, als das Gut durch Münzen ersetzt wird, die der Söldner gut mit nach Hause nehmen kann. Auf diese Weise kommen immer mehr Menschen aus allen - vor allem aber auch aus den tief-

---

[203] Um die marodierenden Armagnaken niederzuwerfen, stellten die französischen Könige erstmals eine im modernen Sinne stehende Armee auf, zu deren Unterhaltung die Stände eine Sondersteuer genehmigt hatten. Einige befähigte Bandenkrieger wurden in diese Streitmacht aufgenommen, mit deren Hilfe die irregulären Armagnakenhaufen unterworfen und wohl gegen Sold in die Armee eingegliedert wurden.

[204] Ich will hier nicht näher auf die Differenz zwischen Militärunternehmern und Vasallen eingehen. Das Vasallentum ermöglicht, eroberte Gebiete nachhaltig auszubeuten, also auch dann, wenn die Eroberer wieder wietergezogen sind.

sten - Schichten zu Münzen, die als geprägtes Metall einen praktischen „Wertbewahrungscharakter" haben, ohne dass Wert mit Geld verbunden sein müsste. Jedes hergestellte Ding, das getauscht werden kann, hat „Wert" im Sinne von Tauschwert, ohne dass dieser Tauschwert explizit quantifiziert sein muss.

Sold in Form von Münzen wird natürlich nur akzeptiert, wenn die Münzen auch wieder gegen Gebrauchswerte eintauschbar sind. Aber das zeichnet die Münzen nicht als Geld aus. Münzen sind lediglich eine praktische Ware - solange Metall auf dem Markt getauscht wird. In Form von Münzen sind verschieden wertvolle Metalle in verschiedenen Grössen herstellbar, was sehr genaue Anteile einer Gesamtbeute ermöglichen würde. So gesehen repräsentieren Münzen auch einen (an)gemessenen Wert, obwohl die Söldner natürlich nur ihren Anteil bekommen haben, der im Normalfall viel kleiner war, als die Beute, aber den Söldnern im Sinne einer Versicherung schon vorab versprochen wurde.

Mit dem Aufkommen des Handwerkes ist auch ein kontinuierlicher Metallbedarf gegeben. Im Mittelalter wurden Münzen sehr oft eingeschmolzen. Gemeinhin wird das mit finanziellen oder betrügerischen Machenschaften erklärt, etwa damit, dass billigere Legierungen für neue Münzen verwendet wurden. Jenseits von solchen Erklärungen wurden Münzen aber immer auch als Metall gesehen, gleichgültig ob man mit dem Metall neue Münzen oder Werkzeuge machte.

Die Söldner, die ihre Münzen zuhause eintauschten, sehe ich Kristallisationskeime einer soziale Ausdifferenzierung, in welcher immer weitere Gruppen in Münzzirkulation einbezogen wurden.[205] Nachdem Bauern und Handwerker einmal Münzen

---

[205] Die Söldner sind immer eine randständige und relativ kleine Gruppe gewesen. In merkantilistischen Geschichten müssen die Fürsten keine Söldner, sondern Armee- und Beamtenheere mit Geld unterhalten. Auf dieser Entwicklungsstufe des Staates hat sich die Münze aber bereits als Geld

von Söldnern angenommen hatten, konnten sie Münzen von allen Seiten annehmen. Das Bekommen von Münzen ist ein Attraktor, und weil das Bezahlen von Unterworfenen in vielen Fällen günstiger ist, als das Bezahlen von Söldnern, die zur Unterdrückung nötig sind, wurden Leistungen von Bauern und Handwerkern immer öfter gekauft.[206] Mit jedem Eintauschen von Münzen gegen irgendeine andere Ware wird die Münze immer mehr zur allgemeinen Warenwertform. Sie wird - durch positive Rückkoppelung - in relativ kurzer Zeit zur Institution.[207] Genau in diesem Sinne mag es auch in der Antike dann und wann einen Münzverkehr gegeben haben, der jeweils wieder versiegte, wenn das Metall nicht mehr hinreichend nachgefragt - oder aufgrund der kleinen Mengen mit Gewalt eingesammelt wurde.

Ich erkenne im Sold den Ursprung von Lohn und im Militärunternehmer den späteren Unternehmer. In der schillerschen Legende durchläuft Wallenstein buchstäblich alle Positionen dieser Wandlung, wenn auch beschönigt nicht auch direkt von Räuberei die Rede ist.[208]

10.6 Der Wechsel

Zur gleichen Zeit wie Söldner zunehmende mit Münzen abgegolten wurden, haben sich Wechsel eingebürgert, also Schuldbriefe, die weitergegeben werden konnten. Die Erfin-

---

etabliert.

[206] Systemtheoretisch werden solche Übergänge als Bifurkationen bezeichnet.

[207] Vergleiche dazu die Erläuterungen zur Wertform S. 14f

[208] F. Schiller waren die Verhältnisse sehr bewusst, als er die Räuber in eine separate Geschichte gesteckt hat, in welcher er Wallenstein einen Mooren nannte.

dung des Wechsels bedarf keiner Münzen und schon gar nicht des Geldes. Auf dem mittelalterlichen Wechsel steht oft eine Menge Gold, weil nicht klar ist, welche Münzen wann wo was gelten und Geld noch gar nicht existiert.

Der Wechsel ist einerseits logischerweise mit grossem Risiko behaftet, was ihn zum Spekulationsobjekt per se macht, er ist aber auch Träger einer grossen - oft anonymen - Vernetzung, die immer weitere Personen in einem Finanzverbund einbezieht und verbürgert. Personen, die durch Wechsel verkehren, müssen sich institutionell absichern, weil die Wechsel selbst natürlich im Gegensatz zu Münzen keinen Wert tragen, sondern durchgesetzt werden müssen.

Hintergrund der Wechselwirtschaft ist der sich im Mittelalter entwickelnde Fernhandel, der sich durch eine sehr differentielle Ferne auszeichnet. Es geht um die Organisation des Handels mit Gütern aus der Ferne, wobei der Handel vergleichsweise nahe stattfindet. Schiffe brachten die Güter in Hafenstädte wie Venedig, die zu Umschlagsplätzen wurden. Die Verteilung der Güter innerhalb Europas verlangt im Unterschied zu militärischen Raubzügen eine doppelte Transportierung, weil das Tauschgut hin und das getauschte Gut zurück transportiert werden muss, während Söldner nur ihre Beute heimbringen mussten.

Natürlich hätten Münzen oder Gold auch im „Fernhandel" zwischen europäischen Handelshäusern den Tausch vermitteln können. Die Kaufleute haben aber sehr rasch den Wechsel eingeführt, damit das Gold nicht von Wegelagerern abgeschöpft wurde. Das Gold wurde dabei am Herkunftsort eingelagert und stattdessen nur die Wechsel transportiert, die einerseits viel leichter als Gold sind und in diesem Sinne Papiergeld vorweggenommen haben, aber vor allem auch mit Inhabernamen bezeichnet werden konnten, was deren Diebstahl respektive deren nicht legale Einlösung schwierig machte. Handelshäuser wie die berühmten Fugger gründeten Niederlassungen und vermieden auf diese Weise den Hin- und Her-transport von Zahlungsmitteln.

Die Durchsetzungsmacht, die den Wechsel begleiten muss, liegt zunächst im Gewaltpotential von Vasallen, deren Gerichtsbarkeit durch die Handelshäuser aber zunehmend verfasst und damit verstaatlicht wird. Das Wechselwesen kann sich leichter etablieren als Geld, weil viel weniger Menschen involviert sind. Ich sehe im Wechselwesen eine noch nicht entfaltete Form des Geldes, die sich ohne den Umweg über Münzen entwickelt und auch die plausiblere Keimform für heutiges Geld, das fast nur aus Giralgeld besteht, darstellt.

Insbesondere können Wechsel auch dann geschrieben werden, wenn der sie deckende Wert, sei es in Münzen, Gold oder anderen Waren beim Aussteller des Wechsels noch gar nicht vorhanden ist. Der Wechsel nimmt alle späteren Bankgeschäfte, die nichts mit Geld zu tun haben vorweg und eröffnet die Differenz zwischen Geld und Schulden bevor es Geld überhaupt gibt.

10.7 Grundrente

Jenseits des Handels, der mit Geld nichts zu tun hatte, entstand im Mittelalter auch die Grundrente als besondere Form der Nutzung von Regalien. In der primitivsten Form besteht die Grundrente aus landwirtschaftlichen Naturalien, die an die Fürsten und deren Vasallen entrichtet wurden. Zunehmend treten dabei die Wirtschafter in eine Konkurrenz untereinander, in welcher Grundrenten in Form von Schulden notariell festgehalten werden, wobei der Landadel seine Regalien durch beglaubigte Verschuldungen verloren hat. In dieser Art der Belehnung, die in gewisser Hinsicht einer Verallgemeinerung des Wechsels entspricht, sehe ich die kulturelle Leistung des Mittelalters schlechthin: es ist ein Verschuldungsbuch, in welchem relevante Verhältnisse hinreichend öffentlich dokumentiert werden, so dass auch der Adel sich nicht mehr ohne Gewalt entschulden kann.

Die Autopoiesis des Staates gründet darin, dass die Aristokratie im Mittelalter zunächst eine gewisse Stabilität erreichte, wozu unter anderem ideologische Konzepte wie Adel, aber auch die Erfindung der Kirche in Form von Diözesen beigetragen haben. Als Adel bezeichne ich dabei eine durch die Bürger lancierte Eigentums-Ideologie, in welcher blaublütige Menschen als "naturrechtliche" Eigentümer Grund und Boden lehen oder verpachten können.[209] Adel bezeichnet in diesem Sinne die Differenz zwischen naturwüchsigem und durch Tausch erworbenem Eigentum. Bürger erscheinen im Nachhinein als verfassungsrechtlich legale Besitzer oder Eigentümer, weil sie das Land gepachtet oder gekauft haben. Damit sie es kaufen können, muss das Land einen vorgängigen Besitzer haben, wozu auch der Adel den Adel - in Form von zeitlich weit zurückgreifenden Erzählungen - erfunden hat. Nicht nur Karl der Grosse und all seine Vermächtnisse können als solche recht schludrig dokumentierte Erfindungen von späteren Fürsten gesehen werden.[210] Als diözese Kirche bezeichne ich eine Schattenaristokratie, die die klösterliche Organisation der Religion aufgehoben hat und insbesondere durch den Ablasshandel Verhältnisse geschaffen hat, in welchen sie spätere Steuern in Form von Münzen für Kreuzzüge und Kirchen vorweggenommen hat. Entscheidend scheint mir dabei die Durchsetzung von Regalien, die Eigentum und vor allem Renten auf Eigentum schaffen. Staat bedeutet in diesem Sinn

---

[209] "Obgleich die königliche Macht, selbst ein Produkt der bürgerlichen Entwicklung, ..." (K. Marx, Kapital, S. 746)

[210] Der bereits zitierte H. Illig beschreibt in seiner sehr plausiblen Verschwörungstheorie zum erfundenen Mittelalter beliebig viele solche Schenkungen, die alle nur in Form von gefälschten Dokumenten stattgefunden haben.

nicht nur stabile Herrschafts-, sondern vor allem stabile Eigentumsverhältnisse. Als Herrschaft bezeichne ich durch Regalien (Nutzungsrechte) domestizierte Gewalt, die sich in Form von Eigentum, das belehnt werden kann, zeigt.

Zum eigentlich gesellschaftlichen Verhältnis wird Eigentum an Boden, indem das Land „verpachtet", also von anderen - alter ego - durch Bezahlung in Besitz genommen wird. Solche Grundrentenverhältnisse legitimieren den pachtenden Besitzer, der ja bezahlt hat und den Eigentümer, dessen Zuständigkeit durch die Bezahlung dokumentiert wird. Die landwirtschaftliche Nutzung von Grund ist vergleichsweise extensiv, sie nimmt dem Boden praktisch nichts weg, sondern gibt in etwa die investierte Arbeit zurück. Deshalb macht es auf dieser Stufe auch wenig Sinn, den Boden zu verpachten statt ihn selbst - mit eigenem Menschenmaterial - zu bewirtschaften, was im Mittelalter zunächst zu einer hochdifferenzierten Leibeigenschaft führte. Da in der Landwirtschaft auch die notwendigen Investitionen - im Vergleich zum Bergbau - relativ klein und vor allem flach verteilt sind, spielt auch die Finanzierung keine grosse Rolle.[211]

Die eigentliche Vergesellschaftung von Grundeigentum deshalb erst mit Materialien wie dem Metall, das zunächst natürlich nicht für Münzen abgebaut, sondern nur teilweise in Münzform gehortet wurde.[212] Ich bezeichne das Mittelalter in diesem Sinne als sekundäre Eisenzeit; zum einen weil bereits andere historische Epochen durch Eisen gekennzeichnet werden, aber auch, weil in der sogenannten Antike schon Metall verarbeitet wurde. Als Material einer gesellschaftlichen Pro-

---

[211] Viel später in der Geschichte werden erneuerbare und nicht erneuerbare Güter unterschieden. Die landwirtschaftliche Produktion kann beliebig wiederholt werden, aber das Metall - und später das Erdöl - gibt es nur einmal, was dessen „Wert" unter Eigentumsverhältnissen entsprechend hoch macht.

[212] Neben Metall wurden auch Steine, Dorf und Kohle abgebaut.

duktion erscheint Metall erst im Mittelalter. Entscheidend ist dabei nicht das Metall als solches, sondern dessen Verwendung in der Entfaltung der Produktivkraft. Bereits die Griechen der Antike kannten Dampfmaschinen und allerlei metallene Werkzeuge, aber sie wussten sie nicht produktiv zu nutzen. Erst das Handwerk im Mittelalter verlangte viel Metall.[213]

Die eigentliche Revolution sehe ich in der Entwicklung von dokumentierten und verwalteten Handels-und Bergrechten, in welchen sich die Lehensverhältnisse, die sich im Mittelalter ausdiffernzierten, auf einer qualitativ neuen Stufe etablierten. Die mittelalterliche Aristokratie beruht darauf, dass die Fürsten eroberte Gebiete zunehmend mehr in Form von Lehen zurückgab. Als sie noch Räuber waren, bedienten sich die späteren Fürsten noch unvermittelt. Als Lehensherren schafften sie relativ stabile Hierarchien. Das notarielle Festhalten entwickelte sich zu eigentlichen Rechtsformen, so dass durch allerlei *er*fundene „Rechte" Einnahmequellen wie Markt- und Stadtrechte, Woll- und Gewürzmonopole und Jagd-, Fischerei- und Salzrechte und so weiter *ge*funden wurden. Dieses Notariatswesen sehe ich als Ursprung der Verfassung in Form von konstitutionellen Monarchien. Als erste Verfassung gilt - neben der sagenhaften Magna Carta - die Bill of Rights, die mit einer Verspätung von zweihundert Jahren das Mittelalter auch rechtlich abgeschlossen hat. Genau besehen beschreibt die Bill of Rights die Selbstorganisation des Adels im Milieu des den Adel verursachenden Bürgertums.[214]

---

[213] Der antike "Schrott" aus spätrömischen Waffen- und Werkzeughorten, obwohl für Laien sehr unansehnlich, kündet von einem ersten Eisenzeitalter. (W Gaitzsch: Römische Werkzeuge).

[214] Die "Glorious Revolution" von 1688/89 brachte die "Bill of Rights" hervor, die dem Parlament umfassende Rechte zusicherte und die Macht des Königs beschnitten. Formal wurde England damit zur konstitutionellen Monarchie, das Stimmrecht war aber daran gekoppelt, dass man ein Mindestvermögen besass. Es handelt sich also nicht um einen Demokratie, sondern um eine neue Formierung des Adels, der durch das Parlament aufgehoben wurde.

Die auf Rechten begründeten Einnahmen begründen das Bürgertum, das die Rechte als Handelsware begriff. Gemeinhin wird - verkürzt - der sich im 15. Jahrhundert ausbreitende grossräumige Warenhandel als Ursache dafür gesehen, dass sich eine gesellschaftliche Schicht von Kaufleuten etablierte. Für die gesellschaftliche Differenzierung scheint mir entscheidender, dass Unternehmer und Fürsten in Form von Rechten kooperierten, die verhinderten, dass die Fürsten sich den Reichtum des Warenhandels mit Gewalt aneigneten.[215] Im Sinne des hegelschen Herr-Knecht-Verhältnisses erfinden und propagieren Bergbauunternehmer einen Adel, der ihnen solche Rechte legitimiert übertragen kann. Das Bergbauunternehmen muss auf diese Weise keine Eroberungskriege führen, dafür aber den Adel und dessen Kriegsbanden finanzieren. Der Adel bekommt so das Metall, mit welchem die Söldner bezahlt werden, die die Abbau-Gebiete erobern, verteidigen und verwalten.[216]

Mir geht es hier nicht um eine Geschichte des Mittelalters, in welcher natürlich auch das Zunftwesen eine wichtige Rolle spielt. Mir geht es nur darum, dass sich diese Geschichte sehr gut ohne die Existenz von Geld begreifen lässt, und dass es deshalb keine hinreichende Gründe gibt, Geld zu unterstellen.

10.8 Der politische Haushalt

Die Entwicklung der Fürstenhäuser und der sie unterstützenden Handelshäuser erreichte im europäischen Mittelalter in re-

---

[215] N. dei Machiavelli hat diese Differenz in der Ausbeutung auf den Punkt gebracht. Aber erst die Merkantilisten realisierten den Staat.

[216] G. Ogger hat über die Fugger-Dynastie einen Bestseller mit dem Titel „Kauf Dir einen Kaiser" geschrieben. In seiner Darstellung geht es mehr darum, wer welchen Kaiser gekauft hat. Mir geht es mehr darum, dass der ganze Adel überhaupt erst durch solche Legitimationsverfahren konsteuiert wurde.

lativ kurzer Zeit ihren Höhepunkt und damit verbunden war eine enorme Konzentration des ausgeliehenen Vermögens, das in dieser Zeit überhaupt erstmals als eigentliches Vermögen im Sinne von Finanzen in Erscheinung trat. Vor dem zu Ende gehenden Mittelalter war nie jemand wirklich reich, aber seit etwa dem 15. Jahrhundert unserer Zeitrechnung gibt es finanzmächtige Fürstenhäuser und deren Gläubiger, wobei immer unklar war, wer dabei eigentlich reich ist. Ein paar Handelshäuser wie die Medicis und die Fugger wurden zeitweise sagenhaft reich, weil sich Fürsten und Päpste bei ihnen grenzenlos verschuldeten. Die Fürsten führten dabei ihre privaten Haushalte gelegentlich in den Bankrott, was aber hauptsächlich ihre Gläubiger betroffen hat, die dann ihre Vermögen verloren, wo es ihnen nicht gelungen ist, anstelle der Vermögen wietere Regalien wie Adelstitel mit Vasallenrechten zu bekommen.

In der relativen Finanzierungsnot, die unter anderem dadurch entstand, dass die Fürsten in immer grösseren Schlössern lebten, ihr Einkommen mit immer mehr Gläubigern teilen mussten, ihre Regale begrenzt waren und die Söldner zu stehenden Heeren wurden, die keine Einnahmen mehr brachten, haben die Fürsten auf Anraten ihrer merkantilistischen Beratern den politischen oder öffentlichen Haushalt erfunden. Der Ausdruck Merkantilismus verweist auf das lateinische mercari und meint, dass die Verwaltung von öffentlichen Aufgaben unter handelskaufmännischen Gesichtspunkten erfolgen soll. Erfunden wurde dazu die Vorstellung, wonach es öffentliche Aufgaben gibt und eine Verwaltung, die sich dazu entsprechend öffentliche Einnahmen, vorab durch Zölle verschaffen soll.[217]

---

[217] Als Merkantilismus bezeichne ich sowohl die Herausbildung eines politischen Haushaltes als auch die Lehre, in welcher der politische Haushalt propagiert wurde. Ein typischer Vertreter (sozusagen ein Erfinder) des Merkantilismus war A. de Montchrétien (Traicté de l'économie politique, 1615), er bezeichnete die Lehre als politische Ökonomie, weil sich seine Lehre auf den Haushalt des "Staates", den er noch als Polis begriffen hat, bezieht. Der Begriff „merkantiles System" wurde viel später durch G. de Mirabeau (1749-1791, Abgeordneter, Präsident des Jakobinerclubs) 1763

Faktisch wurde eine Verwaltung eingeführt, die sich durch Zölle und Steuern finanzierte, und sich rasch zum eigentlichen Staatsapparat entwickelte, der nicht mehr an konkrete Personen gebunden war. In seinem die politische Ökonomie begründenden Buch „Wohlstand der Nationen" beschreibt A. Smith eine Nation, die kein eigenes Interesse wahrnimmt, sondern nur gesellschaftliche Rahmenbedingungen zur Verfügung stellt.[218] Dazu gehörten vor allem eine Währung und eine Armee, die diese Währung schützt und deshalb von der Nation unterhalten wird. Die gemeinte Armee ist mit der Nation in dem Sinne identisch, als die gesamte Infrastruktur, die der Erhaltung der Nation dient, mitgemeint ist. Die Verwaltung der Noch-nicht-Nation war auch davor weitgehend in den Händen des „Volkes", und weil sich der besitzende Teil des Volkes bereits grosse Vermögensverwaltungen geschaffen hat, worin sie beispielsweise eine ausdifferenzierte Beamtenschaft und die Buchführung bis hin zum unpersönlichen Kontokorrent entwickelt haben.

Die merkantile Leistung bestand in der Hervorbringung einer sich selbst finanzierenden, vom fürstlichen Eigentum entkoppelten und so unabhängig werdenden Infrastruktur, die ich hier als Nation bezeichne. Diese Institution wurde rasch stabil genug, um den formalen Staat jenseits einer Staatsform zu begründen, wenn gleich die Staatsform anfänglich naturwüchsig die Monarchie war. Hier interessiert insbesondere die Form der Selbstfinanzierung, in welcher ich Hervorbringung von eigentlichem Geld sehe.

---

geprägt und von A. Smith 1776 allgemein verbreitet.

[218] Der vollständige englische Titel lautet „An Inquiry into the Nature and Causes of the Wealth of Nations", die deutsche Übersetzung heisst „Untersuchung über Wesen und Ursachen des Reichtums der Völker", was ich für eine sinnentstellende Gleichsetzung von Nation und Volk halte.

Die staatliche Verwaltung, die Zollerträge und Steuern verwaltet, beruht auf einer Verfassung, in welcher geregelt ist, welche Erträge wie benutzt werden. Dazu müssen die Erträge quantifiziert und garantiert werden. Dabei konnten beliebige Münzen verwendet werden. Natürlich musste der Staat sicherstellen, dass er ein Monopol auf den von ihm verwendeten Münzen hatte, weil er deren Scheidegeld-Wertigkeit nur so aufrechterhalten konnte. Alle anderen Münzen wurden dabei zu Devisen mit schwankendem und kurantem Wert. In den Kontokorrenten der Handelshäuser konnte weiterhin Gold verzeichnet werden, wenn sich die Händler nicht auf eine Währung einigen konnten, weil sie etwa in verschiedenen Nationen beheimatet waren. Aber merkantile Steuern und Zölle mussten in der Währung bezahlt werden. Deshalb entwickelte sich ein Bankwesen von Geldwechslern, das für die Entwicklungsgeschichte der heutigen Banken wichtiger ist als die einst so reichen Handelshäuser, die die grossen Darlehen begründet haben, die heute als Investment bezeichnet werden.

Zu eigentlichem Geld werden die verwendeten Münzen, wo ihr Wert durch eine stabile öffentliche Verwaltung, respektive durch deren Währung garantiert werden, wodurch jede Kuranz belanglos wird, also auch Banknoten hergestellt werden können. Die staatliche Verwaltung löst durch ihr Geld zwei Probleme. Sie stellt sicher, dass sie selbst Geld hat und dass es dafür hinreichend Geld gibt. Anfänglich braucht die Verwaltung Geld für die Armee und die Beamtenschaft. Sie leistet keine Investitionen und erwirbt kein Gut. Die merkantile Verwaltung braucht natürlich auch Geld, um die mehr oder weniger absoluten Fürsten auszuhalten. Es sind aber die Staatsangestellten und die Soldaten, die Geld unter das Volk bringen.

Bis ins späte Mittelalter braucht die grosse Mehrheit der Menschen keine Münzen, geschweige denn Geld. Sie leben quasi gemeinschaftlich - etwa als Leibeigene im Haushalt eines relativ autarken Patriarchen - und es gibt auch praktisch nichts zu kaufen, was mit wenig oder kleinen Münzen bezahlt werden könnte. Dass ein Münz- und schliesslich ein Geldfluss überhaupt entstehen kann, ist an die Bedingung eines Warenmarktes gebunden. In naiven Geschichten ist von einem Markt die Rede, auf welchem Naturalien getauscht werden, bis jemand das Geld erfunden hat, was dann den Tauschhandel viel praktischer gemacht haben soll. Damit verbunden ist die Idee, wonach Geld hauptsächlich ein Tauschmittel ist, das quasi für den Markt oder die Warenhäuser erfunden wurde, weil der heute noch sichtbare Geldverkehr im Kleinhandel stattfindet. Solche Marktverhältnisse machen aber erst Sinn, wenn es bereits hinreichend Geld in der Bevölkerung gibt.[219]

Es ist mithin eine Art Huhn-Ei-Geschichte, in welcher es ziemlich lange dauert, bis viele Menschen, zunächst Soldaten und Beamten auf dem Markt einem Warenangebot begegnen, das sie kaufen können. Es sind wohl die ersten Industrien, etwa der Bergbau, die anfangs die Armeen kopieren, also ihre Arbeiter auch zunehmend mit Münzen abfinden, ihnen also Sold bezahlen, was aber umgekehrt nur möglich ist, wenn die Arbeiter ihren Sold weitergeben können. K. Marx hat ausführlich beschrieben, wie sich diese Arbeiter bei ihren Arbeitgebern dadurch verschuldet haben, dass sie ihre Lebensmittel und Wohnungen von ihren Arbeitgebern als Vorschuss bezogen haben, den sie dann jeweils mit ihrem Lohn bezahlt haben. In diesem Prozess bleibt der grösste Teil des Geldes zunächst in wenigen Händen, ein gewisser Teil diffundiert aber, was den kleingewerblichen und bäuerlichen Markt ermöglicht. Im Rückfluss des Kleingeldes spielt neben Steuern auch der sogenannte Ablasshandel eine Rolle. Die Fuggers etwa organisierten mit viel Gewinn die Sammlung solcher Gelder und deren Rückfluss in die kirchliche Diözese. Bis Geld innerhalb der Bevölkerung massenweise zur Bezahlung von Kleinwaren ver-

---

[219] Die ersten Szenen in F. Schillers Wallenstein beschreiben den Ursprung des Marktes in der Form der Marketenderin, die bei B. Brecht zur Mutter Courage wird. Sie vermittelt allerlei gegen die Soldmünzen der Soldaten, die sie auf deren Kriegszüge begleitet, während die Schillers Soldaten untereinander noch Naturalien tauschen.

wendet wurde, dauerte es relativ lange, aber die Entwicklung des Geldes war nie von diesem nur im Alltag der kleinen Leute sehr wichtigen Nebeneffekt abhängig.

Anfangs des 18. Jahrhunderts wurden in verschiedene Nationen Institutionen gegründet, deren wichtigste Aufgabe war, die Nation mit Geld zu versorgen.[220] Zunächst dachte man wohl an Geld im engeren Sinne des Wortes, weil man die Soldaten und die Beamten ja irgendwie bezahlen musste. Aus mir nicht ganz unerfindlichen Gründen wurde die Geldherstellung in den meisten Fällen nicht von der Staatsverwaltung selbst übernommen. Die einfachste Erklärung sehe ich darin, dass das Herstellen von Geld, also das Prägen von Münzen und das Drucken von Noten als praktische Arbeit gesehen wurde, die unter der Würde der Staatsbeamten war, während die Fürsten sich ohnehin nicht ums Geld kümmerten - und die politischen „Berater" naheliegenderweise eigene Interessen verfolgten.

Zur Geldversorgung, die Zentralbanken leisten sollten, gehörten anfänglich vor allem nicht nur genügend Geld, sondern auch eine relative Wertstabilität des Geldes. Aus dieser Zeit stammt die Fiktion einer Golddeckung, weil die Zentralbanken im Prinzip verpflichtet waren, ihre eigenen Zettel mit der Herausgabe der entsprechenden Menge Münzen oder Gold zu tauschen. Von Anfang an - in den Geschichten wird oft die Amsterdamer Wechselbank hervorgehoben - haben Banken aber Forderungen zwischen verschiedenen Kunden aufgrund von Zetteln ohne Münzen ausgeglichen und so das Buchgeld eingeführt, lange bevor es Geld von Zentralbanken gab.

---

[220] 1694 wurde die erste Nationalbank im engeren Sinne, die Bank of England als Aktiengesellschaft gegründet, die den Staat mit Geld versorgen sollte und dafür entsprechende Privilegien erhielt, die in einer eigentlichen Konstitution festgehalten waren.

Die Staaten verschuldeten sich rasch bei den Zentralbanken, so wie sich davor die Fürsten bei Handelshäusern verschuldet hatten. Die Staatsverschuldungen waren aber durch Verfassungen weit besser geregelt, was dem Schuldsystem eine gewisse Stabilität gab. Als Zweck der Zentralbanken erwies sich dabei rasch vielmehr die Regulierung der Geldmenge als die Herstellung von Geld. Damit wurde die sozusagen öffentlichste Aufgabe der Staaten von privaten Aktiengesellschaften übernommen.[221]

Die Regulierung der Geldmenge - die erst im 20. Jahrhundert politischen Zielen wie Beschäftigungspolitik unterstellt wurde – wurde anfänglich auf wirkliches Geld bezogen. Das Buchgeld galt noch nicht als Geld. Aber die Banken schöpften immer mehr Buchgeld, was der Regulierung der Geldmenge durch begrenztes Gelddrucken entzogen war. Das Regulieren der Buchgeldmenge hat mit Geldherstellen fast nichts mehr zu tun. Auch die Begrenzung des elektronischen Geldes, das nicht mehr durch separate Industrien wie Notendruckereien hergestellt wird, beruht auf politischen Regelungen, die viel komplizierter sind als nur eine bestimmte Menge Geld zu drucken. Da zunehmend auch im Alltag Plastikkarten verwendet werden, werden Münzen und Noten bald ganz verschwinden. Geld in seiner sichtbaren Form verliert seine Bedeutung. Es verschwindet. Was bleibt ist die Bewertung der Kapitalverhältnisse bis hin zum Warenwert im Kleinhandel. Wenn ich beispielsweise einen Kühlschrank kaufe, werde ich ihn auch in Zukunft mit einer bestimmten Anzahl Währungseinheiten bezahlen. Dabei werde ich wohl immer an Geld denken, weil Geld anschaulich ist und sich Eigennamen wie Franken oder Dollar nicht nur in meiner Sprache eingebürgert haben, son-

---

[221] Noch heute sind in den meisten kapitalistischen Staaten die Zentralbanken private Institutionen, auch wenn sie verschiedenen staatlichen Auflagen unterworfen sind. Die grösste Zentralbank, das us-amerikanische Fed ist durch Grossbanken so anonym organisiert, dass die Öffentlichkeit keine Ahnung hat, wem sie gehört.

dern die ganze politische Ökonomie auf abstrakten Geldbegriffen beruht.

Mit dem Ausdruck Geld bezeichne ich in diesem Sinne zunehmend mehr einen Handlungszusammenhang, in welchem eine bestimmte Zeit lang eigentliches Geld wichtig war.[222] Das allmähliche Werden des Geldes sehe ich in einem autopoietischen Prozess, in welchem das jeweilige Noch-nicht-Geld-Sein des Geldes eine wichtige Rolle bei der Entstehung von Staat und Nation spielte, die schliesslich das Geld durch eine Währung hervorbrachten. Münzen wurden durch Währungen zu Geld. Dann wurde die Währung zur Konstitution überhaupt, also zum gesellschaftlichen Vertrag. Und schliesslich wird Geld aufgrund der entwickelten Währung nicht mehr gebraucht. Geld hat seinen Dienst getan.

---

[222] Als Handlungszusammenhänge bezeichne ich Interpretationsrahmen, die ich als deutender Beobachter verwende, um eine kohärente Deutung zu schaffen. Jedes Phänomen sehe ich in einem Handlungszusammenhang, der meine Wahrnehmung orientiert. Im Handlungszusammenhang „Geld" sind zunächst andere Menschen bereit, mit mir Waren gegen relativ wertlose Münzen oder Geldscheine zu tauschen und schliesslich auf Geldscheine ganz zu verzichten, weil sie auf durchsetzbare Kontokorrente vertrauen, die in Währungseinheiten geführt werden.

11 Jenseits von Geld

Weil ich Miet- oder Hypothekarzins und Zins für Kleinkredite bezahlen muss, aber auch weil die Zentralbanken Zins als Mechanismus zur Geldmengenregulierungen verwenden, könnte ich in Anlehnung an eine verbreitete Vorstellung meinen, dass Zins etwas mit Geld zu tun habe. Wenn ich hier etwas zum Zins sage, dann um zu zeigen, warum Geld und Zins zwei ganz verschiedene Dinge sind. Es geht mir dabei um eine Abgrenzung, die helfen soll, den Geldbegriff quasi negativ genauer zu klären.

11.1 Zins

Als Zins bezeichne ich konventionell das, was ein Schuldner seinem Gläubiger für die Gewährung eines Darlehens mit einer bestimmten Laufzeit bezahlt. Zins ist - wie das Tauschen - logisch viel älter als Geld. Nachdem Geld eingeführt ist, kann ich Zins auch mit Geld zahlen, auch dann, wenn das Darlehen keine Geldform hat und auch nicht in Geldform zurückgegeben wird. Ich kann ein Darlehen in Form von Saatgut aufnehmen und dieses Darlehen beispielsweise nach einem Jahr durch gleich viel Saatgut zurückerstatten. Und ich kann dann zusätzlich beispielsweise den zehnten Teil meiner Ernte als Zins abgeben, wobei der zehnte Teil der Ernte in keinerlei vorhersehbarem Verhältnis zum geliehenen Saatgut steht. Ich kann aber auch einen relativen Wertteil des Saatgutes als Zins in Form von Geld bezahlen. Zins hat in diesem Sinne so wenig wie ein Kühlschrank mit Geld zu tun, obwohl ich auch Zins in Form von Geld bezahlen kann.

Wenn ich Zins „bezahle", kann ich mir überlegen, wofür ich Zins bezahle. Ich kann mich beispielsweise fragen, welchen Tauschwert ich als Gegenleistung zum Zins bekomme. Mit dieser Frage unterstelle ich insofern eine vom Darlehen entkoppelte Tauschhandlung, als ich die Darlehensschuld durch die Rückzahlung des Darlehens ausgeglichen sehe und den Zins als zusätzliche Bezahlung betrachte. Die politische Ökonomie hat einige Tauschwerte zum Zins fingiert, aber schon ihr Klassiker A. Smith hat eingeräumt, dass sich Zins nicht sinnvoll als Tauschware begreifen lässt. Eine ausgeklügelte Version der Begründung von Zins - die heute als Common Sense zitiert wird - stammt von J. Keynes, der Zins ambivalent als Liquiditätsprämie bezeichnet und suggeriert, dass der Verzicht auf Liquidität belohnt werde. Darin ist das klassische Argument von A. Smith aufgehoben, der Zins als Beteiligung am Gewinn des Schuldner aufgefasst hat. Ebenso phantastisch ist die Version von S. Gesell, der einen allen Zinsforderungen zugrunde liegenden Urzins postuliert, der einem Mehrwert des Geldes gegenüber Arbeitskraft und Waren entspreche, weil Geld flexibel realisierbar sei.

Der zinsnehmende Darlehensgeber leistet nichts für den Zins. Islamische Banken etwa, die keinen Zins nehmen dürfen, verrechnen den Darlehensnehmern die administrativen Kosten, die beim Verwalten des Darlehens anfallen. Das sind Kosten für die Beschaffung des Geldes, für die Verteilung und die Buchführung. Teilweise wird auch eine Risikoversicherung für ausfallende Rückzahlungen berechnet. Seit die Leitzinssätze aufgrund einer sogenannten Finanzkrise etwas gefallen sind, verrechnen auch „christlichen" Banken wieder vermehrt explizite Verwaltungskosten, die sie zuvor im Zins verrechnet haben. Zins war immer nur der Teil des Geldes, für den keine Dienstleistung erbracht wurde. Das Verrechnen von Verwaltungskosten und Zins war immer dubios.

Als Zins bezeichne ich in diesem bewussten Sinn eine spezifische Form der Aneignung, die weder mit Tauschen noch mit Darlehen zu begründen ist, aber die Gewährung von Darlehen als Medium verwendet. Der Zinsnehmer eignet sich den Zins an, so wie ich mir Wasser aneigne, das ich aus einem Bergbach schöpfe.

11.2 Zins als Inversion des Geschenk

Die nicht tauschende Aneignung sehe ich als Kehrseite des eigentlichen Geschenks, das ich in die Natur projiziere.[223] Das Wasser im Bergbach und die Pilze im Wald sind mir geschenkt. Wenn ich ein Geschenk bekomme, muss ich dafür nichts geben. Aber das Geschenk invertiert an der Differenz zwischen Gemeinschaft und Gesellschaft. Wenn ich in der Gesellschaft ein Geschenk bekomme, schenke ich über kurz oder lang etwas zurück oder ich habe mir das Geschenk, etwa als Gastgeschenk, quasi vorab „verdient". In der Gesellschaft ist ein Geschenk ohne Erwartung einer Gegengabe praktisch nicht denkbar, obwohl „Geschenk" diese Erwartung gerade ausschliesst.[224]

Den Ursprung des Zinses sehe ich in einer Dankesgabe für eine in Form eines Darlehens gewährte Unterstützung, die auch als Geschenk aufgefasst werden könnte. In der Gemeinschaft gibt es diese Verrechnung nicht, weil ein Geschenk nichts ausgleicht, also nicht für etwas steht. Schon die Idee des Dankens, das an einen Schenkenden gerichtet ist, ist ambivalent. Dadurch, dass ich *für* ein Darlehen danke, nehme ich es nicht als Geschenk wahr, sondern als etwas, was mich über die Rückzahlung hinaus verpflichtet. So wird das Darlehen zu einem invertierten Geschenk, das - mindestens symbolisch - mit einem Gegengeschenk ausgeglichen werden muss. Diese Inversion macht das Schenken zum Tauschen, auch wenn dabei die konstitutive Wertgleichheitsregel nicht eingehalten wird, wo ich nur danke sage, statt etwas Gleichwertiges zu-

---

[223] M. Heidegger bezeichnet diese Projektion durch sein „es gibt", wobei das „gibt" das Geschenk bezeichnet und das „es" die Projektion.

[224] J. Derrida schreibt unter dem sinnigen Titel „Falschgeld" in einer paradoxen Formulierung, dass Geschenke nicht möglich sind. In der Gemeinschaft kann ich nichts schenken, weil alles dem andern schon gehört und in der Gesellschaft kann ich nichts schenken, weil jedes Geschenk als Tauschobjekt aufgefasst wird.

rück zu geben.[225] Das Geschenk verliert seine inhärente Bedeutung, wenn auch nur ein Dank erwartet wird.

Als Zins bezeichne ich also die institutionalisierte Erwartung eines Geschenkes für die Gewährung eines Darlehens, dessen Gewährung dann quasi als Gegengeschenk zum Zins begriffen wird. Zins ist in diesem Sinne ein Usanz gewordener Anspruch auf ein Geschenk, das mithin kein Geschenk sein kann - was sich ja auch darin zeigt, dass Zins erzwungen wird. Unter dem Gesichtspunkt des Erzwingens von Zins erscheint dessen Aneignung selektiv. Zins wird nicht beliebig sondern nur von Schuldnern verlangt. Den Schuldnern wird dabei zugerechnet, dass sie das Darlehensverhältnis freiwillig eingegangen sind, so wie jedem Arbeiter zugerechnet wird, dass er seine Arbeitskraft freiwillig verkauft.

11.3 Das Zinsverbot

In einer Gemeinschaft, in welcher nicht getauscht und schon gar nicht bezahlt wird und Geschenke nicht erwartet, sondern angenommen werden, ist Zins nicht denkbar.[226] Wo die Gemeinschaft - wie etwa in der Religion - erst als Vision antizipiert wird, wird Zins „moralisiert".[227] Im Alten Testament etwa wird das Nehmen von Zinsen untereinander verboten, „Fremden" gegenüber hingegen erlaubt. „Du sollst deinem Bruder

---

[225] In Bezug auf den Normalfall des Zinses müsste ich meinem Darlehensgeber ein gleich grosses Darlehen über die gleiche Zeit leihen, um das Darlehen gleichwertig zurückzugeben - oder ich müsste - was viele Ökonomen versuchen - die Wertigkeit der Gewährung begründen können.

[226] Ich verwende den Ausdruck „Gemeinschaft" differenziell zu Gesellschaft genau in diesem Sinn, während im Alltag natürlich Gemeinschaft für sehr verschieden Beziehungen verwendet wird.

[227] Als Moral begreife ich generell eine Vorwegnahme von noch nicht erreichten Zuständen.

keinen Zins auferlegen, Zins für Geld, Zins für Speise, Zins für irgendeine Sache, die man gegen Zins ausleiht. Dem Fremden magst du Zins auferlegen, aber deinem Bruder darfst du nicht Zins auferlegen, damit der Herr, dein Gott, dich segnet in allem Geschäft deiner Hand in dem Land, in das du kommst, um es in Besitz zu nehmen" (5. Mose 23, 20-21). Fremd bezeichnet hier eine Begrenzung, indem etwas eingeführt wird, was ausserhalb der Gemeinschaft ist.[228]

Die katholische Kirche, die ihrem Wesen nach keine Fremden kennt, weil sie alle Menschen missioniert, hat Zins tautologischerweise überhaupt verboten. Die zahlreichen päpstlichen Erlasse, die das Nehmen von Zinsen explizit verboten haben, sind zur Bibel eigensinnig redundant, zeigen aber das latente Fremdsein innerhalb der Kirche. 1745 wandte sich Papst Benedikt XIV. - um nur ein Beispiel zu nennen - in der an die hohe Geistlichkeit Italiens adressierte Enzyklika Vix pervenit entschieden gegen den Zins. In § 3, Absatz I heißt es: „Die Sünde, die usura heißt und im Darlehensvertrag ihren eigentlichen Sitz und Ursprung hat, beruht darin, dass jemand aus dem Darlehen selbst für sich mehr zurückverlangt, als der andere von ihm empfangen hat [...] Jeder Gewinn, der die geliehene Summe übersteigt, ist deshalb unerlaubt und wucherisch". Dazu heißt es an einer entsprechenden Stelle im Neuen Testament bei Lukas 6.33-35: "Und wenn ihr nur denen Gutes tut, die euch Gutes tun, welchen Dank wollt ihr dafür erwarten? Das tun auch die Sünder. Und wenn ihr nur denen etwas leiht, von denen ihr es zurückzubekommen hofft, welchen Dank wollt ihr dafür? Auch die Sünder leihen Sündern in der Hoffnung, alles zurückzubekommen. Ihr aber sollt eure Feinde lieben und Gutes tun und leihen, auch wo ihr nichts dafür erhoffen könnt".

---

[228] Die hier zitierte Stelle, die „Fremde" einführt, ist umstritten. Es gibt ein paar andere Stellen im alten Testament, wo von Fremden nicht die Rede ist. Richtig fremd sind Juden geworden, die im Mittelalter das Zinsgeschäft betrieben haben, das den Nichtjuden untersagt war.

Eine Art Entfremdung in der katholischen Kirche, die ich als Säkularisierung bezeichne, sehe ich darin, dass sie durch die Entstehung der Nationen nicht nur ihre Herrschaft zunehmend mehr mit weltlichen Fürsten teilen, sondern insbesondere auch die Religion den aufkommenden Finanzverhältnissen anpassen musste. Dass das der katholischen Kirche nicht insgesamt gelungen ist, zeigt sich als Reformation, die eben gerade nicht die katholische Kirche reformierte, sondern ein neue Kirche geschaffen hat, wofür Reformation ein seltsamer Ausdruck ist. Durch die Reformation wird das Nehmen von Zins - das im Text Moses noch das „Fremdsein" signalisiert - auch moralisch gegen Wucher differenziert. Die eigentliche Reformation sehe ich darin, die anderen Menschen nicht mehr als Gemeinschaft, sondern als Teile der Gesellschaft zu sehen. Man kann das als Aufklärung verstehen, weil damit die Fiktion der katholischen Gemeinschaft aufgehoben wurde. Da aber viele Reformatoren zunächst noch als katholischer als die Katholiken erscheinen, ist ihnen diese Vergesellschaftung wohl eher passiert als dass sie sie angestrebt hätten. Martin Luther beispielsweise, der die Fugger noch als Zinsnehmer erkannte,[229] war eindeutig gegen Zins. Seine Kirche erlaubte aber um 1600 Zinsnehmen in Abgrenzung von Wucher. Bei Ulrich Zwingli ging die Säkularisierung einen Schritt weiter, indem er einerseits den Zins für ungöttlich und unchristlich erklärte, andererseits dem Staat das Recht zuerkannte, den Zinsfuss festzusetzen. Johann Calvin gar erlaubt das Zinsnehmen, wenn es mit Billigkeit und brüderlicher Liebe im Einklang stehe. Er meinte, im Gegensatz zum Wucher könne der Zins nicht unerlaubt sein, da sonst gewinnträchtiger Handel unmöglich wäre.[230]

---

[229] 1520 schrieb Luther in seinem Aufsatz *An den christlichen Adel deutscher Nation*: „Man müsste wirklich dem Fugger und dergleichen Gesellschaft einen Zaum ins Maul legen".

[230] J. Calvin hat auch eine einfache Geldtheorie. Er schreibt, Geld sei dazu da, sich durch wirtschaftliche Tätigkeit zu vermehren.

Die - auch wirtschaftlich - wichtigsten Orte in der Schweiz waren vor der Zinswende Bischofssitze wie Chur, Solothurn, Fribourg, St. Gallen. Nach der Reformation liefen reformierte Orte wie Zürich und Genf, die zuvor bedeutungslos waren, den alteingesessenen innert kürzester Zeit den Rang ab. Die Reformation war in dieser säkulären Hinsicht eine Zinsrevolution. In England hatte Heinrich VIII. Tudor vordergründig andere Gründe für „seine" Reformation, durch die 1534 die englische Staatskirche geschaffen wurde, er erlaubte aber das Zinsnehmen explizit, das unter seiner Tochter Elisabeth enorme wirtschaftliche Bedeutung bekam und England zur Weltmacht machte.[231]

Dass das Zinsverbot im Kirchengesetz der katholischen Kirche 1983 schliesslich - kommentarlos - gestrichen wurde, sehe ich im Zusammenhang damit, dass die katholische Kirche innerhalb säkularen oder gar laizistischen Gesellschaften um ihr Überleben kämpft und nationale Rechtssprechungen, die Zins im Zentrum haben, ohnehin nicht aussetzen kann.[232]

Im islamischen Recht steht das Zinsverbot bis auf den heutigen Tag, weil der Islam mit dem Koran das staatliche Recht überschreibt.[233] Die christlichen Nationen entwickelten sich als

---

[231] Natürlich sind solche Argumentationen blauäugig, sie repräsentieren Commonsens, aber sie illustrieren, wie die Reformation gesellschaftlich beobachtet wird.

[232] Damit ist allerdings nicht erklärt, warum die katholische Kirche des Verbot im Kirchengesetz erst 1983 gestrichen hat. Einzelne Päpste haben das Zinsverbot je nach Bedarf schon früher sistiert, etwa Papst Pius VIII. in einem Schreiben vom 18. August 1830 an den Bischof von Rennes. Aber die Kirche insgesamt - das zeigte sie auch mit der späten, relativen Rehabilitierung von G. Galilei - kann ihre Moral nicht ohne weiteres aufgeben, ohne sich selbst aufzugeben.

[233] Es geht mir hier weniger um konkrete Fälle, in welchen eine sich religöse ideologisierende Macht, wie jene unter Ruhollah Chomeini den aktuellen iranischen Staat im islamischen Recht installiert, als darum, dass der Koran dabei bisher nicht unter national-gesellschaftlichen Verhältnissen

Nationen durch die Reformation, während islamische Machtstrukturen in derselben Zeit ihre Bedeutung verloren. Die Reformation unterwarf sich der Geldgesellschaft, während der Islam diese Säklarisierung bislang weitgehend verhindert hat.[234]

Das Zinsverbot begreife ich als moralisch interpretiertes Gesetz, also als Verheissung. Als religiöses Gebot besagt das
Zinsverbot, dass Menschen keinen Zins nehmen werden,
wenn sie Menschen geworden sind, also ihr menschliches Po-
tential entfaltet haben. Genau so werden sie sich nicht mehr
gegenseitig umbringen oder belügen, wenn sie Menschen geworden sind.[235] Die Moral überbrückt Entwicklungsrückstände,
die antizipert werden. Die Moral fungiert als Erziehungsins-
tanz, die noch nicht entwickelte, quasi kindische Menschen
sich schon entwickelt verhalten lässt.

Erzieherische Massnahmen lassen sich insgesamt so begreifen. Die Erzieher bringen ihren Zöglingen bei, was diese später aufgrund von Einsicht ohnehin tun würden. Die Motiva-
tionspsychologie beschreibt Emotionen unter diesem Gesichtspunkt. Emotionen regeln das Verhalten, wo die Kogni-
tion noch nicht hinreicht. Die Moral verstehe ich als kollektive
Emotion. Das Zinsverbot verstehe ich als eine moralische Reaktion darauf, dass Zins genommen wird.

---

umgedeutet wurde.

[234] Es mag Ironie der Geschichte sein, dass die aufkommenden National-
staaten, die im Mittelalter noch als Monarchien erscheinen, das technisch-
wissenschaftliche Knowhow durch die islamische Kultur vermittelt beka-
men. Das - weil man mit den Arabern Krieg führte - auf die Griechen zu-
rückprojizierte Kulturgut, enthielt sehr viel maschinelle Technologie, die
aber weder von den Griechen noch von den Arabern produktiv verwendet
wurde. Erst das nationale Kapital wusste mit der Technologie etwas Praktisches anzufangen.

[235] Die zehn Gebote, die Moses vom Berg gebracht hat, werden gemeinhin
als Soll-Sätze formuliert. Man kann sie aber ohne weiteres als „so-wird-es-
sein"-Sätze lesen.

Die Reformation - die eigentlich am Zinsverbot festhalten will – erkennt einen Sinn des Zinses. Zins dient jenseits der unmoralischen Nehmermotive der Regulierung der auf Darlehen aufbauenden Gesellschaft. Zins erscheint als Merkmal der Vergesellschaftung. U. Zwingli, der das Zinsnehmen als unchristlich erklärte, erkennt diffus, dass die Nation durch Zinsbestimmungen den Geldhaushalt regeln muss, während J. Calvin das Christsein bereits so reformiert, dass es überhaupt nur in der Zinsgesellschaft gelebt werden kann.

U. Zwingli kann ich - durch die vorliegende Modellierung - so verstehen, dass sich niemand an Zins bereichern darf, dass aber Zins als solcher nicht unmoralisch ist. Wenn die Zentralbank - wie im Modell beschrieben - kein Subjekt sondern nur ein Portemonnaie wäre, wäre der Zins einfach ein zusätzlicher Geldfluss, der den Istbestand der Zentralbank anhebt und so dafür sorgt, dass die Zentralbank weniger Geld produzieren muss. Da niemand etwas vom Zins hätte, würde er ausschliesslich zur Steuerung der Geldmenge verwendet. Historisch ist aber Zins älter als alles Geld und vor allem als jede Zentralbank. Zins jenseits eines Ertrages zu sehen, wie das im reformierten Zinsverbot vorgeschlagen wurde, entspricht einer Inversion des Zinses. In der sozialistischen „Reformation" wurde die Zinsinversion nochmals durchgespielt, weil K. Marx Zins als Bestandteil des Mehrwertes sah, der den Lohnarbeitern vorenthalten wurde. Folgerichtig wurde im real existierenden Sozialismus Zins abgeschafft. In der Praxis merkte man schon bald, dass man auf seine Steuerungsfunktion bei der Allokation von Geldern nicht verzichten konnte. In der DDR führte W. Ulbricht im Rahmen des „Neuen Ökonomischen Systems der Planung und Leitung" die Geldkostenregelung, die nun Produktionsfondsabgabe genannt wurde, wieder ein. Unternehmen hatten dem Staat zwangsweise Kredite abzunehmen und mussten diesen nicht nur mit Teilen ihrer Gewinne, sondern auch durch die Zahlung von Quasi-Zinsen alimentieren.

Zins scheint mir so wenig ein Problem zu sein wie Geld. Das Problem liegt in der privaten Aneignung, die andere zu Fremden macht.

11.4 Epilog

In der Kritik an den Auswüchsen des sogenannten Finanzkapitalismus wird sehr oft Geld überhaupt problematisiert.[236] Alle Zins- und Spekulationsgebahren werden dabei dem Geld zugerechnet, wobei jeweils ganz unklar bleibt, was als Geld bezeichnet wird. Ich erkenne viele politische Bewegungen, die Geld ganz abschaffen oder wenigstens durch irgendwelche „Deckungen" und gesetzliche Beschränkungen zähmen wollen.

Das, was ich hier als Geld begreife, wird sich selbst bald aufheben, ohne dass deshalb irgendein Problem mit dem Finanzkapitalismus betroffen oder gar gelöst wäre. Unsere Finanzprobleme haben mit eigentlichem Geld nichts zu tun, sie werden nur in Form von Geld thematisiert. Das materielle Geld aber hat viele gesellschaftliche Verhältnisse im engeren Sinne des Wortes handhabbar gemacht. Geld diente in der Geschichte als anschauliches Hilfsmittel oder Medium zur Überbrückung des noch nicht entwickelten Marktes, in welchem der Warentausch im Vergleich zum Kreditwesen eine kleinere aber anschaulichere Rolle spielt.

Die „ungeheure" Ansammlung von Reichtum in den Gesellschaften, in welchen kapitalistische Produktionsweise herrscht, erscheint heute nicht mehr nur als eine "ungeheure Warensammlung", sondern ist auch im Alltagsbewusstsein an sehr abstrakte Vermögen von globalen Aktiengesellschaften

---

[236] Als Finanz(markt)kapitalismus bezeichne ich eine politökonomische Umdeutung des Kapitalertrages, gemäss welcher die Profite nicht durch Mehrwertabschöpfungen gemacht werden, sondern durch Spekulationen auf zukünftige Gewinne.

wie Apple und Google und der sie vermittelnden Banken ge-
bunden[237]. Jeder weiss, dass solche Vermögen weder mit
Waren noch mit Banknoten repräsentiert werden können.
Geld gehört zum zu Ende gegangenen Zeitalter, in welcher
Reichtum noch sinnlich wahrnehmbar war.

---

[237] Der Reichtum der Gesellschaften, in welchen kapitalistische Produktionsweise herrscht, erscheint als eine "ungeheure Warensammlung", die
einzelne Ware als seine Elementarform. Unsere Untersuchung beginnt daher mit der Analyse der Ware. (Marx, Das Kapital, S. 49)

Verzeichnisse

Literaturverweise habe ich jeweils vor Ort angegeben. Die meisten Quellen sind im Internet, wo sie auch leicht gefunden werden können. Ich gehe davon aus, dass die Lesenden dieses Textes nicht mehr in Bibliotheken nach zitierten Büchern suchen. Literaturverzeichnisse gehören in die Zeit, in welcher auch Geld noch wichtig war.

Dasselbe gilt natürlich für Sach- und Personenregister, die bei Lesen von elektronischen Büchern ihren Sinn auch weitgehend verloren haben. Bei Lesern, die diesen Text in einem eigentlichen Buch lesen, stehe ich damit natürliche gewissermassen in einer Schuld.

Und apropos Schuld:

Ich danke Robert Ottiger für seine Lektoratsarbeit.